市场、国家和民众

公共政策经济学

Economics for Public Policy

［英］黛安娜·科伊尔（Diane Coyle）◎著
郭金兴◎译

MARKETS,
STATE,
AND
PEOPLE

中信出版集团｜北京

图书在版编目（CIP）数据

市场、国家和民众：公共政策经济学 /（英）黛安娜·科伊尔著；郭金兴译 . —北京：中信出版社，2022.4

书名原文：Markets, State, and People: Economics for Public Policy

ISBN 978-7-5217-4026-4

Ⅰ.①市… Ⅱ.①黛… ②郭… Ⅲ.①公共政策－福利经济学 Ⅳ.① F061.4

中国版本图书馆 CIP 数据核字（2022）第 035715 号

Copyright © 2020 by Princeton University Press.
No part of this book may be reproduced or transmitted in any form or by any means, electronic or mechanical, including photocopying, recording or by any information storage and retrieval system, without permission in writing from the Publisher.
Simplified Chinese translation copyright © 2022 by CITIC Press Corporation.
ALL RIGHTS RESERVED.
本书仅限中国大陆地区发行销售

市场、国家和民众：公共政策经济学
著者：　　[英] 黛安娜·科伊尔
译者：　　郭金兴
出版发行：中信出版集团股份有限公司
　　　　　（北京市朝阳区惠新东街甲 4 号富盛大厦 2 座　邮编　100029）
承印者：　宝蕾元仁浩（天津）印刷有限公司

开本：787mm×1092mm　1/16　　印张：23.75　　　字数：285 千字
版次：2022 年 4 月第 1 版　　　　印次：2022 年 4 月第 1 次印刷
京权图字：01-2020-1756　　　　　书号：ISBN 978-7-5217-4026-4
定价：88.00 元

版权所有·侵权必究
如有印刷、装订问题，本公司负责调换。
服务热线：400-600-8099
投稿邮箱：author@citicpub.com

目　录

序 / Ⅲ
前　言 / Ⅶ

第一章　国家与市场　001
第二章　辅助市场运行：管制和竞争　045
第三章　政府在生产中的角色　100
第四章　公共选择　141
第五章　行为政策　177
第六章　贫困、不平等和国家的作用　210
第七章　政府失灵　265
第八章　证据与经济政策　309
致　谢　350
附　录　消费者剩余和支付意愿/受偿意愿　353
术语表　356
译后记　364

序

作为 CIDEG 文库的主编，我们首先要说明编纂这套丛书的来龙去脉。CIDEG 是清华大学产业发展与环境治理研究中心（Center for Industrial Development and Environmental Governance）的英文简称，成立于 2005 年 9 月的 CIDEG，得到了日本丰田汽车公司提供的资金支持。

在清华大学公共管理学院发起设立这样一个公共政策研究中心，是基于一种思考：由于全球化和技术进步，世界变得越来越复杂，很多问题，比如能源、环境、公共卫生等，不光局限在科学领域，还需要其他学科的研究者参与进来，比如经济学、政治学、法学以及工程研究等，进行跨学科的研究。我们需要不同学科学者相互对话的论坛。而且，参加者不应仅仅来自学术圈和学校，也应有政府和企业家。我们希望 CIDEG 像斯坦福大学著名的经济政策研究中心（Stanford Institute for Economic Policy Research，SIEPR）那样，对能源、环境问题进行经济和政策上的分析。我们认为，大学应该关注基础研究，大学的使命是创造知识，在深层知识的产生上发挥作用。而产业部门的任务是把技术成果商业化，大学和产业之间的连接非常重要。但与此同时，我们不应忘记政府的角色，特别是对于一个发展中的转轨国家，政府职能的定位和边界至关重要。CIDEG 的目标是致力于"制度变革与协调发展"、"资源与能源约束下的可持续发展"和"产业组织、监管及政策"为重点的研究活动，为的是提高中国公共政策与治理研究及教育水平，促进学术界、产业界、非政府组织及政府部门之间的沟通、学习和协调。

2005 年 9 月 28 日，CIDEG 召开了首届国际学术研讨会，会议的主题"中国的可持续发展：产业与环境"正是中国当今的产业和环境状况。

中国的改革开放已经有几十年历程，它所取得的成就令世人瞩目，它为全世界的经济增长贡献了力量，特别是当其他一些欠发达国家经济发展停滞不前的时候。不过，中国今后是否可持续增长，却是世界上许多人关注的问题，因为在中国取得巨大成就的同时，还面临诸多挑战：资源约束和环境制约，腐败对经济发展造成的危害，糟糕的金融服务体系，远远不足的自主创新能力，以及为构建一个和谐社会所必须面对的来自教育、环境、社会保障和医疗卫生等方面的冲突。这些挑战和冲突正是 CIDEG 将开展的重点研究课题。

中国发布的"经济和社会发展'十一五'规划纲要"提出了对发展模式的调整，号召用科学发展观统领经济社会发展全局，坚持以人为本，转变发展观念、创新增长模式、提高发展质量，把经济社会发展切实转入全面协调可持续发展的轨道。这也为 CIDEG 的研究工作的开展提供了一个更有利的前景。

中国对环境治理方面的研究才刚刚起步，中国近年能源消耗的速度远高于实际经济增长速度，这种增长是不可能长时间持续的。最近《京都议定书》开始生效，哪些公共政策措施可以控制二氧化碳和其他污染气体的排放？建立一个排放权的市场是否对控制尾气排放有效？如何资助新环境技术的进步？这些问题不仅需要技术知识，也需要经济学素养。而建立一个环境监管体系，就不仅涉及法律问题和技术问题，更需要对广泛社会问题的考量。环境污染背后的实质是社会成本和价值的重新分配问题，因而要从社会系统的角度考虑环境监管。从发展的角度来看，中国环境污染的源头正在发生改变，监管体系也应该随之改变。

还有公共卫生问题，比如SARS、疟疾、艾滋病等，这是全球化的另一面。人口流动性的增加加快了疾病传播，如何控制这些疾病的流行，不仅需要医生的合作，而且涉及许多移民的工作、生活和环境等问题。我们会面对许多类似的公共政策问题，解决方法要看历史因素和经济发展水平，因此要进行国际比较研究。

中国是独特的。但是，由于中国也曾经是一个中央计划经济国家，有些研究需要与过去同是计划经济的中欧和独联体国家相比较。与此同时，日本、韩国、中国有一些共同的特征，在开始阶段农村人口都占很大比重，传统社会规则是农业社群中的人际关系生发出来的。这些社会关系不可能一夜之间改变，这种发展形式和西方经济的发展很不一样，也与俄罗斯等国不太一样。所以，在面对这些既有共同点又有独特性的问题时，比较研究会很有意思。虽然受制于不同的制度框架，但问题是共同的，比如社会保障、养老金、环境问题等。关于社会保障制度的设计，我们可以从新加坡、瑞典和其他国家学到许多经验。在经济高速增长带来的与环境的社会冲突方面，我们可以从日本20世纪60年代后期的环境立法、产业发展协调中学到许多教训和经验。所以，对产业发展和环境治理的研究应该是全球化的。

比较经济制度分析是一种概念工具，有助于理解不同经济制度如何演化。不同制度可能会融合，可能会继续保持差异。产业发展和环境治理政策不一定是普遍适用的，在某些国家可能容易实施，其他国家也许不行，但不同国家之间的交流非常重要。充分利用国际上已有的研究成果，收集和整理这些成果以做进一步的交流，是十分可取的途径。

正是在这一意义上，比较、借鉴和学习也成为 CIDEG 学术活动中的一项重要内容。根据 CIDEG 理事长陈清泰的倡议，我们决定翻译并出版这套"CIDEG 文库"，介绍不同国家是怎样从农业国家发展为现代国家的；在经济高速发展阶段，是如何处理与环境的矛盾的。这套丛书的内容选择非常宽泛，从学术的到非学术的都在其内，目的就是给中国的读者——学生、学者、官员和企业家以及所有对此感兴趣的人提供更多的信息与知识。CIDEG 理事和学术委员为文库提供了第一批书目，并成立了编委会，今后我们还会陆续选择适当的图书编入文库。为此，我们感谢提供出版书目的 CIDEG 理事和学术委员，以及入选书籍的作者、译者和编辑们。

青木昌彦

吴敬琏

2006 年 4 月 10 日

前　言

经济学对我们的生活有着重要的影响，这主要是由于它在很大程度上决定了政府的决策，而这些决策又影响到人类活动的每个领域。近年来，政府和公共部门雇用的经济学家数量大幅增加，足以反映经济思想的影响力日益强大。许多决策，甚至绝大部分决策，都需要就经济方面的合理性进行考量。

政府是否应该对我们的生活产生如此大的影响，当然是一个可以争论的问题，而且与以往一样，对这一问题，不同派别之间存在着广泛的分歧。然而，我在本书中提出的观点之一是，由于我们是在群体和社会中生活的，任何个人的决策都会对其他人产生影响。因此，即使那些主张"小"政府的人，也需要考虑公共决策是如何做出的。传统上，市场被视为一种选项，即国家或者市场都被证明是组织某种特定经济活动或做出某些特定选择的最佳方式。但是，对于社会如何共同利用现有资源并使其成员能够实现可能获得的最优结果，这是一种具有误导性的思维方式。在每个国家和社会，私人市场、政府行动和非政府组织交织在一起，共同决定经济成果。良好的公共政策需要承认，这些可选的模式有时相互替代，有时则相互支持。规制是市场运行必需的架构。不过，强有力的社会规范可能会使规制变得不必要，而且市场会运行得更好。同理，社会规范也可以使政策更有效，例如，对塑料袋征收一小笔税费和限制在某些公共场所吸烟的规定，已经被证明是强有力的政策干预，因为它们与不断变化的社会规范相适应。更重要的是，由于很难做出选择，市场和政府往往在完全相同的情况下"失灵"。市场、政府和社会规范（偏好）只是我们为组织社会的不同模式贴上的标签。

明智的公共政策涉及另外一个关键因素，即承认"最优"政策并非纯粹由技术决定，因为它们还关涉价值和伦理的考虑。其中包括与所谓"最优"选项相关的社会选择，因为在所有的经济中利益冲突都是不可避免的。经济学家尽可能提出客观有据的建议，这是正确的做法，但对此不应言过其实。我们目前在西方各国看到的政治冲突，部分原因就在于总是声称"专家"的判断胜过其他一切考虑，这引发了众怒。与普通公民甚至一般政治家相比，专家确实对很多事情都了解得更多，但是这里需要权衡的不仅有经济利益，还有各种其他的价值。经济学传统上有关"社会福利"和社会选择的争论由来已久，近些年来这一争论虽已不再那么醒目，但现在又显示出复苏的迹象。

我想强调的第三点是，历史和地理至关重要，观念也同样如此。即使正确的政策或方法赢得了共识，或者能够被明确无误地识别出来，现实情况也会发生变化。经济的特性会随时间而变，品味和偏好也会发生变化，而危机将随之产生。所有这一切都意味着在不同国家和不同时期所做的政策选择将截然不同。历史事件、经济思想和政策方法之间相互影响，特别是在发生重大变革时。大萧条就是一个例子，那场危机深刻改变了经济思想，产生了重要的政治影响。2008年金融危机被证明同样具有决定性的影响。重大的技术变革具有类似的效果，数字技术产生的持续影响将会改变传统的公共决策以及未来的政策制定。

一本关于公共政策经济学的专著本应涉及诸多学术领域，但本书舍掉了一些同类专著传统上会涵盖的政策研究，比如宏观经济政策或有关税收的大量文献。本书专注于应用微观经济学领域。它基本上是一本非技术性的专著，没有学过经济学的读者也能读懂，只要他们忽略其中的方程。对于那些正在学习或曾经学过经济学的读者，本书提供了一个比在课堂上更广阔的视角，以考察公共政策制定者面临的问题。书中每一章都提供了大量的扩展阅读建议，其中包括技术性更强的参考资料。本书取用的案例源自许多不同的国家，绝大部分来自发达经济体，这是因为发展中经济体有着截然不同的特点和挑战。鉴于我是英国的经济学家，并参与了英国的政策制定，因此有关政策方法之历史兴衰的大量讨论都集中采用了英国的案例。

前四章介绍社会如何组织资源的使用。第一章阐述了基本的经济学概念，包括经济学家如何看待所谓的社会福利，或者经济结果更优意味着什么。第二章至第四章讨论市场运行，即国家何时直接从事经济生产活动或者在竞争难以展开的情况下对市场进行管制，以及在什么情况下会存在非市场和非国家组织的经济活动。

本书的后半部分关注当前政策制定面临的诸多关键挑战。第五章讨论的问题是行为经济学的发现对经济学家应如何进行政策分析提出了挑战。这是一个充满活力的研究领域，仍有许多悬而未决的问题。第六章讨论发达国家迫在眉睫的贫困问题、中产阶级就业面临的威胁以及由日益加剧的不平等引发的不满情绪。这些问题是技术变革、全球化和政治抉择导致的结果，它们有助于解释当前整个西方面临的政治动荡。世界面对的一个反复出现的挑战是广泛而普遍的政府失灵，这即是第七章的主题。公共政策的永恒议题就是由糟糕决策产生的意外结果或完全相反的结果。最后一章将讨论经验证据在制定经济政策时的作用，即它在实践中是如何运用的以及应当如何运用，还有它的局限性。

第一章　国家与市场

　　本章考察公共政策经济学的一个基本问题，即相对而言，政府和私人部门（市场）在经济中各自扮演什么角色？经济理论为分析这一问题提供了一些工具，因此，本章先介绍所谓福利经济学的一些基本概念，换言之，即有关经济效率的分析和某一事物是否使社会得以改善的评估标准。之前学习过微观经济学课程的读者应该对这些内容相当熟悉。从字面看，福利经济学认为竞争性市场可以实现最高的社会福利水平，但是，由于经济理论基于一些严格的假设条件，因此，以过于简单的方式应用这一理论，就会有两个缺陷。其一，武断地认为市场发挥作用越多越好，但实际上市场失灵无处不在。其二，与之相反，断言政府有可能找到纠正所有市场失灵的方法，这个错误同样可以由政府失灵普遍存在来证实。实际上，经济学家在实践中将福利经济学作为分析政策问题的框架，而不是解决问题的指南。此外，在政策选择方面，单靠经济分析是不够的，否则人们熟知的有关国家和市场之适当角色的政治争论就不会存在了。因此，本章也讨论了政治或历史事件与经济思想相互影响的方式，这有助于解释在不同时期和不同国家，政府干预经济的差异。在此背景下，本章最后考察由于外部性和公共品而产生市场失灵的具体案例。

政府干预经济的方式多种多样。例如，在所有发达经济体中，政府支出占 GDP 的比例相当高，根据 2015 年的数据，这一比例介于 28.7%（爱尔兰）和 57%（芬兰）之间，而且这一数值随着时间的推移有上升的趋势，并随经济周期而上下波动（图 1.1）。政府支出用于很多公共服务，如国防、司法体系、治安、教育、卫生、养老金、地方政府服务、道路和基础设施、国家养老金、福利或社会保障、对某些活动或行业的补贴，以及其他很多领域。政府通过各种各样的税收、许可和收费来筹集收入。通常政府收入少于支出，因为预算赤字是常态。政府筹集收入的所有这些方式都会影响家庭和企业个体的选择，因为它们影响对人们的激励。一些税收和支出是旨在实现财富由富人流向穷人的再分配。财政支出超过财政收入的部分，由来自金融市场的借款偿付，而这种政府借款会影响私人部门借款人为其贷款支付的利率。

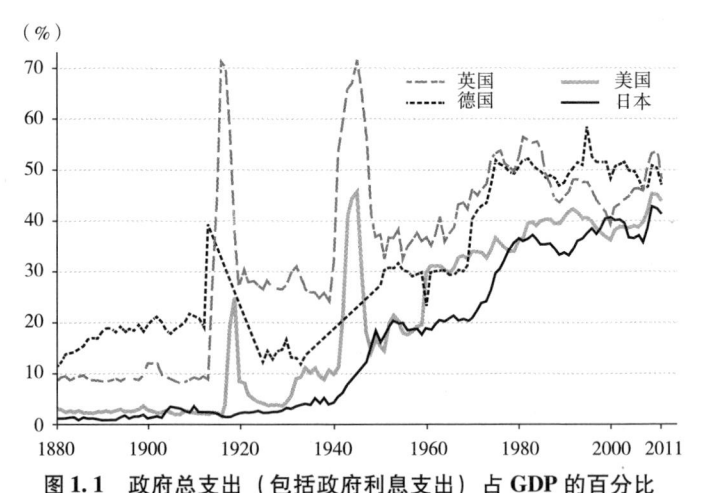

图 1.1 政府总支出（包括政府利息支出）占 GDP 的百分比

资料来源：国际货币基金组织财政事务部数据库，基于以下网址的图表，https://ourworldindata.org/public-spending。

然而，如果只关注政府的税收和支出，我们会错失政府干预经济的大部分内容。政府还制定并执行法律法规，以规制企业经营，保护消费者权益。政府的竞争政策旨在阻止企业扩张到过于强大的地步，因为那将使企业可以侵害消费者或监管者的权益。就业法规旨在保护工人免受剥削或歧视。政府机构执行技术和安全标准。为保护消费者利益，各行各业的专业人士被要求持照经营。也就是说，政府可以影响人们工作的时间和方式、企业雇用的人员、消费者可以购买的商品和支付的价格、商品的生产方式、必须向相关部门提交的信息等。专栏 1.1 列出了政府影响经济的多种方式。确定所有这些干预的范围，并在各国之间进行比较，并非易事，但是诸多国家的金融服务规则手册和税则手册的厚度表明，政府干预在稳步增长。无论如何，政府与经济活动密切相关。

经济政策有时看上去具有侵略性，而对于具体的政府活动，人们常常做出出乎意料的反应。高税收从来都不受欢迎，但是过去比现在更甚。1966 年，美国最高的（边际）所得税率为 91%，英国为 98%。难怪甲壳虫乐队在 1966 年的专辑《左轮手枪》（*Revolver*）中创作了一首名为《收税人》（*Taxman*）的歌曲，抱怨税收负担。瑞典流行组合 ABBA 乐队的比约恩·奥瓦尔斯（Björn Ulvaeus）在 2014 年出版的一本书中透露，他们之所以着装如此怪异，是因为只要在日常生活中不穿这些衣服，那么他们的服装费用就可以抵税。他写道："说实话，那些年我们看起来就像疯子一样。没有人在舞台上穿得像我们那么糟糕。"企业则一直在抱怨监管造成的负担，呼吁政府加大对研究或桥梁和道路等基础设施的投资，以及为创新产品提供补贴。经济政策有时适得其反，但有些经济政策效果奇佳，参见专栏 1.2。

专栏1.1　政府影响经济生活的范围

1. 政府支出，用于健康、教育、住房、国防、治安、养老金、垃圾收集、公共照明、公园、社会服务、道路、司法、监狱等公共服务
2. 税收及许可：各种税收、收费、拍卖
3. 为特定活动提供的补贴和税收优惠
4. "福利国家"：救济、养老金、收入再分配
5. 针对多种活动的规制
6. 竞争政策：控制兼并、市场调查、反垄断
7. 公共所有制，以及公营企业的私有化、公共活动的外包、私人融资项目
8. 形塑市场：法律框架、接管规则、知识产权法
9. 专利及版权的授予
10. 制定技术标准
11. 规劝和"选择架构"：公共健康信息运动
12. 对基础设施和研究的投资

专栏1.2　经济政策的失败与成功

美国于2008年推出了"旧车换现金"项目，旨在鼓励美国人用旧车置换绿色环保的新车型，以增加陷入困境的汽车制造商的收入。政府花费了30亿美元，为每位以旧车置换燃油效率更高的新车购买者提供最高4 500美元的补贴。从理论上讲，该项目有两个目标：一是激励制造商，二是通过淘汰传统高油耗的汽车，为应对气候变化和环境污染做出贡献。然而，该项目导致人们提前购买新车，并且由于当时的经济状况不佳，只能转而购买更便

宜的车型。与没有实施这一项目相比，该项目实际上使汽车行业减少了数十亿美元的收入。尽管新车对环境的破坏较小，但作为一项"绿色环保"政策，旧车换现金并不划算。这无疑是一项失败的政策。*

另一方面，对塑料手提袋征收小额费税似乎是一项非常有效的政策。即使税率很低，它仍然大大减少了购物者使用一次性塑料袋的数量，而这类塑料袋最终大多只能进行填埋处理。这项税收还以毫无争议的方式增加了政府收入。在华盛顿特区，一项5美分的税收政策使购物袋的使用减少了60%。爱尔兰在2002年实行每个购物袋征收22欧分的政策，这几乎完全禁绝了塑料袋的使用。在英国，5便士的征税使得一次性塑料袋的使用降低了85%，受其鼓舞，政府计划将征税提高一倍至10便士。这些税收的目的在于减少无法生物降解的废物来源，因为这些废物会危害野生动物。就此而言，这项政策非常有效。不过，作为替代品的帆布和其他袋子在生产和处置过程中也会对环境产生影响，因此，民众还需要在环保目标之间权衡利弊。**

---

* Mark Hoekstra、Steven L. Puller and Jeremy West(2017)，"Cash for Corollas When Stimulus Reduces Spending," *American Economic Journal*：*Applied Economics*，9，No，3：1 – 35.

** 英国的经验(https：//www. gov. uk/government/news/plastic – bag – sale – in – big – 7 – supermarkets – down6 – since – 5p – charge)与爱尔兰(https：//www. dccae. gov. ie/en – ie/environment/topics/waste/ waste)和美国的一些城市类似，如华盛顿(https：//doee. dc. gov/sites/default/fles/dc/sites/ddoe/documents/0%20BL%20Survey%20Overview%20Fact%20Sheet. pdf)。

在传统的公共经济学课程中，政府活动被分为三大"分支"，即稳定化、资源配置和分配。稳定化涉及宏观经济政策，目标是实现充分和稳定的就业以及平稳的经济增长和通货膨胀。但本书并不涉及宏观经济稳定化的内容，也没有涵盖传统课程的另一个重要部分，即税收结构和税收来源，后者是财政政策分析的核心内容。相反，本书的重点是资源配置和分配，即生产什么、如何生产、由谁生产？生产出来的东西又如何在不同的社会成员之间分配？因此，本书讨论的根本问题是社会中大量的个体对资源的集体使用和消费，即经济是如何组织起来的？经济学从效率和平等（或公平）的角度思考这些问题。经济学家通常关注效率问题，貌似对这些问题的研究可以独立于有关分配或公平的判断，但是在实践中，如果不做价值判断，我们就不可能得出任何政策结论。几乎任何政策变化都会产生赢家和输家。

因此，本书的出发点是，一个社会如何以最优方式组织经济，也就是生产和消费。这看上去是一个有关事实的问题，但是在很多国家都对此产生过政治争论。人们在任何时候都有观念分歧，而在不同的历史时期或者不同的国家，社会选择的经济组织模式也不尽相同。

哪些活动应该由政府完成，哪些应该由市场完成，或者以这二者以外的方式完成呢？此外，我们所说的"政府"或"市场"是指什么，以及还有哪些其他的经济组织方式？这些问题将会进一步探讨。就政府而言，如果它要实现某些社会想要的结果，最优方式是什么？公有制、提供公共服务、监管、税收、补贴，还是其他一些政策工具？人们想要的结果是清晰可辨的，还是存在相互竞争甚至相互冲突的目标？随着时间的推移，经济学家回答这些问题的方式也发生了相当大的变化。这既是由于像金融危机或战争这类重大事件的结果,因为政治要对这些事件做出回应,也是由于经济思想发生了变化,人们的观念要对这些事件和政治趋势做出回应。对经济思想的变化追根溯源之所以重要,是因为产生变化的原因表明了公共政策决策面临的一些基本困境。它的重要性还在于对于很多政策问题,经济学显然无法提供永远正确的答案,这正是本书试图揭示的一个关键点。归根结底,正确的经济学答案要视情况而定,取决于具体背景和政治选择。与此同时,经济分析可以提供理论和经验方面的洞见,为各种可能的选择提供信息。公共政策经济学的目标是将技术上的严谨性与对特定情景的敏感性结合起来。

社会目标

评估政策成败,必须从其最终目标开始。在不同的时代,社会是由不同的目标或价值观驱动的。其中一些,如爱国主义、国家力量或荣誉,与经济几乎无关,甚至可能会对经济产生危害。经济学家可以提供一些洞见的政策目标包括效率、平等(公平)以及应对生活中不确定性的互助保险,可能还包括社会凝聚力(公众参与度)以及自由。

这些社会目标可能是相互冲突的。显然,有的目标不仅是经济问题,也是伦理问题。经济学倾向于假定,分析需要做出价值判断的伦理问题或政治问题,很大程度上可以独立于对纯粹技术性的经济问题的分析。尽管我们当然希望能够尽可能不偏不倚地制定经济政策,但社会目标之间可能存在的重要权衡之一,就是效率与平等,对这一问题的讨论在经济学教科书中也最为常见。如果政府想通过对富人征税,以实现收入在富人与穷人之间的再分配,它的确可以达成一个更加平等的社会,但是这会降低人们努力工作的积极性,也会阻碍投资,从而与不实施这种再分配政策相比,产出和收入的规模有所缩小。征税导致了某种效率损失。很多其他因素也会影响人们的努力程度和产出。因此，另一种可能是，一个非常不平等的社会将会抑制穷人工作的积极性，因为既然大部分收益都被别人拿走了，那为什么还要费心费力地工作呢？在以上任一种情况下，效率与平等之间都不存在简单的权衡。

效率和平等是国家大量干预私人经济活动（市场）的两个主要理由：

- 效率。只要出现个体或市场失灵的情况，政府就应当干预。"失灵"指的是由于外部性、自然垄断、公共品或简单的非理性选择而导致的次优决策（下文会详述）；
- 平等。只要社会上有足够多的人倾向于重新分配资源，政府就应当干预。再分配既可以采用货币支付的形式，也可以采用提供公共服务的形式，如教育、医疗或住房。

很多公共政策经济学的分析一开始都把分配问题放在一边，然后考察在给定的收入分配状况下，一个社会使用其资源的最有效率的方式是什么？如何实现社会福利的最大化？本书也以同样的方式开始，然后第六章再回到分配问题。采用这样的分析框架也回避了政府干预的效率问题。第七章再聚焦于政府失灵。本书像现实生活中一样，到处都有糟糕的政府政策的例证，原因之一就是，为了实现多种多样且可能相互冲突的目标，组织经济运行的困难在所难免，在某些情况下，政府和市场给出的解决方案都会"失灵"。由此引出的另一个主题是，认为"政府"和"市场"可以互相替代，这是一种错误的观点。社会上有很多组织架构涉及私人和公共选择的混合，后者有时采取"官方"公共部门实体的形式，有时则采取"非官方"的集体协议形式。第四章将对此做进一步的探讨。

本章接下来的部分讨论政府和私人部门（国家和市场）在经济

中的适当角色,这是针对经济政策的很多政治争论的主要议题。在某些假设条件下,经济学理论证明竞争性市场是组织生产和消费的"最优"方式。下一节将讨论"最优"是指什么,以及在何种假设条件下市场才是最优方式。需要强调的是,尽管从事公共政策研究的经济学家在其头脑中已经有了这种理论工具,但所有人都意识到,它只是为组织他们的思想提供了一个有用的框架而已。没有人认为消费者和生产者在现实中的行为会与这些抽象模型一样。批评经济学的人经常错误地认为,政策制定者只会僵化地应用这些抽象的理论,但实际上公共政策经济学是牢牢地扎根于经验事实的。了解了这一点之后,接下来的几节将介绍所谓的(在某种意义上也是容易引起误解的)福利经济学的基本原理。

效率

第一个问题是经济中组织生产和消费的一种方式优于另外一种的标准,即如果说一种经济活动是有效率的,这意味着什么?经济学使用的具体标准是以意大利经济学家维尔弗雷多·帕累托(1848—1923)的名字命名的"帕累托效率"。

如果没有人能在不使其他人状况变差的情况下改善自身状况,那么这一资源分配的状况就是帕累托有效率的。

如果一种改变能使一些人状况变好,但不会使任何其他人变得更差,那么这种改变就是帕累托改进。

这需要界定何为"变差"或"变好"。使用的标准是每个人对自己福利状况的评估。因此,社会福利在某种程度上必然是社会中所有个人福利的加总,后面我们会进一步讨论这一问题。就目前而言,赞成有利于某些人但又不会伤害任何其他人的改变是一种进步,看上去是合理的。

请注意，帕累托改进可能会也可能不会指向一个帕累托有效率的结果。如果经济已经处于帕累托有效率状态，它就不存在帕累托改进的可能。更重要的是，这一标准不涉及资源分配的状况，即使在一个非常不平等的社会，它也坚持认为如果让很多穷人的生活得到改善的代价是让一位富人的状况变得更糟，这也不是一种进步。

帕累托效率与微观经济理论的核心概念密切相关。本章附录列出了一些这方面的背景知识。所有标准微观经济学教科书都涵盖这些内容，任何学过经济学的人对此都已非常熟悉，但就那些对经济理论的基本要点感到陌生的人而言，它们则是相当神秘的。不同的教科书给出的定义略有不同，这无关紧要。在本书中，我希望尽量直观地表达这些概念。

帕累托效率包括以下内容：

- 生产效率。给定可用资源的种类（如土地或矿产、劳动力、机器）及其相对价格，并且给定技术水平，最大的产出是否可以实现？经济是否在生产可能性边界上运行？
- 配置效率（消费或交换效率）。给定不同产品的产量及其相对价格，生产出来的商品是否流向出价最高的人？人们是否位于可能实现的最高的无差异曲线上？

这里使用的定义有时仅侧重于配置效率，有时同时关注配置效率和生产效率，有时还会加上第三个要素：

- 产品组合（或产出）效率。生产的产品是不是人们想要购买的产品，又或者使用相同的资源能否生产另外一种产品组合，可以使人们的状况得到改善（使他们处于更高水平的无差异曲线上）？

这三项内容加在一起，涵盖了如何有效地将资源转化为产品、产品是否符合人们的偏好，以及通过交换，产品是否被提供给那些对其出价最高的人。如果这三条中任何一条没有满足,那么通过改变生产过程中资源的使用、生产的产品组合或者产品的交换,至少可以使一个人的状况改善,并且不会使其他任何人变得更糟。从直觉上看,将其界定为效率似乎是合理的。

需要注意的是,这个术语容易让人们误以为帕累托效率只是一个技术概念。毕竟,它忽略了我们本应考虑的一些问题,比如道德问题,特别是在资源配置方面。就生产效率而言,它是正确的,但就配置效率而言,就不完全是这样了。配置效率假定"改善"意味着满足人们的偏好,而不管这种偏好是什么。它也假定从个人偏好满意程度加总为社会福利是可能的。"效率"听起来似乎只是一个实证问题,只与事实有关,但帕累托效率是规范性的,涉及价值判断,并且假设个人偏好的满意度是评估经济政策结果的正确标准。

帕累托效率和竞争市场

了解了帕累托效率的概念和相关假设条件,我们就可以证明福利经济学的两个基本定理。

福利经济学第一定理指出,如果存在某种竞争市场均衡,那么它一定是帕累托有效率的。否则,人们就能进行交易,这会提高他们的效用,因此,市场的初始状态就不可能是一种均衡状态。竞争性价格衡量的是每种商品增加一单位所能带来的福利(边际)增加量。只要能够进行市场交易,人们就会互相交易,直至所有潜在福利的改进均已实现。这一定理是支持将竞争市场作为基准的根本原因,尽管它取决于下文将进一步讨论的各种假设的有效性。

第二定理认为,在给定资源的初始分配之后,市场中存在一组可以实现帕累托效率的竞争性价格。这意味着效率可以通过竞争性市场的价格机制来实现,并且与人们偏好的资源分配无关,即无论何种分配状况,以市场价格交换的结果,都可以实现帕累托效率。如果一个社会试图一开始就重新分配资源,竞争性市场可以再次实现帕累托有效率的结果。

然而,这些定理依赖于某些假设条件,其中有些是显而易见的,有些则比较隐晦,参见专栏1.3。

> **专栏1.3 福利定理的假设条件**
>
> - 消费者和生产者是理性的和自利的
> - 他们有固定的偏好
> - 现实中存在既没有规模经济也没有进入或退出障碍的完全竞争
> - 每个人都掌握了完全信息,且信息对所有人都是相同的、对称的
> - 商品是竞争性的:如果我消费或使用了它,你就不能了
> - 个人收益和社会收益是相等的
> - 私人成本和社会成本是相等的
> - 现实中存在完全的市场(包括所有未来商品的市场)
> - 商品产权明晰并可交换,社会建立了完善的产权制度和有效的合同法

本书把这些假设罗列出来,是为了表明它们在现实中往往并不成立,而经济学家也很清楚这一点。对以上简要描述的宏大理论,保罗·萨缪尔森(Paul Samuelson)的贡献最大,并对经济学学习和应用的方式影响甚巨,但是就连他也明确表示:"上述定理在现实生活中不会发生。"然而,帕累托效率分析方法和福利定理在经济学的体系中有着强大的影响力,它们提供了一个概念框架,让我

们思考在任何特定的现实世界中，为什么竞争和市场交换无法实现社会福利最大化。这些定理的作用只是组织思想，而不是提供建议。评价政府干预的性质，要看它如何应对现实与假设条件之间的背离。尽管在现实中公共政策实现帕累托改进的希望是有限的，因为失败的案例和成功的案例一样多，但对公共政策的评估往往还是根据具体的市场失灵对帕累托效率的偏离程度。否则，经济学家就需要不断对分配问题做出明确的判断，但是，众所周知，他们往往不愿意这样做。

对福利定理背后的假设条件的偏离，可以说是本章和本书其余部分的组织原则。我们先来审视另外一些与上述定理有关的议题，如次优问题、分配问题，以及如何将个人福利加总为社会福利的问题。

次优定理

首先要关注的是，当经济没有处于竞争均衡状态且存在多种市场失灵或偏离竞争和自由交换时，帕累托效率标准在多大程度上还适用？1956年由理查德·利普西（Richard Lipsey）和开尔文·兰卡斯特（Kelvin Lancaster）证明的次优定理表明，如果一个改变在最优状态中是帕累托改进的话，那么在次优状态中却很少如此。例如，如果欧洲取消对高成本的美国进口品征收关税，使它们的购买价格降低，但仍然对低成本的亚洲生产商的进口品征收关税，那么欧洲人转而购买成本更高的美国产品，这不会增加社会福利。另一个例子是垄断厂商对空气的污染。结束垄断会消除一种市场失灵，却会导致另一种市场失灵（污染的外部性）变得更严重，因为在一个竞争更激烈的市场中，价格会下降，产量会增加。

次优定理规范地证明了一个重要的观点，即人们不可能采取一种拼凑（pick-and-mix）（或局部均衡）的方法，孤立地考虑政策的变化，以评估一个社会的经济福利。例如，信息不完全往往会导致保险市场的道德风险。如果我的房子有保险，我可能就不会过多地关注用火安全，而那些更为谨慎的房主将为我的保险费提供补贴。一个解决办法可能是对烟雾报警器的定价提供补贴。然而，这在解决了一个市场问题的同时，又会导致另一个市场的扭曲，即相对于某种产品（如自行车车灯）的生产，烟雾报警器的产量超过了有效率的水平。从理论上讲，某种政策应该被用来纠正这种扭曲，但是即使往简单里说，分析现实世界中的这种关联性也是很有挑战的。这些复杂性催生了第三优理论，该理论认为由于政府无法获得评估一般均衡所需的所有经验证据，它们只应解决那些了解得足够多的问题。

同理，次优定理只是一个正式的思想练习，但它强调了本书的一个关键论点，即无论市场还是政府都不是经济问题的解决方案。次优定理解释了为什么在任何情况下只要有一件事偏离了帕累托效率，那么其他一切的竞争性市场结果就不一定是最有效率的。不过，它也解释了为什么如此多的政府政策干预会产生意想不到的后果，它们是"政府失灵"的一种重要表现。在这两种情况下，人们都未能充分认识到，经济中的一切事物都是相互关联的。

分配问题

帕累托效率的定义搁置了分配或公平问题。由于它要求不能让任何人变得更差，所以资源的初始分配是既定不变的。福利经济学第二定理正式地将分配和效率分割开来。它意味着如果初始分配是不可取的，那么一个社会应该对总收入进行再分配，然后以现行价格进行的市场交换可以产生帕累托有效率的结果。这引发经济学家就补偿原则展开争论。约翰·希克斯（John Hicks）和尼古拉斯·卡尔多（Nicholas Kaldor）在 1939 年的论文中首次讨论了这一问题，因此它有时也被称为卡尔多-希克斯补偿。如果一项特定的政策使某人的情况变得更糟，那么受益者能否简单地向受损者支付一笔适当的补偿？

答案是否定的。蒂博尔·斯基洛夫斯基（Tibor Skitovsky）在 1941 年的一篇期刊论文中几乎立刻就指出了这一点，后来又多次指出，因为需要补偿的金额应根据经济中商品的现行价格计算，而政策的改变会改变这些相对价格。补偿应该按照受益者的价格还是受损者的价格计算呢？根据不同的选择，一项政策和与之相反的做法看上去都可以实现帕累托改进。这取决于你从哪个角度看问题。这一有关福利经济学理论的深层次问题对实际政策没有产生什么影响，而后者通常会涉及对受损者的赔偿问题，例如对新铁路需要通过其花园的家庭提供补偿，或者由于公司被国有化，对其私人股东进行补偿。然而，这场讨论强调的一点是，理论为所有的实践目的提供了概念框架。

社会福利

接下来的问题是，如何将个人福利加总为社会福利？有可能通过加总个人效用来计算社会总福利吗？肯尼斯·阿罗（Kenneth Arrow）在 1951 年提出了著名的"不可能性定理"，证明如果不违背一些貌似合理的假设（包括帕累托效率标准），个人偏好就不可能通过加总得出社会偏好。然而，社会福利还是可以被界定的，比如通过对福利做人与人之间的比较。对此，本章附录有更详细的说明。

在这种情况下，政府或为其服务的经济学家可以定义一个社会福利函数，其中包含有关分配的具体价值判断。一个简单的办法是采用基本的功利主义形式，即个人效用的算术之和。其目标是让个人效用的总和最大化。只要有足够多的受益者，或者收益足够大，其他个人的损失是可以接受的。正如星际学院教官斯波克（Spock）在《星际旅行2：可汗怒吼》（*Star Trek II: The Wrath of Khan*）中牺牲自己以拯救他人时所说，"多数人的需要比少数人的需要更重要，也超过被选中者的需要"。其他可供选择的方法包括对不同群体的效用赋予不同的权重，或者为每个人得到的结果设定一个下限。一般来说，经济学家在对社会福利做出判断时，比如某项政策是否可取，均会在头脑中默默生成一个社会福利函数，而这一函数通常是功利主义的或结果主义的。例如，在政策评估中被广泛使用的成本收益分析，就是将一些人付出的代价与另一些人获得的收益进行权衡。功利主义深入经济学的骨髓。"效用"一词的广泛应用，以及被当作判断政策成功或失败的标准，足可以证明这一点。

市场失灵和政府失灵

如前所述，实践将掩盖福利经济学理论问题的温文尔雅的面纱扯得粉碎，但是这一理论仍为分析市场失灵提供了一个有益的概念框架。以竞争性市场作为基准，意味着评价经济政策的标准通常是具体的市场失灵，而评价尺度就是它在多大程度上无法满足基本福利定理的假设条件，参见专栏1.4。

本书采用这一框架考察政策干预的合理性，因为它有助于阐明哪种政策最适合于解决某一特定问题。然而，这一市场失灵的分析方法常常落入两个相反的陷阱。一是也许由于经济学的证明学术性强并且极为美妙，因此人们认为市场失灵只是个别情况，并由此更偏爱自由市场假设。然而，这些假设只是一种理想化的基准，在实践中显然从未被满足过，从事实际工作的经济学家都很清楚这一点。另一方面，这一陷阱并不意味着应该得出相反的假设，即支持政府通过某种干预频繁地纠正市场失灵。因为"政府"是由一些可能有自身动机或利益的个人组成的，他们作为其余民众的代理人来行动，本书第七章将继续讨论这些问题。经济学家经常低估分析政策选择时国家能力的局限性。因此，在频繁的市场失灵之外，政府也经常失灵。重要的是，不要把市场失灵与理想化的完美国家进行对比，反之亦然。

专栏1.4　市场失灵

假设条件	假设条件不成立时出现的"市场失灵"
A1. 消费者和生产者是理性的和自利的 A2. 他们有固定的偏好	"非理性"选择、社会影响
A3. 既不存在规模经济也不存在进入或退出障碍的完全竞争	自然垄断
A4. 个人掌握完全的信息，并且所有人的信息都是对称的、相同的	信息不对称
A5. 私人收益和社会收益相等；私人成本和社会成本相等	外部性
A6. 现实中存在完全的市场（包括所有未来的商品）	逆向选择、公地悲剧
A7. 商品产权明晰且可交换，社会建立了完善的产权制度且人人遵守法律	交易成本
A8. 商品是竞争性的，如果我使用了它，你就无法使用	公共品/搭便车

事实上，市场和政府经常在同样的情况下，由于同样的原因而失灵。这正是为什么经济组织的结构随时代不同、国家不同而变化如此之大的原因。因此，不同的社会最终会形成不同的国家和市场的组合，纯粹由国家主导的经济或纯粹的自由市场经济从来就不存在。

"市场"与"国家"的历史兴衰

本章前面曾提及历史事件、政治趋势和经济思想之间的联系。在阐明了基本的经济理论框架以便对政策挑战进行分类之后，本节简要地将这个现代框架置于其广阔的历史背景中予以考察。之后的章节也包括一些相关的经济史内容。这是一种以英国为中心，在某种程度上也是以美国为中心的观点。这样做不仅因为我是英国人，也因为美国和英国的经济学家和高校在这一学科中一直占据着主导地位，因此这两个国家的经验对经济学产生了不可忽略的影响。尽管对于其他国家来说，这是一种不同的历史叙事，但相关的议题和分析原则却具有一定的普遍性。

随着时间的推移，经济学中有关政府作用的主流观点已经改变。在1776年出版的《国富论》中，亚当·斯密提倡市场交换发挥更大的作用，因为当时政府对很多活动的限制有利于既得利益者，而当时的经济正经历由工业革命带来的技术和社会的巨大变革。他吹响了号角，号召将市场作为协调社会中经济活动的首要手段，因此福利经济学第一定理有时又被称为看不见的手定理。但现代自由市场的拥护者经常夸大他的观点，忽略了他强调的道德价值和社会纽带对维持市场有效运转发挥的重要作用。

由于斯密和其他古典经济学家的贡献，伴随着经济学在19世纪末和20世纪初的形式化（formalized），以及上述福利经济学理论框架的发展,在某些具体的方面,政府对纠正市场失灵的作用开始得到认可。如果可以识别外部性或自然垄断,那么理论上政府可以计算出如何予以矫正,并且尽可能使矫正措施对个人选择的扭曲最小。例如,在1920年出版的《福利经济学》一书中,庇古建议按统一税率征收酒精税,提高个人销售酒精饮料的成本,直至这一成本与由之引发的吵闹、犯罪、疾病等其他社会成本相等。很多国家至今仍在使用这一确定酒精税的方法,参见专栏1.5。

专栏1.5 庇古的酒精税

对酒类征收庇古税,以纠正与饮酒有关的外部性,这种做法很有吸引力,但是存在一定的操作困难,比如如何确定外部性的规模和适当的税率。挑战之一就是,理想的税率因人而异,对酗酒者来说应该设定得非常高。例如,美国只有7%的人是习惯性的酗酒者,但是在过量饮酒造成的成本中,他们要占75%的比例。次优政策将设定一项税收,使之与所有饮酒者平均的外部边际成本相等。然而,如果重度饮酒者比轻度饮酒者倾向于选择不同的饮料,比如,更偏爱威士忌而不是葡萄酒,那么更好的政策是对重度饮酒者偏爱的酒类征收更高的税。一项研究发现,在英国,重度饮酒者确实更喜欢酒精含量较高的饮料,而且当价格上涨时,他们转而选择较便宜饮料的可能性是轻度饮酒者的3倍多,而不是喝得更少。*基于这些不同的偏好和不同的需求价格弹性,对高烈性酒征更高的税有可能使社会福利大幅提升。研究人员还指出,这是一个次优的世界,比如最优的庇古酒精税可能影响分配结果。此外,酒精饮料行业可能有垄断权利,而政府监管是替代庇古税的另一种方法。

* R. Griffth, M. O'Connell and K. Smith(2017), "Design of Optimal Corrective Taxes in the Alcohol Market," IFS Working Paper, NO. 17/02.

在20世纪之前，国家的能力比现在更有限。政府征缴税收、发动战争、主持司法，可能还会制定一些有关重量和长度的度量衡标准。但除了这些基本内容以外，绝大部分政策，包括执法、规范行为标准，有时还包括济贫，都是由地方实施的。这种有限的政府能力仍是当今很多低收入经济体的现实。然而，就工业化经济而言，政府的作用在20世纪上半叶有了极大的扩展。1929年华尔街崩盘和大萧条，再加上19世纪中期以来选举权的逐步扩大，导致由政府管理经济的呼声越来越高，同时，实际情况也清楚地表明，如果任由市场行事，事情会变得多么糟糕。

的确对一些政治立场偏左或偏右的经济学家而言，在那个阶段，中央计划经济看上去更理性也更有效，相当有吸引力。在20世纪30年代初期，从苏联的共产主义到法西斯德国和意大利的社团主义经济政策，很多例证表明国家越来越广泛地介入生产和分配。当时，经济学家就所谓的有关"社会主义计算"展开了激烈的争论。这场辩论探讨的是，中央计划经济能否取代竞争性市场，并实现同等的社会福利。一方面一些以"社会主义会限制自由"为由反对社会主义的经济学家认为，社会主义是比资本主义更有吸引力也更成功的选择。其中最著名的案例是约瑟夫·熊彼特（Joseph Schumpeter）于1942年出版的《资本主义、社会主义与民主》。另一方面，弗里德里希·哈耶克（Friedrich Hayek）认为，市场是一种处理分散化信息的手段，远胜于任何可能的集权方式。在1945年一篇著名的论文中，他力证价格是独一无二的绝妙方式，它可以汇总信息，协调大量具有不同偏好的消费者个体以及面临不同成本和供给条件的生产者个体的选择。哈耶克认为任何中央计划当局不可能处理这么多的信息，即使现在计算机能力和网络信息有大幅提升，这可能也是无法实现的。但市场会发现并协调这些信息，使消费者在有需要时就可以获得无数的日常商品和服务。

这一时期见证了国民核算的发展，该方法至今仍在使用，同时诞生的还有约翰·梅纳德·凯恩斯（John Maynard Keynes）在其经典著作《就业、利息和货币通论》中阐述的宏观经济学。在西蒙·库兹涅茨（Simon Kuznets）和科林·克拉克（Colin Clark）的努力下，对经济活动总量的测算在第二次世界大战之前就开始了，并在战争期间发挥了不可或缺的作用，它使政府可以了解有哪些资源可供生产战备物资，以及民众不得不牺牲哪些消费。战后，仍在继续构建国民经济核算账户（包括国内生产总值/国民生产总值），并已成为国际标准。除了创建这些关键数据，由拉格纳·弗里希（Ragnar Frisch）开创的商业周期研究和由简·丁伯根（Jan Tinbergen）及其追随者提出的宏观计量经济学模型，为宏观经济管理奠定了基础。所有这些，使之后的宏观经济管理和战后福利国家的建立成为可能的重要的经济学研究，与20世纪30年代中期至40年代中期波涛汹涌的悲剧和冲突，深刻地交织在一起。

在二战期间，优先考虑的是战备需要，紧接着就是冲突结束之后大规模的重建，各国政府因而比以前更需要经济规划。很多西方国家，如法国、荷兰以及亚洲的日本，在战后都设立了规划机构，部分原因是为了管理由美国提供的慷慨的马歇尔计划资金，以重建它们严重受损的经济。这些国家目前仍保留着很强的政府干预经济的传统。

从20世纪40年代至50年代，在大多数富裕的工业化经济体中，政府干预经济的范围不断扩大。福利国家不断扩张，涵盖了国家养老金和失业保险。国家从事住宅建设项目，为教育和医疗等越来越多的公共服务提供经费。政府更多地干预生产活动，或多或少地将整个产业或个别企业收归国有。从20世纪初期甚至更早的时候，大多数国家将邮政和通信业收归政府所有，政府总是对公民之间的交流特别感兴趣。很多市政当局要么自己提供诸如煤气和电力、供水和污水处理以及本地交通等公共服务，要么很早就将这些基本服务私有化。遍及欧洲的国有化浪潮发生在20世纪40年代至70年代（但美国未受此影响）。例如，英国政府在1973年将汽车制造商英国利兰（British Leyland）收归国有，1977年又将一些飞机和造船公司收归国有。

有关生产资料所有权以及国家在经济中扮演更广泛角色的主流思想，在20世纪70年代后期发生了变化。这部分出于政治原因，受英国玛格丽特·撒切尔和美国罗纳德·里根当选的影响，但是这一时期的历史事件也发挥了重要作用。伴随着政治变革，经济思想也在演变。

随着时间推移，政府所有或政府生产的问题变得越来越突出，像哈耶克这样的提倡以市场为主导的经济学家的思想变得越来越有影响力。欧洲国家长达30年的国家所有制扩张提供了很多政府失灵的案例。第三章将详细讨论这一问题。现在，只要知道竞争性市场中的利润动机使私营企业具有追求低成本和创新的强烈动机，这就足够了。战后国有化行业的经验表明，它们的确不如私人部门的同类企业那样工作高效，积极创新。部分原因是存在强大的公共部门工会或专业团体，很多服务行业的运营更多地照顾了生产者的利益，而不是消费者的利益。政府部门的管理人员并不根据企业的盈利状况进行考核，而企业如果出现亏损，往往可以得到财政部的援助。

出于意识形态的原因，右翼政治家和智库支持哈耶克的思路。与此同时，在经济学学术界，主流研究领域强调个人理性，即与上面描述的"看不见的手"定理相一致的最优化行为。更重要的是，经济学中一个影响力越来越大的分支，即公共选择理论，正确地指出必须考虑公共政策制定者和公共部门雇员的动机和激励。早期的经济分析假设政府是仁慈和客观的，会以公正的方式使社会福利最大化。但像詹姆斯·布坎南（James Buchanan）这样的公共选择理论家认为，经济分析应该应用于公共部门官员和雇员面临的激励，假定他们会像其他人一样对这些激励做出反应，并出于自己的利益而行动。这种激励可能是经济方面的，比如晋升甚至腐败，也可能是其官僚帝国的扩张或连任。

20世纪70年代的历史事件有助于证明这一点。对所有的发达经济体而言，这是充满挫折的十年，欧佩克（OPEC）大幅提高了石油价格，很多国家在经历经济衰退的同时，通货膨胀也呈上升趋势。在这十年的中期，人们感觉资本主义正面临危机。在英国，这一期间见证了越来越多的罢工和工资－价格的螺旋上升。这些现象在1978年末至1979年初达到高潮，即所谓的"不满的冬天"。当时正由工党执政，由于市政工人的罢工，街上堆满了垃圾，大面积停电，死者甚至得不到安葬。1979年当选的撒切尔夫人和1981年上台的里根总统都接受了哈耶克倡导市场和公共选择反对政府干预的观点。1989年的东欧剧变似乎使那些经济思想的破灭盖棺论定。苏联的共产主义被证明是一场经济灾难，同时也是一场政治和道德灾难。1989年柏林墙倒塌以戏剧性的方式证明了这一点，民主德国人自二战以来首次自由地向西跨越边界，他们直面的现实就是与联邦德国的同胞相比，他们更贫穷，而且只能获得更劣质的产品，面临的选择也更少。

20世纪90年代和21世纪前10年是经济强劲增长、技术飞速进步和金融市场繁荣的二十年。一些重要的低收入国家，尤其是中国，接受了市场经济和自由化的理念。这一决定帮助中国完成了世界上有史以来最宏大的减贫目标。但是，政治和经济思想的钟摆将再次摆动，而且可能已经发生。2008年严重的金融危机对市场来说不是一个好现象。首先，在危机期间及危机之后，美国实际个人收入的中位数下降了约十分之一，这是自20世纪70年代危机以来的最大降幅（图1.2）。经济合作与发展组织（OECD）中的很多其他成员，包括一些深受随后的欧元区危机影响的国家，收入也停滞不前甚至大幅下降。

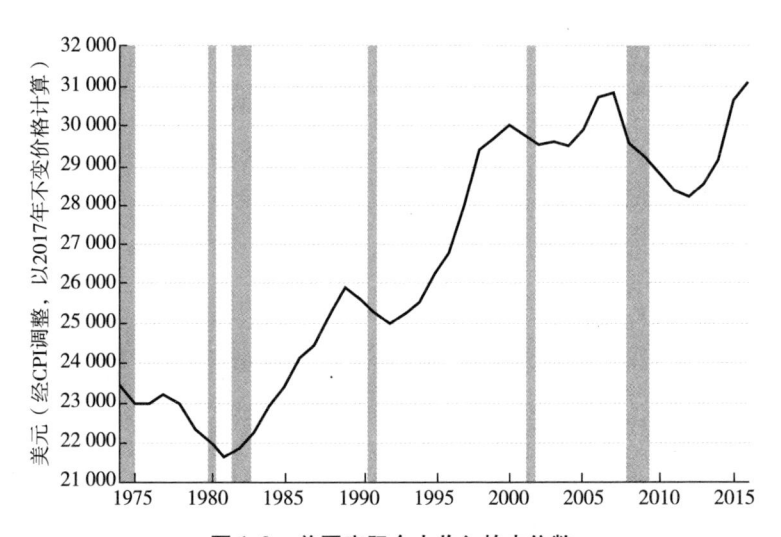

图1.2 美国实际个人收入的中位数

注：阴影区域表示美国的经济衰退。
资料来源：美国人口普查局（US Bureau of the Census）。

近年来，人们越来越关注自1980年以来不平等的急剧上升。虽然不平等的加剧主要发生在20世纪80年代，但是至少从2008

年，大部分西方国家多数人的生活水平并没有提高，这一事实严重削弱了对"自由市场"的支持。"自由市场"之所以加引号是因为它只是一个抽象概念，在现实中并不存在。第六章将回到对分配问题的讨论。最近很多国家在选举中表现出的不满情绪，促使一些政界人士再次考虑对政府干预经济采取更积极的看法。与此同时，一段时间以前，经济思想的潮流已转向强调前文列出的一系列假设条件并不成立。现在，很多研究着眼于外部性、信息不对称或非理性决策。

上述内容的寓意表明国家和市场之间的边界一直起伏不定，而历史事件、政治趋势、经济思想和政策选择不可避免地相互联系，共同演变。

外部性和公共品

我们可以通过考察某些最常见的市场失灵来说明思潮的变化，比如外部性（专栏1.4中基本定理的假设条件A5不成立）和公共品（假设条件A8不成立）。尽管道理似乎很简单，但出于各种原因，对于什么政策可以最好地解决这些市场失灵，人们的看法不尽相同。

当一个人或一家公司的选择影响其他人，使得私人成本或收益与社会成本或收益相背离，这时就出现了外部性。例如，工厂的污染物或二氧化碳排放影响了每个人呼吸的空气和整体气候；我举办了一场喧闹的聚会，打扰了邻居们；无线电台的传输信号对另一电台造成干扰；学习一项技能，使想要聘用熟练工人的雇主在本地选址；让你的孩子接种疫苗，在提高其自身抵抗力的同时，也增加了该地区"群体免疫"的可能性；加入一个社交网络，使这个社交网络对其他成员变得更有吸引力或者更有用。我们在社会或社区中生活而非离群索居，这意味着外部性无处不在。

政府解决外部性的一个方法，是使用税收或补贴的手段使私人与社会的成本和收益相等。在图1.3中供给曲线显示了产品的私人边际成本。如前所述，庇古引入了总额税的概念，即每单位商品征收的税额相同，以增加私人成本并使之与社会成本相等，从而减少商品的消费数量，这就是所谓的庇古税。计算最佳税率并非易事，但这一原则适用于对烟酒征收的"罪孽税"或碳税。

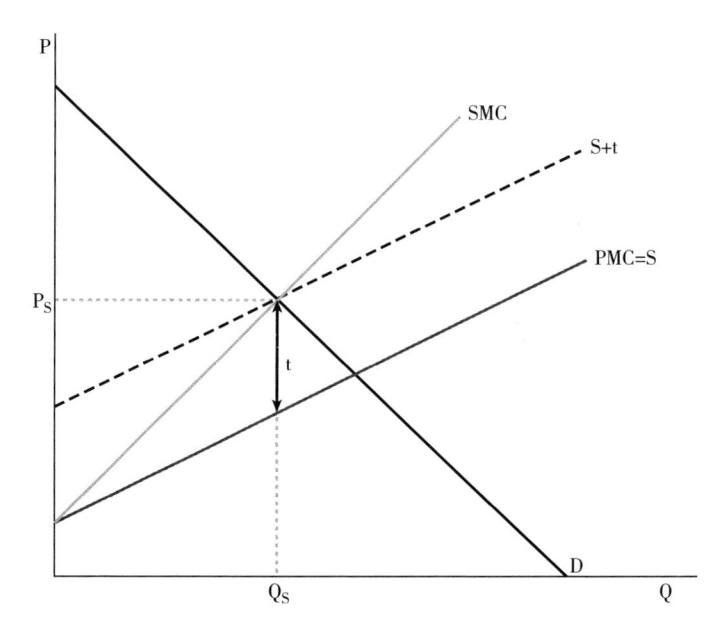

图1.3 庇古税纠正外部性

注：图中存在负外部性，因此社会边际成本（SMC）超过私人边际成本（PMC，即供给曲线S）。庇古税t将供给曲线提高到与社会边际成本相同之处。与不征税相比，价格更高，生产和消费的数量更少。

如果一种商品的消费既是非竞争性的，即一个人消费它并不妨碍其他人对它的消费，也是非排他性的，即不能阻止人们消费它，那么，这种商品就是公共品（图1.4）。公共品的例子包括清洁的空气、街道照明、国防、治安和司法体系、公园、道路和公共交通等。其中一些服务是非排他性的，比如街道照明和国防，又被称为纯公共品。另外一些则是排他性的，尽管提供者可能不会费心思控制对它们的使用。例如，人们可以将公园用栅栏围起来，然后收取门票，但大多数市镇和城市至少会提供一些免费进入的绿地和游乐场。像这种可以限制使用的非竞争性商品有时被称为俱乐部商品，一旦你支付了加入俱乐部的费用，消费就是非竞争性的（表1.1）。反过来说，尽管公共品通常不具有竞争性，但是可能会被过度使用。道路就是一个例子，在大多数情况下，没有人被排除在外（收费公路除外），但交通流量一旦超过一定限度，就意味着我开车将会影响你的行驶。

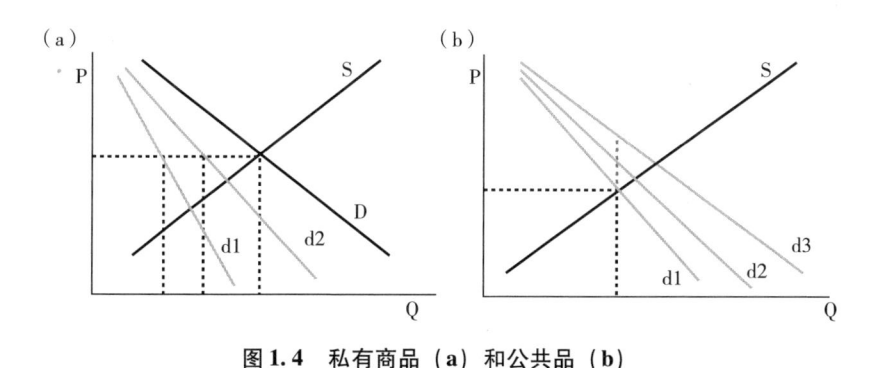

图1.4　私有商品（a）和公共品（b）

注：私有商品的消费是竞争性的，市场需求是个人需求之和（水平加总）。公共品是非竞争性的，一旦第一个人的需求得到满足，其他人就可以搭便车，从不变的产出中获得满足。

表1.1　商品类型

	竞争性	非竞争性
排他性	私有商品（如衣服、食品）	俱乐部商品（如收费公路、门票）
非排他性	共用品（如海洋里的鱼）	公共品（如国防、路灯）

由市场提供公共品，将会导致供给不足。对于任意给定的生产数量，即在图1.4（b）中供给与第一个人的需求相等之处，额外的需求都可以得到满足，而且不会对以前的用户或消费者产生不利影响。这一非竞争性的特征意味着很难为公共品融资（专栏1.6）。搭便车或者说使用它们却无须付费的诱惑是很大的。这就是为什么很多公共品都是由税收资助的，或者至少部分是由国家补贴提供的。

专栏1.6 公共品

公共品是非竞争性的，即额外消费的边际成本为零，由此它会产生搭便车的问题，即如果已经有人为某种产品付过费，其他人就可以免费消费。因此，为公共品融资往往非常困难。传统的政策是由税收收入为公共品提供资金。教科书常说公共品是非排他性的，但这是一种误导，因为排他性可以有多种形式，包括法律强制。很多公共品可以通过各种方式成为排他性的，比如公园大门、道路收费站、执照费、频率许可证，这时它们就会变成所谓的俱乐部商品。很多数字产品都是由私人提供的公共品，因为它们的边际成本为零且不具有竞争性，但可以是排他性的，比如通过设置密码。如果搭便车者不被排除在外，这些商品的供应者（例如报纸）现在就面临如何融资的问题。

但是，政府必须提供所有公共品，否则搭便车问题将导致这些公共品供给不足，这样的观点现在已经受到了挑战。有些案例表明，公共品可以有不同的融资方式。灯塔经常被视作纯粹公共品的例子，因为任何经过的船只都可以看到灯塔的警示灯。但是在历史上，船只支付的港口费常常为灯塔的花费提供资金。虽然有些船肯定在搭便车，但任何想把船只停靠在附近港口的船长都会为支付灯塔的成本做出一点贡献。一些支持市场的经济学家认为，这表明私人为公共品提供资金通常是可能的。类似的案例被当作俱乐部商品看待，因为它们是通过类似会费的制度提供资助的。然而，在这个例子中值得注意的是，地方当局或机构组织了这种非竞争性商品的融资。这不完全是自由市场产生的结果，而是采取了集体协调的方式，但它并不是由某位政府官员做出的决策，也不是由一般税收资助的。因此，有关公共品是否必须由公共部门提供，还是也可以由私人部门提供的争论，部分原因在于没有界定清楚何为"私人"。

另一个非竞争性产品由集体提供而非由政府提供的例子，是英国19世纪对公路系统的投资。提供这一公共品的组织者是"收费公路信托基金"（turnpike trusts），它是一个由有权收取通行费和有责任维护路段的地方权贵组成的团体。这类由私人组织的实体在法律基础上得到了政府支持。在某种程度上，它们是20世纪末和21世纪公私合作关系（public-private partnerships）的雏形。在有些国家，私人提供道路比其他国家更为普遍（专栏1.7）。第四章将进一步讨论既非私人也非公共性质的集体机构。

专栏1.7　私人建设的公路

　　私人部门在主干道路或高速公路等典型公共品领域发挥的作用，就各国来说差异很大。欧洲有13个国家没有收费公路，8个国家只对某些桥梁或隧道收过路费，前者主要是像爱沙尼亚和列支敦士登这样的小国，后者则包括荷兰，以及著名的联通马尔默与哥本哈根的8千米国有厄勒海峡大桥所在的瑞典。在收取过路费的国家中，英国的收费少之又少，只针对一条高速公路和少量的轮渡或大桥收费，而法国和意大利等国家则拥有辽阔的收费公路网。在大西洋彼岸，美国有很多私人所有和运营的道路与桥梁，且近年来一直在将国有和国营的道路私有化。举个例子，印第安纳州的收费公路现在由一个澳大利亚—西班牙的财团根据一份75年的租约来运营。这些道路可以由政府或其某一机构经营，或者完全由私营企业经营，又或者由私人融资和经营，但由政府提供最低收入担保，再或者采取某种公私合营的形式。目前的趋势是通过公私合营分担风险，并克服政府预算紧张的难题。

厄勒海峡大桥，摄影：Luc De Cleir/Pexels

一些特殊的公共品同样值得一提，即所谓的有益品（merit goods）和体验品（experience goods）。这些商品不是供给不足，而是需求不足。有益品被认为是对人们有好处而他们自己没有意识到的产品。政党的政治节目就是一个例子。请注意，在美国以外的国家，电视上的付费政治广告通常受到限制或被禁止。没有人想看这些节目，但让选民了解相互竞争的政党的政策是件好事。体验品指的是那些在尝试之前人们不知道是否会从中受益或乐在其中的商品，小说、电影、音乐和其他文化体验是最显明的例子。某些体验品可能需要一些政策来鼓励对它们的使用，例如让不愿尝试的民众试着参加体育运动，以帮助解决肥胖问题，这会使他们发现这些活动的乐趣。

公共品与外部性之间的差别并不像乍看上去那样大。说一种商品具有非竞争性，等同于说这种商品的社会收益大于私人收益。公共品可以说是外部性的一个特例。

这一观点同样适用于自然垄断行业，即假设条件 A3 是不成立的（专栏1.4）。第三章将进一步讨论这一问题。有些产品被认为具有自然垄断的性质，由于高昂的固定成本（供给方面的规模经济）或网络外部性（需求方面的规模经济）导致规模报酬递增，因此常常只有一家厂商或最多只有少数几家厂商生产这些产品。严格来讲，如果平均成本在所有产量水平下都趋于下降，那么这个行业就属于自然垄断，由一家公司生产所有的产品是成本最低的解决方案。正如很多国家对高速公路或供水排污系统的处理，政府如果自己不提供这些产品，就会对这类机构进行严格的监管。事实上，所有的公用事业都受到管制。规模报酬递增也可以说是外部性的一个特例，这是因为当一家企业增加产量时，该行业的其他企业都可以从市场规模的扩张中获益。

庇古与科斯

考察社会福利的庇古式方法涉及政府对市场失灵（例如存在外部性或公共品）的识别，然后通过税收或补贴等特定的政策予以纠正。其他纠正外部性或提供公共品的直接政策方法包括：分配许可证，比如控制用于广播和电话的无线电波段，或限制个人在机场附近操控无人机；提供政府服务，比如在健康和教育方面，鼓励接种疫苗或采取其他公共卫生措施，或通过促进对学历的需求，增进雇主和工人的利益；监管，比如通过罚款或采取法律行动来限制喧闹的深夜聚会或往河里倾倒垃圾等行为。在 20 世纪的大部分时间里，政府为解决特定市场失灵而采取行动的干预主义观点占据了主导地位。当然，所有这些类型的政策仍在被很多政府广泛地采用。

此外，罗纳德·科斯（Ronald Coase）思考一般的外部性的方法也很有影响力，尤其是关于公共品导致的特殊外部性的思考。这种方法使政策倾向于借助市场的力量来解决外部性和公共品等市场失灵现象。

科斯指出，在理论上外部性是相互的。以喧闹的深夜聚会为例，它对没有受邀参加的邻居来说有负外部性。同样地，它也可以被看作渴望安静地过日子的顽固守旧的邻居对那些想要找点乐子的人们施加的外部性。科斯在其 1960 年的一篇经典文献中给出了一个例子，牛跑到附近的农场吃庄稼。直觉上的假设是，放牧者应该被警察或法院罚款，但这是因为我们假定农场主对其土地上的庄稼拥有不可侵犯的财产权。科斯问道，如果更肥壮的奶牛给放牧者带来的好处超过了农场主庄稼损失的收入，那该怎么办？难道农场主和放牧者不应该私下协商一笔款项，而这笔款项实际上相当于放牧者租用农场以便让牛可以吃庄稼的费用？这可能是一项互利的交易。同理，如果一个工厂污染了河流，杀死了河中的鱼，我们应该问，工厂因必须停止污染而减产造成的损失与死掉的鱼的价值孰大孰小。所有的外部性在理论上都是对称的。在实践中，当产权被分配给一方时，它们就变得不对称了，即使如此，私人交易也是可能实现的，这取决于达成交易的成本。

因此，科斯接着指出，如果人们可以自由协商，并且交易成本不太高，他们会通过市场交易自己解决成本的分配问题，而不需要政府以庇古税或监管的形式介入对外部性的修正。很多拥护市场的经济学家将这一点铭记于心，他们认为，就需要政府采取政策以纠正市场失灵的情形而言，实际情况要远少于原来的设想。实际上，对不同产品或公共品的供给征税或提供补贴，不同国家的干预程度存在很大差异。因此，不言而喻，这是一个会产生争议的问题。

然而，正如科斯在其诺贝尔奖获奖感言中澄清的，他认为人们通常无法谈判，因为谈判的交易成本太高了。什么是交易成本？就本质而言，交易成本就是为获得计划进行的交易所需的信息而付出的时间和精力。例如，是否很容易就确定这些走失的牛的主人，或者哪家工厂正在把有毒物质倾倒进河里？种植玉米的农户对其农作物的损失是否撒谎了？这些都与监督正在发生的事情是否容易的问题有关。再者，参与谈判的人是否足够少，以使谈判成为可能？因为在生活中很少只有两方参与谈判。有时产权也可能不是那么明晰。当飞机上的两名乘客为"膝盖防护器"的使用发生争执，其中一名乘客阻止对方将座位靠背向后倾斜时，这样的情况就可能出现。与邻座的乘客协商平躺权的费用，是5美元还是50美元？这时产生的交易成本就太高了。显然，在这个案例中，谁拥有使用这一空间的权利是不清楚的。不幸的是，你的机票并未说明你是否有权使用你面前的空间，这意味着你使用膝盖防护器是正当的，以及是否有权使用你背后的空间，这样你就有权放倒座椅，当然你也可以想象使用膝盖防护器的人有可能认为自己同时拥有这两种权利。

无论如何，科斯的方法对一些经济学家产生了巨大的影响，并为法和经济学学派奠定了根基。这一学派强调法律体系在解决外部性方面（或者更确切地说，在解决由外部性引起的争端方面）发挥的作用。长期以来，基于普通法的司法判决是处理民事纠纷（经济侵权行为）的主要方式，但从科斯的论点衍生的颇具影响力的法和经济学学派强调产权的分配（物权法）和纠纷的有效解决（合同法）。

科斯的研究强调了两个关键点，均被视为公共政策经济学的基础。一是明确地界定和分配产权的重要性。在科斯所举的例子中，农民对土地及地上作物拥有财产权，但放牧者可以向他出价，以便让牛可以吃玉米，并且这一出价会超过农民的损失。同理，在专栏1.8的维特尔牌矿泉水一案中，产权属于土地所有者。至于其他一些情况，比如飞机上腿部空间的争执，如果不清楚谁对有争议的财产拥有财产权，科斯式的谈判可能就无法实现。

在大多数情况下，我们把关于财产权的主流假定视作事物自然秩序的一部分，但它们完全是由政治和法律制度以及习俗决定的。例如，当你在餐馆里下单时，你认为你是在买食物，并租用了一个可以坐上一两个小时的地方，但你不能将你用的盘子和杯子拿出餐馆。法律负责实施规范，如果你这样做，餐厅可以报警。然而，技术常常会打破有关产权的假定。当代经济中经常出现的对"知识产权"的主张总是会引发争议，因为由想法构成的知识产权是一种公共品，在消费时不具竞争性，没有复制成本。数字技术使知识产权可能出现大量的新领域，并引发了争夺其产权的一股淘金热。尽管有时存在争议，但就知识产权在日益脱离实物形态和日益数字化的现代经济中的重要作用，以及现有的规范和判例法在知识产权所有权方面的相对匮乏而言，由科斯开启的法和经济学方法为我们提供了一个有用的视角。第四章我们将进一步讨论这些问题。

> **专栏1.8 现实生活中的科斯式谈判**
>
> 维特尔牌矿泉水是由法国孚日地区的泉水灌装而成的。从20世纪70年代开始，该地区的农业变得更加密集，天然泉水的品质日趋恶化。水中的硝酸盐成分威胁到公司的业务。维特尔品牌的所有者雀巢公司成功地与40名相关农民进行了谈判，向他们支付赔偿，以改变他们的耕作方式，限制排放危害水质的废物。对这一谈判的一项研究得出结论，认为谈判取得成功基于一些重要原因，如牵涉的农民相对较少，维特尔公司在上游购买了一些土地，等等。研究证明，对该公司而言，改善上游的土地管理要比建造一座新的过滤厂更划算，因此，它愿意通过收入援助、设备补贴和技术培训等方式补偿农民。
>
> ---
>
> C. Déprés, G. Grolleau, and N. Mzoughi, "On Coasean Bargaining with Transaction Costs: The Case of Vittel," Centre d'Economie et Sociologie appliquées à l'Agriculture et aux Espaces Ruraux, Working Paper No. 2005/03, https://www2.dijon.inra.fr/cesaer/wp-content/uploads/2012/11/WP2005_3.pdf.

因此，科斯式的讨价还价，即通过谈判或法律行动来解决外部性导致的问题，要求所涉及的交易成本不太高。所谓交易成本包括与所有相关方谈判花费的时间、发现所有相关信息的难易程度和监督各方行动的成本。原则上，飞机上的乘客可以与前后座位的乘客协商，以确定谁更看重这一空间，但实际上这样做太麻烦了。科斯在其诺贝尔奖的获奖演说中指出，交易成本往往高得令人望而却步。不过，他也补充道："如果我们由一个零交易成本的体制转向一个交易成本为正的体制，那么法律体系至关重要的作用就会立刻凸显。"

对于一个社会如何安排其商品和服务的生产，以及如何将资源分配给不同的用途，交易成本的存在起到了关键作用。正像第七章讨论的，它关系着公共部门应自己提供某项服务，还是将其承包给私人供应商，又或者同样的，私人企业应自己保留某项业务，还是将其外包给供应商。有没有可能在合同或服务协议中详细说明私人供应商必须交付的内容，并监督合同是否得到履行？对于某些活动，如工资发放或垃圾收集，答案很简单。但是对其他一些活动来说，答案就没有这么简单，特别是在信息不对称的情况下。例如，医疗服务或社会服务等各类服务的质量是很难监督的，而在一项竞争性合约中竞标成功的供应商削减成本的动机往往非常强。

对交易成本的思考还突显出世界并未被截然划分为市场和政府两部分。的确，经济理论对市场这一概念的界定有些含混不清，更不用说自由市场了。微观经济理论关注消费者和生产者个体。然而，有大量组织既不是私人营利企业，也不是政府实体。工会、互助组织、集体组织和合作社、家长—教师协会、志愿团体、非营利社团，所有这些组织都参与某些经济活动，而且这些活动通常有政府机构或私人企业又或者两者同时参与。有大量组织影响共同的经济结果，在公共政策中所有这些都应予以考虑。对于为什么以这种方式而不是另一种方式组织某些活动，经济学中的很多洞见都源自交易成本和信息不对称这两个概念。科斯在另一篇经典文献中，使用交易成本的方法来解释企业为什么会存在，而不是假设所有的活动都是通过市场交换发生的。这一方法构成了很多后续研究的基础，比如一些考察企业和产业以及一般的经济制度是如何组织起来的研究。

结论

本章描述了经济学评估公共政策采用的方法：它们对社会福利有贡献吗？经济学对社会福利的含义有非常具体的定义，包括帕累托效率这一概念。尽管效率一词既未考虑分配问题，也不考虑自由或民族自豪感等其他道德因素，但这一标准仍是规范性的。它以按某种方式加总的偏好满意度或个人效用作为评估社会福利的标准。没有一个经济学家认为标准的福利经济学定理是对现实的描述，但这一框架仍将竞争性市场作为基准，并以这种方式考察政府和市场的相互作用。不过，自亚当·斯密以来，关于公共政策的形式和范围一直有相当多的争论。下一章将更详细地讨论政府与市场的关系，特别是竞争与政府监管之间的平衡。

第一章附录

本附录以非技术的形式简要描述了福利经济学依据的微观经济理论。范里安（H. Varian）的《微观经济学分析》（*Microeconomic Analysis*）等标准的微观经济学教科书可以为读者提供技术细节。约翰逊（P. O. Johansson）在其《现代福利经济学导论》（*An Introduction to Modern Welfare Economics*）一书中，以非技术的方式更详细地阐述了福利经济学理论。关于福利经济学和社会选择，有大量的专业文献。读者如果对这一领域的经济思想如何变革感兴趣，可以参考罗杰·巴克豪斯（Roger Backhouse）最近考察福利经济学演变的一篇论文《新福利经济学的起源》（The Origins of the New Welfare Economics, http://www.ier.hit-u.ac.jp/extra/10.Backhouse.pdf）。

现在，假设存在一个简单的鲁滨孙·克鲁索经济，其中生产者和消费者是小说中的两个角色，即鲁滨孙和他的仆人星期五；有两种生产要素，土地和劳动力；并且生产两种产品，椰子和菠萝。我们先从生产入手，等产量线描述了在给定生产技术的情况下，生产每种产品所需的土地和劳动力的组合。图1.5给出了椰子及菠萝的等产量线。假定等产量线具有理想的数学特性，可以被画成平滑的曲线。

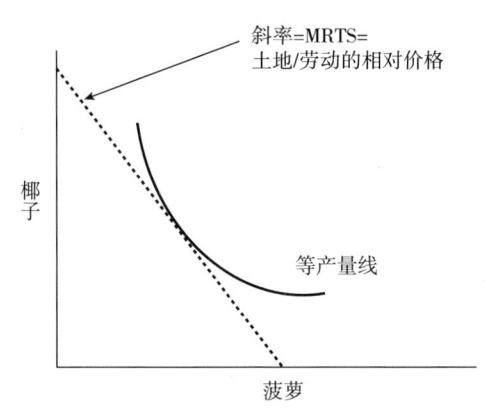

图 1.5　生产：等产量线

有效率的生产要求在椰子和菠萝的生产中，土地和劳动力的替代率是相等的。否则，通过改变投入组合，至少可以使一种作物的产量增加。这一比率被称为边际技术替代率（MRTS），它等于要素的相对价格，或者说土地相对于劳动力的价格。埃奇沃斯盒状图画出了两组起源于对角线两个端点的等产量曲线（图 1.6）。

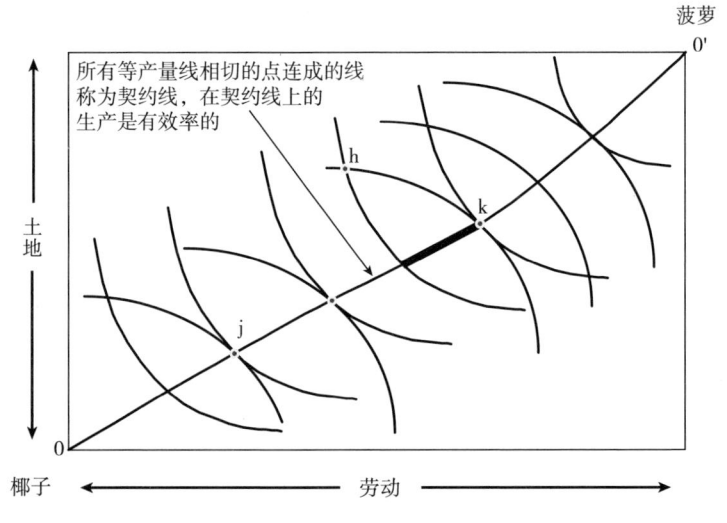

图 1.6　生产效率

图1.6中的曲线代表等产量线，表示在不同的土地和劳动力组合下，椰子（由左下角开始）和菠萝（由右上角开始）各自的产量水平不变。当两组等产量线相切时，生产就是有效率的。此时斜率等于边际技术替代率，也等于要素价格之比。否则，在给定的土地和劳动力水平下，至少一种产品的产量有可能增加。所有切点的连线被称为契约线。假设经济开始于契约线之外的某个点，比如 h 点，它表示土地和劳动力使用的最初组合。由 h 点向契约线加粗部分（又称为核心部分）的任何移动都提高了效率，即实现了帕累托改进。

类似的情况也适用于消费（图1.7）。鲁宾孙和星期五的偏好都可以用无差异曲线来表示，代表椰子和菠萝的组合可以获得相同的效用水平。

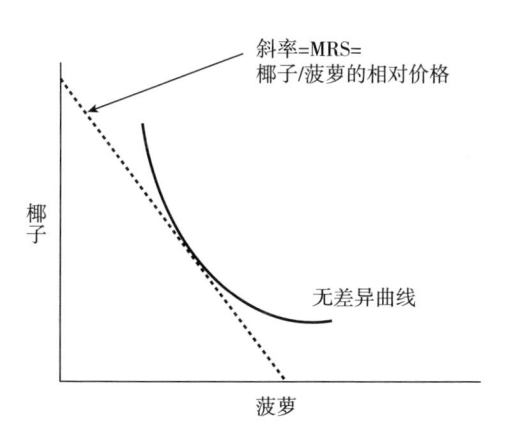

图1.7　消费：星期五的无差异曲线

根据消费的无差异曲线，同样可以建立一个类似的表示配置效率的埃奇沃斯盒状图（图1.8）。对于任何产品的初始水平和分配状况，这两个人都可以通过互相交换来增加他们的效用，比如用椰子交换菠萝，达到两人边际替代率（MRS）相等的点。这里的边际替代率指他们愿意用每个椰子交换的菠萝数量。

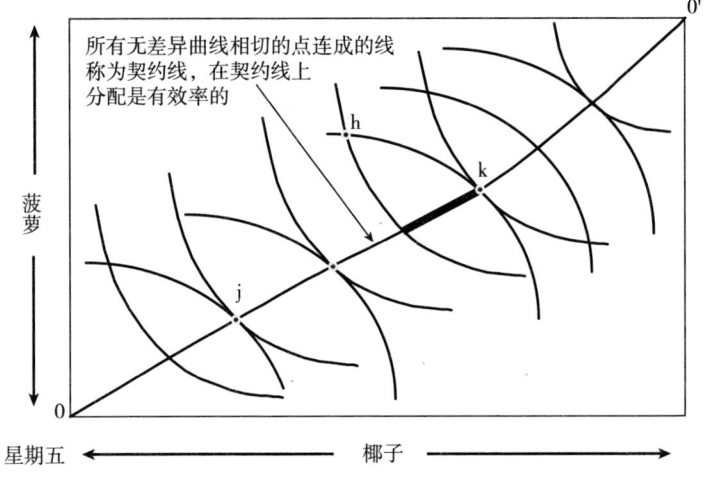

图1.8 分配效率

在图1.8中，这些曲线表示无差异曲线，表示在不同的椰子和菠萝组合下，星期五（由左下角开始）和鲁宾孙（由右上角开始）各自的效用水平是恒定的。当两组无差异曲线相切时，分配是有效率的。此时切线斜率等于边际替代率，也等于菠萝和椰子的相对价格。否则，给定两种食物的产量，通过用椰子交换菠萝，至少可以增加一个人的效用。假设椰子和菠萝的初始分配是点 h，那么通过用椰子交换菠萝，当达到核心部分的某一点，即两个人最初的无差异曲线与契约线相交的两个点之间的部分时，至少可以使一个人的效用提高。对于实现了帕累托效率的点，边际替代率也等于生产中用椰子代替菠萝的边际技术替代率。

最终，有效率的产品组合要求椰子转换为菠萝的比率，即产品边际转换率或生产可能性边界的斜率，也必须等于消费的边际替代率。

这一章还涉及如何由个人结果加总为社会结果的问题。阿罗不可能性定理证明，对于任何一般的可能的偏好集，没有一种方法可以在满足下列所有假设条件的同时，将个人效用加总为社会福利。

- 帕累托效率：除非使至少一个人的状况变差，否则没有人的状况可以得到改善。
- 无关选择的独立性：一个人选择 A 或 B 的偏好不受 C 的影响，如果我更喜欢苹果而不是椰子，那么引入葡萄并不会使我更喜欢椰子而不是苹果。
- 非独裁：如果社会中的人们有不同的偏好，那么没有哪个人的偏好总是占优的。
- 普遍性没有受限的领域：对所有可得的商品，个人的偏好都是明确的。

大量关于社会选择的技术性文献对这一定理进行了探讨，阿玛蒂亚·森（Amartya Sen）的经典著作《集体选择与社会福利》(*Collective Choice and Social Welfare*) 2017 年的增订版全面概括了有关的结论。森特别指出，如果总体社会福利函数不需要对所有可能的个人偏好集合进行全面排序，而是只将注意力集中在某些具体议题上，那么加总能以合理的方式实现。

公共政策经济学假设某种社会福利函数确实是存在的，它通常是某种隐含的功利主义的变形。但是，不同的社会福利函数可以代表不同的平等观。例如：

罗尔斯的最大最小值社会福利函数 $= \min(u_1, u_2, \cdots, u_n)$

严格的功利主义社会福利函数 $= \sum(u_1, u_2, \cdots, u_n)$

适度平等的社会福利函数 $= \sum(u_1, u_2, \cdots, u_n) - \lambda \sum [(u_1, u_2, \cdots, u_n) - \min(u_1, u_2, \cdots, u_n)]$

上述函数可以用社会无差异曲线图来表示。例如，图 1.9 呈现了一组严格的功利主义的社会无差异曲线集。

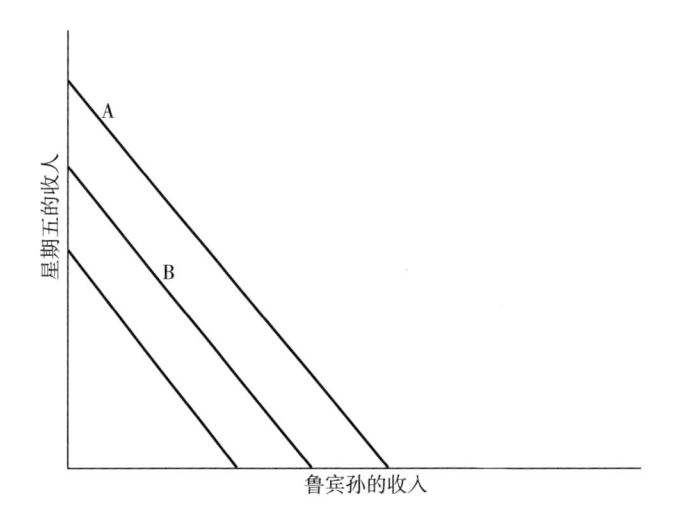

图 1.9　严格的功利主义社会福利曲线

按照严格的功利主义观点,人们的收入可以完全替代,总收入更多的 A 总是比总收入更少的 B 要好,而不考虑这对分配有什么影响。

正如前文指出的,福利经济学的理论工具通常很复杂,但这并没有妨碍公共政策经济学家以一种实用主义和或多或少有些功利主义的方法对社会福利展开实证研究。

扩展阅读

作为补充的技术性文献

Ethan Bueno de Mesquita (2016), *Political Economy for Public Policy*, Princeton University Press, chapters 1 – 3.

Lee Friedman (2002), *The Microeconomics of Public Policy Analysis*, Princeton University Press.

Bruce C. Greenwald and Joseph E. Stiglitz (1986), "Externalities in Economies with Imperfect Information and Incomplete Markets," *Quarterly Journal of*

Economics 101, No. 2 (May 1): 229–264.

P. O. Johansson (1991), *An Introduction to Modern Welfare Economics*, Cambridge University Press.

Amartya Sen (2017), *Collective Choice and Social Welfare*, expanded ed., Penguin.

Hal Varian (2014), *Intermediate Microeconomics: A Modern Approach*, 9th ed., W. W. Norton.

经典文献

Kenneth Arrow (1951), *Social Choice and Individual Values*, Wiley.

Ronald Coase (1960), "The Problem of Social Cost," *Journal of Law and Economics* 3:1–44.

Ronald Coase (1937), "The Nature of the Firm," *Economica* 4:386–405.

Friedrich A. Hayek (1945), "The Use of Knowledge in Society," *American Economic Review* 35, No. 4:519–530.

R. G. Lipsey and Kelvin Lancaster (1956), "The General Theory of Second Best," *Review of Economic Studies* 24, No. 1:11–32.

Paul Samuelson (1947), *Foundations of Economic Analysis*, Harvard University Press, chapter 9.

Joseph Schumpeter (1942), *Capitalism, Socialism and Democracy*, 5th ed., Harper. (1976 edition, George Allen and Unwin.)

政府经济干预的范围

Wilfred Beckerman (1986), "How Large a Public Sector?" *Oxford Review of Economic Policy* 2, No. 2: 7–24.

福利经济学

Sam Bowles, Alan Kirman, and Rajiv Sethi (2017), "Friedrich Hayek and the Market

Algorithm," *Journal of Economic Perspectives* (Summer).

Francis Spufford (2011), *Red Plenty*, Faber. (A novel comparing the planned economy USSR and the free market USA in the 1950s.)

历史和政治的作用

Daron Acemoglu and James Robinson (2013), "Economics versus Politics: Pitfalls of Policy Advice," *Journal of Economic Perspectives* 27, No. 2: 173 – 192.

Diane Coyle (2015), GDP: *A Brief but Affectionate History*, revised ed., Princeton University Press.

Wayne Leighton and Edward Lopez (2012), *Madmen, Intellectuals, and Academic Scribblers: The Economic Engine of Political Change*, Stanford University Press, chapters 1 – 3.

外部性和公共品

Ronald Coase (1991), Nobel Prize lecture, "The Institutional Structure of Production," http://www.nobelprize.org/nobel_prizes/economic-sciences/laureates/1991/coase-lecture.html.

Ronald Coase (1974), "The Lighthouse in Economics," *Journal of Law and Economics* 17, No. 2 (October): 357 – 376.

Tyler Cowen, "Public Goods," http://www.econlib.org/library/Enc/PublicGoods.html.

Timothy Tayor, "Pigouvian Taxes and Bounties," http://conversableeconomist.blogspot.com/2017/03/pigouvian-taxes-and-bounties.html.

第二章　辅助市场运行：管制和竞争

本章探讨政策如何努力让市场更好地运行，这是指如同第一章定义的那样提高经济效率，即如何在市场失灵的情况下，比如规模收益递增（自然垄断）或信息不对称导致专栏1.4中的假设条件A3或A4无法成立，提高生产效率和配置效率。一般而言，可选方案是在市场中建立竞争或对市场进行监管，而更普遍的是两者双管齐下。本章首先考察如何在特定的市场背景下，诠释第一章中提出的社会福利标准，解释为何普遍将竞争视为增加社会福利最有效的手段。本章讨论竞争政策的原理和实践，以及在存在市场失灵时的局限性。在这种情况下，监管是竞争的替代选项，尽管监管和竞争往往此消彼长，更严格的监管会让新人难以参与竞争。监管的范围随着时间的推移有增无减，这是由于从政治角度，在一些受到广泛关注的市场中，监管常常看上去是最有吸引力的选项。在这种情况下，技术创新通常是引入新竞争的最有效途径。在最近出现的一些案例中，科技创新企业打破了一些受到严格监管的市场的原有格局，如出租车市场和金融市场。然而，新技术市场也给竞争政策带来了挑战，在很多国家，数字巨头企业正受到越来越多的审查。

所有市场都存在于由政府创建和维持的框架之中。法治是最为基本的条件：人们是否相信自己的合同可以得到执行？如果他们购买的产品或服务有缺陷或不符合厂家的描述，他们是否可以获得一定的赔偿？财产权是否得到尊重和实施？但是，在大多数经济体中，政府对市场运行发挥的作用要广泛得多。包括很多低收入国家在内的绝大多数国家，都设有专门的机构来执行竞争政策，以防止大公司获得和利用垄断势力。各种各样的监管无处不在，它涵盖的范围从最基本的规则，比如技术标准、对重量和长度的规定以及基本的安全要求，到更复杂的要求，比如就业条件和产品标签。

在以自然垄断为特征的市场中，政策选择尤为困难。自然垄断是指一个行业存在规模经济，因而生产者的平均成本在下降，即产量越高，每单位产品的平均成本越低。在最简单的情况下，成本最低的生产方式是市场上仅有一家企业。具体的案例包括需要对基础设施进行大量投资的行业，如电网、供水和铁路网。在很多欧洲国家中，战后这类部门被国有化，因此存在着国有和国营的垄断，其中很多企业在20世纪80年代和90年代相继被私有化。下一章将对公共所有制和公共生产进行详细的介绍。不过事实证明，电力、水务、铁路和电信等行业在由私人经营时，很难形成有效的竞争。本章探讨的一个案例就是电力，其使用的技术并不新鲜而且已被广泛掌握，但其供给却是一个社会难题。很多低收入国家根本没有稳定的电力供应，即使是最先进的经济体有时也会出现停电现象，此外人们还经常抱怨用电价格和供电服务。在电力行业由私人所有的情况下，少数几个企业占据主导地位，因而必须接受严格的监管。国家不可能让这样基础性的公共事业完全由市场来掌控。

监管也可能带来问题，因为监管往往效率低下，而且阻碍竞争。当一个市场需要满足很多监管要求时，新企业很难进入这个市场，但对一个在位的大企业而言，满足所有的监管要求要容易得多。决定监管力度和监管内容，具有内在的困难，因为监管虽然有其他的好处，但是也会增加成本，提高价格。后续的章节还会再讨论这一问题。在铁路、电信或能源等一些原有的具有网络效应的行业，在竞争与监管之间建立平衡非常困难，这与现在一些新兴的具有网络效应的行业很类似，比如在线搜索和数字平台。这些新兴行业同样具有规模报酬递增的特点。本章将会考察这些数字网络行业需要哪些公共政策。

竞争为何重要？

英特尔前首席执行官安迪·格鲁夫（Andy Grove）1998年出版的自传《只有偏执狂才能生存》，介绍了当时朝气蓬勃的计算机芯片行业。企业通常不喜欢竞争，对此甚至有些偏执，因为这会降低它们的利润，扰乱它们平静的运营。而经济学家喜欢竞争。第一章中描述的福利基本定理解释了原因，即市场使有效率的配置和生产成为可能。具有竞争力的市场价格有效地传递了消费者偏好和供给状况的有关信息。消费者的选择迫使公司以更低的成本生产，并提供优质或新颖的产品和服务。因此，竞争意味着更低的价格、更高的质量和更多的创新。利润应该是合理的或"正常的"，不能太高。竞争有利于那些有能力的个人，因为一个行业中相互竞争的企业越多，他们在就业市场中可以选择的潜在雇主就越多。此外，在竞争更激烈的经济中，生产率也增长得更快，因此随时间推移生活水平也提高得更快。企业必须时刻保持警惕，低效率的企业将会破产。但当只存在一个或几个大企业时，垄断力量意味着所有这些好事都会逆转。准确地说这时出现的是寡头而不是垄断。关于寡头的文献很多，对于应用竞争政策的实践很有指导意义。但为了简单起见，本章的重点是纯垄断的案例。

福利经济学第一定理指出，竞争均衡是帕累托有效率的。这是将经济视为一个整体来讲的，也就是一般均衡的概念。若将这一发现应用到某一特定市场或行业，我们需要将其转换为局部均衡的版本，同时要牢记次优问题的存在。对于任何特定市场，经济福利被定义为：

$$TS = PS + CS$$

总剩余 = 生产者剩余（利润）+ 消费者剩余（消费者从商品消费中获得的价值超过他们所支付的价格的部分）

在完全竞争市场中，总剩余最大（表2.1）。在图2.1中，这是价格 P^{PC} 等于边际生产成本的点，边际生产成本如水平供给曲线所示。生产者仅获得"正常"利润，这表明生产者剩余为零，而消费者剩余对应支付价格以上和需求曲线以下的区域，表示消费者愿意支付的价格。因此，在这种完全竞争的情况下，TS 等于 CS，等于 A、B、C 三者的面积之和。

在完全垄断中，垄断者使边际收益和边际成本相等。因此，在图2.1中（为了便于比较，使用相同的边际成本曲线），PS 等于 B，即垄断利润，而 CS 等于 A，消费者现在为数量是 Q^M 的商品支付价格 P^M。TS 等于 A 和 B 二者的面积之和，比在完全竞争的情况下要小。区域 C 就是无谓损失（deadweight loss）。由于垄断导致的无谓损失的大小取决于需求弹性，需求越缺乏价格弹性，或者对价格变化越不敏感，无谓损失就越大。成本结构的影响也是如此，随着产出的增加，平均成本和边际成本下降的幅度越小，无谓损失也会更小。

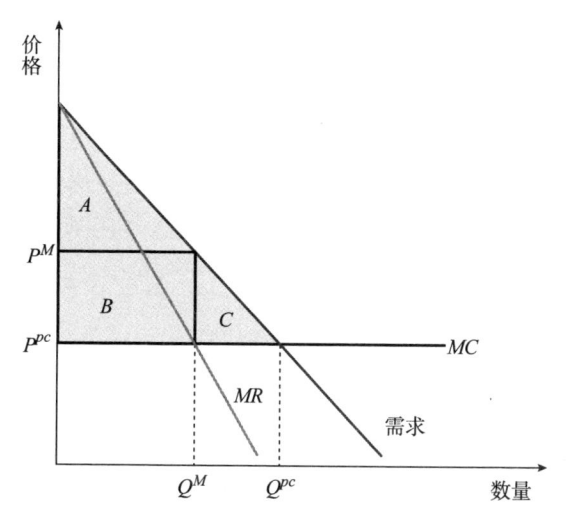

图 2.1　生产者剩余、消费者剩余和无谓损失

表 2.1　完全竞争条件下的配置效率和生产效率

消费者剩余	生产者剩余
价格等于边际生产成本	在该价格下,厂商获得的利润为零或只获得"正常"利润
所有愿意支付的价格比市场价格更高的消费者,都将从中受益	如果价格继续提升,利润会暂时提高,但这会吸引新的厂商进入;如果价格走低,企业将蒙受损失并退出市场

因此,从垄断转向竞争可以增加社会福利,而且完全竞争均衡实现了帕累托最优。不过请注意,此举并非帕累托改进,因为随着垄断者丧失垄断力量,生产者剩余的规模将减小。

在完全竞争的情况下,总剩余将最大化,但这只是教科书提供的基准点。在现实生活中,真正关键的问题是竞争的程度。图 2.2 列出了不同程度的各类竞争。

垄断力量还会导致超出图 2.1 所示的额外的效率损失。一种来自所谓的寻租行为,即大公司花费大量金钱进行游说以保护其支配

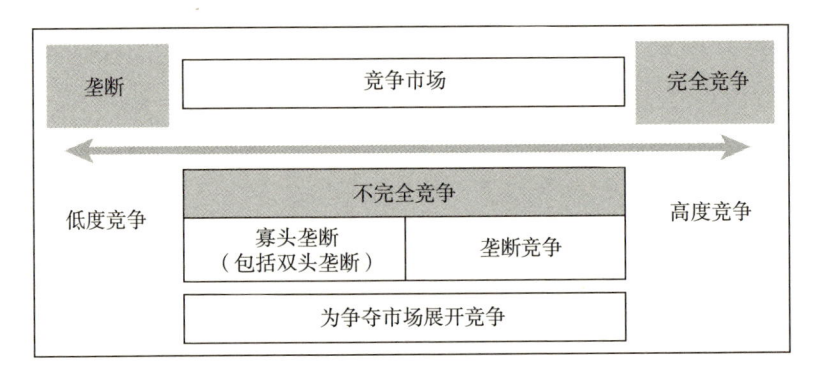

```
垄断 | 竞争市场 | 完全竞争
低度竞争 ←————————————→ 高度竞争
        不完全竞争
        寡头垄断
        (包括双头垄断) | 垄断竞争
        为争夺市场展开竞争
```

图 2.2　竞争谱系

市场的力量，第四章和第七章将对此做更详细的介绍。这种做法可以视为限制了市场竞争的范围。

效率低下的另一个源头是，随着时间推移，在该行业中支配市场的力量如何影响成本。如果没有竞争者抢走客户的威胁，生产效率可能就会降低，并且无法进行创新。与时刻处于警惕状态甚至偏执于此的竞争性行业相比，新技术在慵懒的垄断行业的使用率更低，边际成本则更高。这就是所谓的 x - 无效率（x-inefficiency）。与竞争性的市场相比，此时消费者剩余更少，生产者剩余也是如此。

竞争政策的原则

所有经合组织经济体以及很多发展中国家都拥有一套法律和规则，以实施竞争政策。欧盟和美国的机构对竞争政策的经济分析有特殊的影响，因为它们的管辖范围很大，对那些商业巨头的组织结构和商业实践有予以罚款和警告的强大司法权。在现实生活中，任何司法管辖区的政策框架都必须遵循有利于竞争市场的理论假设。

一个现实的问题在于，政策是否应关注总剩余在生产者和消费者之间的分配。不同国家的竞争法规可以指向不同的目标。在某些情况下，正如理论阐述的那样，目标在于总剩余或利润加消费者剩余的最大化。而包括欧盟和美国在内的其他司法管辖区，选择仅关注消费者剩余，鉴于引起竞争管理机构关注的生产企业拥有名义上的市场支配力，因此更需要保护的是消费者。从法学家罗伯特·博克（Robert Bork）于1978年出版的影响甚广的著作《反托拉斯悖论》开始，美国的法律传统就以"消费者福利"为标准。一些经济学家和法律学者批评"消费者福利"一词不够精确，并且争论将目标定为总剩余或消费者剩余会更好一些。前者关注市场上买卖双方的福利之和，而不管福利如何在他们之间分配，后者则仅关注买家的福利。实际上，这一区别有时无关紧要，市场竞争监管部门很少被要求审查那些以牺牲消费者利益为代价增加生产者剩余，但是可能增加了总剩余的情况。即使一项兼并可以明显地提高生产效率（比如规模经济的存在），人们也没有理由期待分配效率会改善，因为合并后的企业没有很强的激励通过降低价格将效率提高带来的收益转移给消费者。常识判断、法律和政治都倾向于强调消费者的利益。

关注创新在市场经济中的重要性，可以引申出另外一点，即评估市场竞争的经济效率，不应只考察价格这一个维度。质量、选择范围、服务标准和创新都应予以考虑。很多竞争监管机构将注意力集中在价格方面，那是因为就目前而言，价格更容易观察和量化。

在实践中更难处理的第二个问题是，如何考虑将来会发生什么。标准的微观经济分析（如图 2.1 所示）着眼于静态的生产效率和配置效率，但在现实生活中，公司需要进行投资和创新，因此动态效率也很重要。对于长期的经济福利而言，后者可能更为重要。有时创新涉及生产流程和企业的组织结构与商业模式。随着时间的推移，这种流程创新降低了生产成本，使长期平均成本和边际成本下降并改变供给曲线。以图 2.1 中的简化情况看，这意味着边际成本曲线随着时间推移而向下移动。产品创新涉及提供更好的产品和服务，或者生产全新的产品。商品和服务的持续创新，无论是渐进式的还是突破性的，正是企业赢得和留住客户的手段，也就是说，竞争就是创新。这一经典论断来自约瑟夫·熊彼特，他将该过程称为创造性破坏。人们有时也将它视为奥地利经济学派的观点。无论如何，企业总归要追逐利润，以投资于新技术和新产品。

在完全竞争的情况下，其他公司将复制创新成果，而创新者经过一段短暂的时间后，就无法再从其付出的努力中获利。持续一段时间对某些垄断利润来说是必需的，这样才能产生不顾艰辛、率先创新的激励。奥地利学派尤其强调在短期静态效率和长期动态效率之间的权衡以及垄断利润的作用。专利制度的目的正是为创新的产品创造合法的暂时垄断，以提供足够多的利润来激励创新，这种利润就是所谓的创新租金（图 2.3）。研究密集型的企业，比如制药企业和高科技企业，特别容易被授予专利。

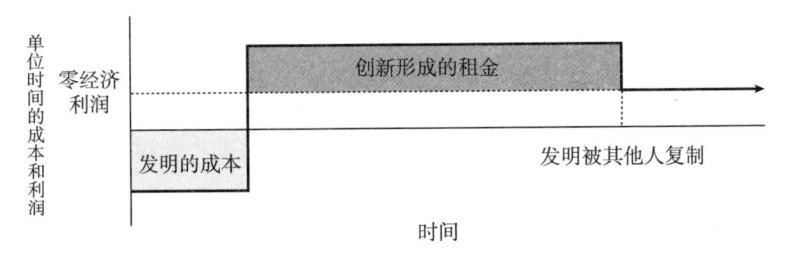

图 2.3　一项专利的创新租金

不过，专利在其他行业中相对少见，在服务业尤其如此。而且它们很少涉及流程创新，除了某些广为人知的例外，比如亚马逊的一键购物。

哪种行业结构最能通过足够多的利润回报鼓励创新？众多小厂

商之间割喉战式的激烈竞争，可能并不能产生这种效果。对于这些动态问题，福利经济学的分析并无定论。目前，竞争监管机构在审查兼并或市场时，采用的是一例一议的方法。但是正如专栏2.1所述，在某些数字市场中出现了像谷歌和脸书这类主导企业，这使上述问题引起了竞争监管机构的迫切关注。如果像一些经济学家表明的那样，由于服务以及无形产品或数字产品的份额不断上升，经济越来越朝着赢家通吃或超级明星市场的方向演变，那么这将尤其令人担忧。

专栏2.1　赢家通吃经济

赢家通吃市场（有时也称为超级明星市场）的概念日益受到重视，因为在发达经济体中，很多最新的服务和产品似乎具有由一个产品或几个产品主导市场的特征。这一概念最初是由舍温·罗森（Sherwin Rosen）在其1981年的一篇文章中提出的。[*]它是指技术变革使一家企业（或劳动市场中的某个个人，如电影演员）更容易获得某一市场的绝大部分收入。由于存在技术驱动的规模经济，一家企业在某一市场上占有的份额越多，边际成本和价格就越低。在很多数字市场中，产品的边际成本和价格几乎为零。从需求侧来看，当某些服务属于体验性商品时，即在购买和体验这些服务之前，并不知道它们是什么样的，消费者很可能会选择他们了解的企业。一些数字消费市场还存在很强的网络效应，这意味着每个新的消费者会增加所有现有消费者的效用。例如，使用脸书的家人和朋友越多，您获得的服务就越好。

---

* Sherwin Rosen (1981), "The Economics of Superstars", *American Economic Review* 71, No. 5: 845–858.

一些经济学家反对奥地利学派的观点，认为无论时间长短，市场势力总会使企业持续创新的可能性降低。任何创新租金都倾向于削弱企业高管对创新的执着追求。关于竞争、市场势力和生产率之间联系的实证研究倾向于支持后者的观点，即更激烈的竞争会提高经济的生产率。经合组织已经在其成员中找到了证据，而美国经济顾问委员会的《2017年总统经济报告》表明，由于某些市场存在进入壁垒，经济中很多部门的集中度有所提高而创建新企业的速度则出现放缓，这有助于解释为什么过去十年来美国生产率增长得如此缓慢。图2.4表明企业进入和退出的比例在下降，后者对生产率的增长更为重要。

　　美国和欧洲一些国家最新的证据也表明，以集中率来衡量，即按照就业或收入来计算的规模最大的企业的市场份额，或者以更一般的、按照利润而不是工人的收入占国民收入的比例来衡量（专栏2.2），很多经济部门的集中度越来越高。然而，由于经济结构和实施竞争政策的方式各异，不同国家的变化趋势不尽相同。

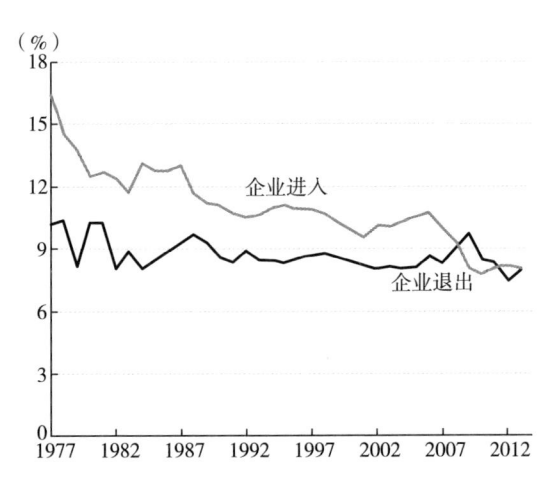

图 2.4　1977—2013 年美国新企业进入和退出的比例
资料来源：经济顾问委员会《2016 年总统经济报告》。

专栏2.2 集中度加剧的证据？

如果数字和服务行业的增长这样的经济大趋势暗示，未来将朝着由少数大企业主导市场的方向发展，那么很多国家都应该出现集中度不断提高的现象。然而，如果这一现象仅在某些国家出现，那么它很可能与实施了不同的竞争政策有关。真实情况可能是两者兼而有之。我们很难找到不同国家可供比较的数据。麻省理工学院的经济学家约翰·范·雷恩（John Van Reenen）观察到，在包括服务业在内的数个美国经济部门中，排名前4位和前20位的企业集中度显著提高。他认为这反映了超级明星现象，而不是竞争政策的弱化。*

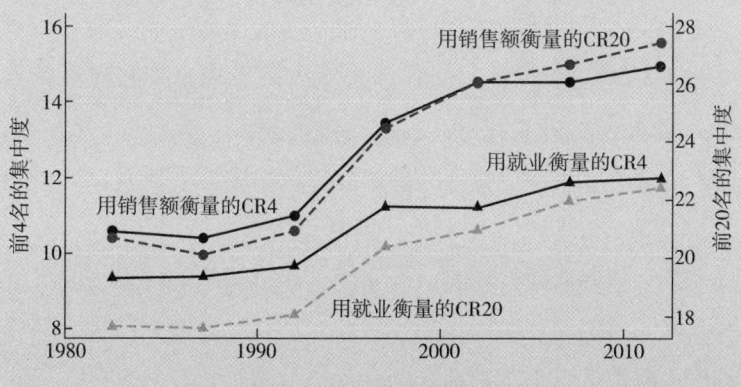

平均集中度：服务业中的四个数字产业

---

* John Van Reenen, "Increasing Differences between Firms: Market Power and the Macroeconomy," paper presented at the Federal Reserve Bank of Kansas City's annual Jackson Hole conference, August 2018, https://www.kansascityfed.org/~/media/files/publicat/sympos/2018/papersandhandouts/jh%20john%20van%20reenen%20version%202020.pdf?la=en.

竞争政策实践

在大多数国家，竞争政策是由专业的政府机构负责的，它们承担的责任包括：

- 监管大企业之间或涉及某个特定市场中较大份额的兼并，决定它们是否可以兼并，以及如果可以兼并的话，应附带的兼并条件；
- 对涉嫌滥用市场主导地位的大公司进行市场调查，或者对似乎无法为消费者提供良好服务的整个市场进行调查；
- 监督是否存在价格垄断的卡特尔，并对其提起诉讼；
- 对不存在竞争或竞争不足的部门，比如电力或铁路部门，实施监管以保护消费者；
- 确保保护消费者的法律和法规得到遵守，并回应消费者的投诉；
- 对政府为特定企业提供的补贴（"国家补贴"）进行监管，以确保它们不会限制或扭曲某些市场上的竞争。

至于这些职能如何划分，不同国家和司法辖区的具体制度安排各有不同，所使用的术语也同样如此。例如，美国有两个主要的政府机构，即负责保护跨州贸易的联邦贸易委员会和司法部，各州政府也有权向法院提起反托拉斯诉讼。在欧洲，如果涉及一个以上的成员国，欧洲委员会负责实施竞争法，这是基于《欧盟运作条约》（the Treaty on the Functioning of the European Union）的规定。此外，各成员国也设有相应的国家机构。

至少在经合组织成员中，这些机构通常是独立的专业机构。强调独立是因为政客很容易受到大企业的游说，后者希望接管竞争对手或者使新企业难以进入其市场。这与二三十年前的情况有所不同，当时很多国家由政客而不是独立的专家或法院的法官来做这类决定。政客容易受到拥有市场势力的在位企业的影响，因为它们声称阻止兼并将会导致失业。在这方面，竞争政策与货币政策相似，由于短期政治压力对决策的不利影响而越来越多地由技术专家掌控。竞争政策也是如此，而且部分地由于这一原因尤其重视法律条文。律师和经济学家既代表竞争监管机构，又代表其审查的企业，双方紧密合作。经济分析是通用的，而司法管辖区之间的法律框架和术语各有不同。然而，由于竞争决策总是在一定的政治背景下做出的，在涉及国家安全事务这类决策时，通常会有一些排外倾向。即使无关国家安全问题，政界人士也会对某些收购表示强烈反对，比如当外国企业对本国标杆企业提出收购要约时。例如，2005年法国当局阻止了百事公司对食品和饮料生产商"达能"的收购要约。法国全球知名的企业败给了美式资本主义，这是不可接受的。

因此，竞争监管机构可以批准或否决并购计划，并且在某些司法辖区中，也可以衡量在银行业、电力供应、手机运营商或机场等一些重要市场中竞争的有效性。上述这些都是近年来英国进行市场调查的范例。有时官方调查人员会发现存在卡特尔的证据，这一术语是指企业积极合谋以固定价格在彼此之间瓜分市场。这类情况很少见，不仅因为这涉及了刑事犯罪（专栏2.3），也因为即使没有法律的规定，卡特尔也很难保持稳定。只要其他成员很难监控其生产，个别成员就有违反协议的动机。欧佩克（OPEC）就是一个产油国卡特尔，它是该规则的一个例外。尽管欧佩克自1960年以来存续至今，但个别成员往往有作弊行为，此外，关于每个成员可以生产多少石油的协议也不得不经常重新谈判。

> **专栏2.3　美国司法部破除卡特尔的案例**
>
> 在1996年，美国发生了一次特别引人注目的卡特尔破裂。当时美国联邦调查局由于吹哨人的举报，获得了农业企业之间为锚定赖氨酸的价格暗中合谋的犯罪证据。赖氨酸是一种动物饲料添加剂。牵头企业阿彻·丹尼尔斯·米德兰公司（Archer Daniels Midland，ADM）向美国政府缴纳了1亿美元的罚款，在欧盟、加拿大和墨西哥缴纳的罚款则超过了5 000万美元。这类事件十分鼓舞人心，因此被库尔特·艾欣沃尔德（Kurt Eichenwald）写进了畅销书，随后又被制作成由马特·达蒙（Matt Damon）主演的电影《告密者》（The Informant）。司法部将现实中的会议录制下来，相关的视频可以在网上搜索到。更让人意想不到的是，来自ADM的合作证人马克·惠特克（Mark Whitacre）同意将这些视频视作呈堂证物，但他与政府的不起诉保护协议却失效了，因为惠特克在与政府合作期间，从ADM侵吞了超过1 000万美元。

竞争调查涉及的内容

尽管不同的管辖区域使用的术语可能有所不同，竞争监管机构进行的分析通常包括以下步骤：

定义相关市场的范围

明确如果垄断者将产品的价格提高到竞争水平之上，消费者会转向哪种商品或服务，并以此确定某一产品的市场边界。这一过程就是所谓的SSNIP测试，即"价格小幅但显著的非暂时性上涨"。这一定义市场的操作涉及对所研究产品与"类似"产品之间替代弹性的估计。做出这些判断可能颇为棘手。如果您可以在某一酒吧购买咖啡和其他非酒精饮料，它是否算很好的咖啡屋的替代选项？杂货店要相距多近，彼此之间才算很好的替代？

评估市场竞争程度

首先要考察规模最大的企业所占的市场份额及其随时间变化的趋势。有时某个经验法则，比如当市场份额超过 25% 的阈值时，就需要监管机构的关注。赫芬达尔－赫希曼指数（HHI）是另一个经验法则。HHI 通过计算行业中 N 家企业市场份额的平方和来衡量竞争集中度，并将取值范围标准化至 0 到 1 之间，有时出于实用性的考虑，它只包括市场中最大的 50 家企业：

$$HHI = \frac{\sum_{i=1}^{N} s_i^2 - 1/N}{(1 - 1/N)} \quad 当 N > 1$$

且

$$HHI = 1 \quad 当 N = 1$$

其中，s_i 是企业 i 的收入份额。

在这里，为了确定问题有多么严重，依据的也是经验法则。HHI 的取值只要在 0.25 以上，就被认为存在市场非常集中的迹象。

这些法则只是第一步。兼并调查或市场调查将会更细致地考察企业和消费者的行为方式，比如阅读董事会文件和经营账户、进行消费者调查、考察市场进入和退出的历史、走访企业、进行计量分析以估计需求和供给状况、研究企业盈利能力随时间的变化，并从所有关联方获得书面证据和口头证据。

评估进入壁垒

新企业进入市场并争夺客户群是否容易？对某些数字市场而言，这个问题变得尤为重要。在某些市场中，一家或少数几家企业可能会主导整个市场，但是哪家企业处于主导地位，不时会发生改变，具体原因后面会讨论。这种现象被称为对市场的竞争（competing for the market）或可竞争性，而不是市场上的竞争（competing in the market）。例如，MySpace 曾是占主导地位的社交媒体平台，直到脸书将其从这一位置上赶了下来。脸书和谷歌现在声称它们容易被拥有更好技术的企业夺走市场，但很多竞争专家对此表示怀疑。进入壁垒包括规模经济（因此需要有雄厚的财力为进入市场提供资金）、稀缺的技能劳动力、消费者惰性、技术优势，以及负担沉重、成本高昂的监管。这些问题或者提高了规模壁垒，或者需要特殊的技术诀窍，又或者有待于其他监管机构的批准。

做出反事实推断

如果不进行兼并，那么推断其产生的反事实后果，可能是竞争调查中最为棘手的部分。如果正在接受审查的兼并没有发生，会有什么结果？可能的市场前景如何？如果兼并者不采取任何行动，被收购的企业会破产吗？或者，如果没有兼并形成的过于强大的竞争对手，潜在的新企业是否会决定进入市场并展开竞争呢？

理论上会有哪些损害？

最后但同样重要的一点是，消费者将受到什么损害？价格会更高还是创新和投资会减少？如果数字巨头几乎拥有完全的垄断地位，且正在为消费者提供优质的免费服务，那么这种市场势力重要吗？实施兼并的企业通常声称，兼并导致的效率提升、协同效应或规模经济会使消费者受益，但显而易见的是，如果缺乏更激烈的竞争，它们哪有激励将收益转移给消费者。

如果竞争监管机构确定存在竞争问题（英国和美国使用的术语是"竞争的实质性减少"，欧盟称为"滥用支配地位"），它们通常可以采取一系列补救措施，其中包括：

- 罚款；
- 禁止兼并，或者在已经完成兼并的情况下，要求撤销兼并；
- 结构性补救措施，比如剥离部分业务；

- 行为补救措施，比如以某种特殊方式对待客户，如为客户提供额外的信息或者使他们更加容易转向竞争对手。

卡特尔通常意味着刑事犯罪，一旦被判定，有关人员有可能会受到刑事处罚。

影响竞争的其他因素

尽管一般认为竞争会增加经济福利，但有时经济政策也会故意限制竞争。这些政策基于各种各样的理由，有些是好的，即增进了本章前面所讲的那种福利，有些则不然（表2.2）。

表2.2 当政策限制竞争时

	市场势力	
	适当的	不适当的
特许权	精心设计的竞争性拍卖（例如频率拍卖、钻探许可）	不合理的法定垄断（例如包税制）
知识产权	重大创新（例如专利）	明显的非新颖创新（例如70年的逝后版权）
公共事业监管	新基础设施投资	侥幸遇到的成本和需求变化

限制竞争的合理理由，又或者说，可以增进经济福利的理由包括：

- 为保护知识产权，以专利或版权形式赋予其暂时性垄断，尽管这种保护可能过于慷慨（参见下文）；
- 存在自然垄断情况下的特许权或许可证，比如石油勘探、铁路特许经营或获取无线电频段，最好通过精心设计的竞争性拍卖授予。拍卖可以等同于对市场的竞争；
- 在电力部门等具有天然垄断性质的行业，为了激励或奖励对其进行投资,或者促使其提供普惠服务,对这类公共部门进行监管。

尽管如此,有时仍有很多案例表明,政府对竞争的限制并不能增加经济福利:

- 由于裙带关系而轻易获得的法定垄断,作为对其亲友的馈赠,在历史上一度很普遍,但现在在发达国家中已极为罕见;
- 授予明显的非新颖创新以专利或著作权,或者授予的时限过长(参见专栏2.4);
- 侥幸遇到的成本或需求变化,例如铁路特许经营受益于出乎意料的旺盛需求。

专栏2.4　版权保护是否过分?

1998年,由于迪士尼等公司的游说,美国将作者去世后的版权保护时间由50年延长至70年,而公司版权的保护期则更长,这就是所谓的《桑尼·波诺法案》(Sonny Bono Act)。在某些情况下,美国对版权的保护从出版起可以持续95年,或从作品完成起可以持续120年。很多其他国家纷纷效仿美国,将版权保护期也延长至作者去世之后70年。但是,这不会激励任何作家从坟墓里出来创作新作品,同时对企业而言,对其拥有版权的作品长达一个世纪的保护,似乎并不能在以下两个目标之间取得良好的平衡:一是激励投资的经济目的,一是使公众更好地欣赏那些富有创造力的作品或者使有创造力的作者像一直以来所做的那样出于自己的目的改造已有的作品。仅仅因为在歌曲《黑马》中的一小段旋律听起来与弗莱明(Flame)的《快乐的噪音》相仿,流行

> 歌手凯蒂·佩里（Katy Perry）是否真的应向其支付 280 万美元？原先的保护期意味着大量先前的作品从 2019 年 1 月 1 日起不受版权保护，包括塞西尔·德米尔（Cecil B. DeMille）的电影《十诫》、阿加莎·克里斯蒂（Agatha Christie）、埃德加·赖斯·巴勒斯（Edgar Rice Burroughs）和伍德豪斯（P. G. Wodehouse）的小说，以及经典歌曲《是的，我们没有香蕉》（https：//law. duke. edu/cspd/publicdomainday/2019/）。如果保护期没有扩展，《阿拉伯的劳伦斯》和《且听风吟》这两大名著也将在 2019 年失去版权，但现在人们将不得不再等 20 年。

经济的竞争程度也取决于其他领域的政策。一个重要的问题是，是否允许不成功的公司倒闭。政府通常不愿意让这种事情发生，政界人士憎恨让失业成为头条新闻，并总是尝试为虽然失败但很重要的企业提供补贴。下一章将对此做更详细的讨论。过去借助于国家冠军的光环，这种事情经常发生。国家冠军企业在本国市场上没有竞争压力，这往往使它们效率低下。航空公司就是一个很好的例子，因为直到最近，很多发达国家认为"国家航空公司"的生存是至关重要的。这种诱惑一直存在，所有政府时不时就会犯这样的错误。正如第一章指出的，在金融危机之后通过汽车补贴折扣计划（旧车换现金），美国的奥巴马政府救助了大型汽车制造商。法国作为另一个大型汽车制造和出口基地也于 2009 年通过廉价贷款救助了雷诺和标致雪铁龙集团。

对经济进行监管的严厉程度也是一个极为普遍的问题。所有市场都受到了一定程度的监管，如果没有监管，任何市场都无法运行，因为消费者需要对商品的重量、长度、安全标准等抱有信心。

然而，监管越多，新企业进入市场并成长壮大就越困难。即使只是创办一家本地的咖啡馆，企业也可能遇到很多监管障碍（专栏2.5），虽然单独看起来每项监管都是合理的。

> **专栏2.5　英国对咖啡馆和餐馆的监管**
>
> 提前28天在地方政府注册
>
> 取得某些业务的许可证（例如，晚上11点后提供热食、酒精饮料和设置街边摊位）
>
> 经营场所监管，包括用于制作食物和给人用的水盆要分开
>
> 食品安全法规
>
> 卫生规定
>
> 保证食品的最低和最高温度
>
> 雇主的健康和安全规定
>
> 食品加工的培训规定
>
> 所有食材的书面记录，包括批号、保质期
>
> 增值税（VAT）注册
>
> 标示价格和增值税
>
> 在菜单上展示14种食物变应原
>
> 标记转基因食品
>
> 保存财务记录
>
> 雇主税、养老金和产假工资

竞争与监管之间的平衡很难实现，特别是那些由规模收益递增或信息不对称导致市场失灵的市场。

监管政策

所有企业都抱怨繁文缛节,即政府强制其执行的法规。监管的方式种类繁多,图2.5表明了适用于经合组织成员实物商品的监管类型。通常,对服务业的监管更多一些。各国政府也将监管看作实施一系列社会政策的手段,比如设定病假工资、产假工资或最低工资。

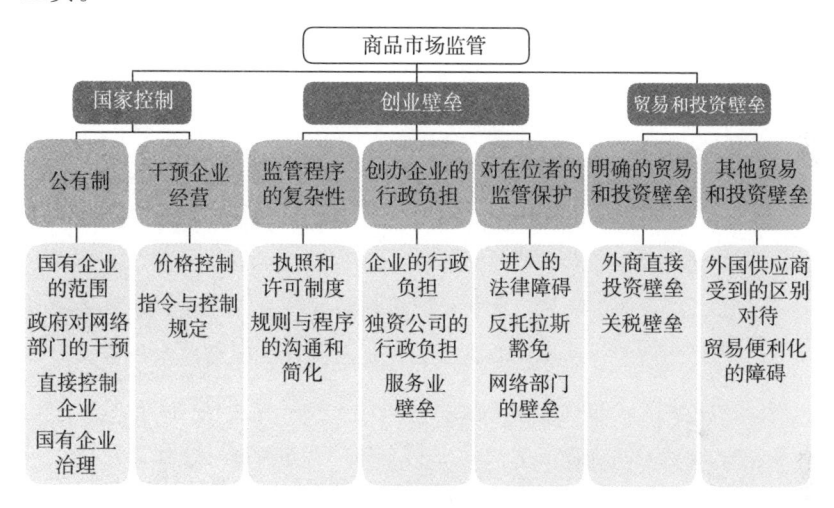

```
                        商品市场监管
        ┌──────────────────┼──────────────────┐
     国家控制            创业壁垒          贸易和投资壁垒
     ┌───┴───┐      ┌──────┼──────┐      ┌──────┴──────┐
   公有制  干预企业  监管程序 创办企业的 对在位者的  明确的贸易  其他贸易
           经营    的复杂性 行政负担  监管保护   和投资壁垒  和投资壁垒
   国有企业  价格控制  执照和   企业的行政  进入的     外商直接    外国供应商
   的范围   指令与控制 许可制度  负担      法律障碍   投资壁垒    受到的区别
   政府对网络 规定    规则与程序 独资公司的 反托拉斯   关税壁垒    对待
   部门的干预        的沟通和   行政负担   豁免                  贸易便利化
   直接控制         简化      服务业     网络部门              的障碍
   企业                      壁垒       的壁垒
   国有企业
   治理
```

图 2.5　经合组织成员的商品监管范围

所有法规都倾向于抑制竞争。监管提高了创立和运营企业的成本和时间,抑制了新企业进入市场,进而阻碍经济增长(专栏2.6)。一些监管可能是不必要的,充足的竞争通常可以确保消费者以最优价格获得优质的产品和服务。在易于监控质量以及企业希望赢得回头客的情况下,减少监管数量可以促进竞争,从而更好地保护消费者。在这种情况下,竞争会降低某些类型的监管(比如安全标准或有关重量和长度的规则)的必要性或收益。我们可以想象得到,很多行业都属于这类情况。一次糟糕的理发或进餐体验,会使人们不再光临这家沙龙或餐厅。如果某种消费品的口碑一直不佳，那么口口相传和媒体很快就会使之为公众所知。这是法院可以解决消费者保护问题的另一个领域，正如第一章中讨论的解决外部性问题那样。这是侵权法的基础。一方面，美国和英国的民法体系允许人们由于他人的疏忽而获得补偿；另一方面，没有理由期望个人会对一家企业采取法律行动，除了在一些臭名昭著的案件中，很多受侵害的个人可以在集体诉讼中进行合作。要求政客在出现丑闻时"有所作为"，这一点做起来比较容易，因此监管有日益增加的趋势。

专栏2.6 监管和进入

尽管某些监管是必不可少的，各国在经济规制方面却有着显著的差异。经合组织研究了9个成员国的监管负担与创业活动之间的联系，发现监管对制造业和服务业中新企业进入市场产生了负面影响。[*]研究表明，行政负担、对产品或服务的监管（特别是对科技行业）以及对雇用和解雇雇员的限制，都对生产率和行业增长产生了特别显著的负面影响。在那些裁员成本很高的国家，企业一开始就不愿雇用工人。法国和西班牙这类国家特别容易出现年轻人失业率过高的现象，因为年轻人在劳动力市场上未经考验，雇主不愿冒险接受缺乏经验又很难解雇的人。法国对拥有50名及以上雇员的企业实施了更多的监管，比如组织和资助劳资委员会、向政府报告更详细的统计数据以及面临更多的解雇或开除工人的障碍等限制。另一项研究发现，在法国生产率很高的企业中，员工人数为48名或49名的企业数量明显较多。作者估计，监管负担阻碍了它们将雇员规模扩大至50名以上，由此导致的社会福利损失相当于国内生产总值的3.4%。[**]

按就业规模划分的法国公司数量

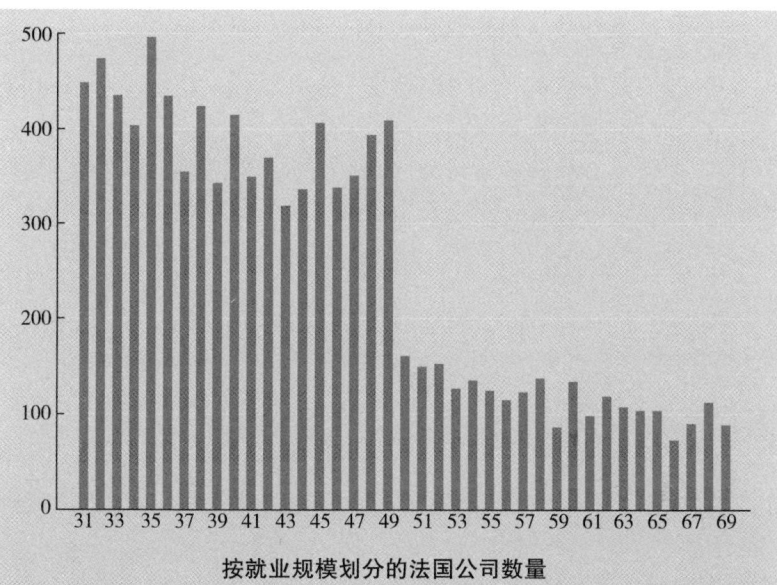

资料来源：Garicano 等。

---

* Stefano Scarpetta et al. (2002), "The Role of Policy and Institutions for Productivity and Firm Dynamics: Evidence from Micro and Industry Data," OECD Economics Department Working Paper No. 329, OECD Publishing, Paris.

** Luis Garicano, Claire Lelarge, and John Van Reenen (2016), "Firm Size Distortions and the Productivity Distribution: Evidence from France," American Economic Review 106, No. 11: 3439–3479.

政府监管经济活动的例子不胜枚举。下列仅是少数几种：

- 批准成立银行和其他金融服务公司
- 针对咖啡厅和餐馆的食品卫生规则和认证
- 对员工进行强制性的犯罪记录检查
- 制定酒店和餐馆内部有关灭火器的强制性规定

- 制定电子产品和其他制成品的最低质量保证
- 制定有关食品原产地的规定
- 进行价格或租金控制
- 颁发专业性的职业执照
- 制定产品或建筑物的技术标准

实际的监管要远远超出上述范围。

单独来看，每一项监管似乎都是合理的，但是监管的范围一直在逐步增加。例如，针对正规企业的食品安全规定正逐步应用到志愿活动，例如为礼拜场所募集资金或者儿童在没有街头摊贩牌照的情况下在公园里出售自制柠檬水。监管者实施监管，却没有动力来缩小监管范围。对政客而言，这是一个只能增多不能减少的棘轮。在一个坏消息传出后，人们自然而然就会呼吁制定新的规则，但是没有人愿意冒险废除法规，因为以后一旦出了问题，自己要承担责任。

无论如何，很多事情人们在购买商品时并不明了，尤其是在经济变得越来越复杂，并且越来越多地以服务而非实物商品为基础的情况下。但是，即便在上述案例中，监管也并不能始终完全有效地保护消费者。以金融服务产品为例，在2008年到2009年的金融危机之后，它们毫不意外地受到了越来越多的审查。更多监管抑或新的竞争，哪一个能使银行客户得到更好的保护呢？显然，普通客户永远无法像销售产品的专业人士那样了解投资产品的风险和回报，因此，政府不可避免地要对金融服务提供商披露的信息或对客户资金的使用进行监管，尤其是在2008年金融业暴露出如此多的败德行为之后。但是普通活期账户或支票账户又怎样呢？银行在这方面披露的信息也不完全，它们不会告知客户在国外透支或提取现金时将要支付哪些费用，也不会让客户知道如果将资金转移到储蓄账户中会产生多少利息。这些信息是可以弄清楚的，但是这个过程很复杂，没有人想花太多时间来考虑这些银行条款。近些年来，银行日常业务也受到越来越多的监管，以鼓励客户更多地在不同银行间转换，从而提高竞争效率。金融危机还导致很多国家提高了对存款担保的限额，而担保计划的费用来自对银行的收费。

这项出于善意的监管措施的问题在于，它使得新竞争者进入这一市场更加困难。技术进步掀起了一波提供银行零售服务的金融科技初创公司的浪潮。如果它们不得不遵守成本高昂、范围广泛的各类监管，那么挑战现有的大牌银行将更加困难（见专栏2.7）。

专栏2.7 促进英国金融服务业中的竞争

英国金融行为监管局（FCA）首席执行官曾说，如将监管局的规则手册打印出来，它的高度将超过2米。由于充分意识到竞争与监管之间的权衡关系，FCA拥有一支创新团队，致力于在"监管沙箱"中帮助初创企业摆脱不必要的烦琐监管。* 初创企业可以申请进入沙箱，在没有监管负担的情况下测试其产品和服务。英国竞争与市场管理局希望即使有对"开放银行"标准的强制要求，也能够使科技初创企业进入这一市场。** 如果客户提出要求，大型银行和建筑互助会（类似储贷机构）需要以标准化的格式将客户信息提供给第三方。新企业可以利用API提供金融服务。所谓API是指应用程序交互界面，允许第三方开发相应的应用软件（Apps）。然而，实验仍处于早期阶段，新企业能否蚕食少数几家大银行的市场势力尚待观察。

* https://www.fca.org.uk/firms/regulatory-sandbox.

** https://www.openbanking.org.uk/wp-content/uploads/What-Is-Open-Banking-Guide.pdf.

第二章 辅助市场运行：管制和竞争

很多领域的现有企业对繁文缛节可能都颇有怨言，但它们确实应该感谢监管通过创造进入壁垒而对它们提供保护。在电信或电力等行业，大型企业通常会聘请律师和政策专家与监管机构和政界人士进行不断的商讨，后者因而极易产生监管俘获问题。所谓监管俘获是指代表公众利益对某一行业进行监管的机构，最终却服务于被监管对象的利益。其中一个特别令人担忧的问题是旋转门，借此人们可以在监管机构和受监管的公司之间转换工作。大公司通常会聘请公共关系顾问（游说者），将其案件提交给监管机构，而且游说已成为一个巨大的产业。在复杂的市场环境下，关于当下正在发生什么事情，很多专业知识和信息都掌握在相应的公司手中，也就是说，存在某些无法克服的信息不对称。此外，即使监管者诚心诚意地致力于更广泛的公共利益，人类的天性却是对与其整天打交道的人容易产生同情。

日益陷入困境的烦琐程序

在无法回避的依靠竞争还是依靠监管的权衡取舍中应该如何选择，政治风向已随着时间而改变。本书第一章描述了 1980 年左右由国家向自由市场的政治转变，这使人们变得更加强调依靠竞争。政府经常谈论减少繁文缛节，在私有化盛行的时代尤其如此，并通常伴随着放松对这些产业以及金融等其他行业的管制。根据经合组织的一项研究，从 1998 年到 2008 年缩小产品市场监管范围的呼声最高，在美国和英国以外的成员国也最为盛行。比较而言，在这一领域，英美两国一开始实行的监管就相对较为宽松，且更为依赖民法。

然而，对服务业的监管可能在稳步增加，该行业目前在大多数西方经济体中占 75%～80%。某些监管领域甚至有所扩大，例如环境规制。服务业监管的一种主要形式是行为监管，即规定谁可以提供某种服务，以及他们可以、必须或不能做什么。很多专业还通过职业许可来监管行业进入。在美国，已有的资料表明这些要求覆盖的范围已经包括了约30%的劳动力，而20世纪50年代仅为5%（图2.6）。调查该问题的《2015年总统经济报告》指出，"严格的执照监管与对消费者安全的潜在危害之间可能存在明显的脱节。例如，在密歇根州成为一名运动教练，需要接受1 460天的教育和培训，而成为一名紧急医疗技师（EMT）只需26天。实际上，所有州的室内设计师、理发师、美容师和美甲师平均面临的执业要求都比紧急医疗技师更高"。包括拍卖师、废金属回收商、理发师、美甲师、修眉师和导游在内的各行各业，都需要获得由州颁发的许可证。该报告还发现，在要求和不要求执照的州之间，服务价格的差距高达15%，而且也没有证据表明这类监管能带来服务质量的改善。

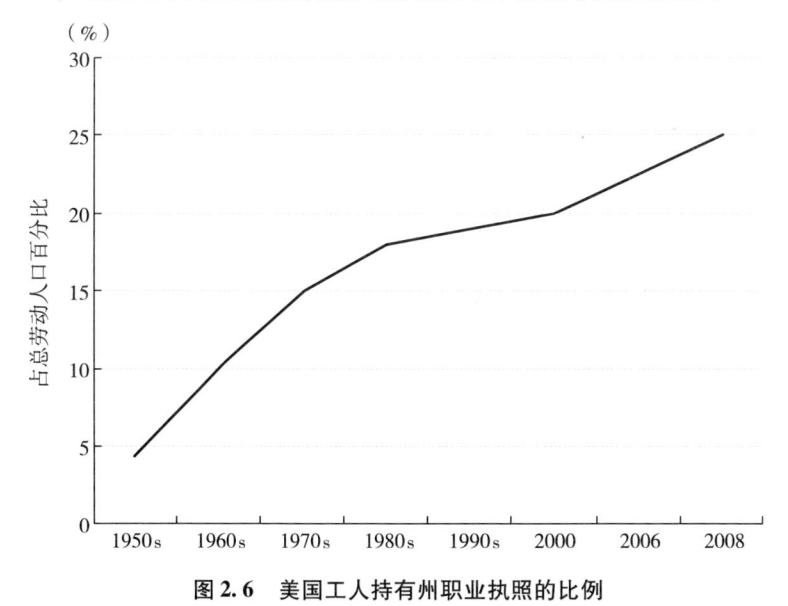

图2.6　美国工人持有州职业执照的比例

资料来源：CEA 2015，https://obamawhitehouse.archives.gov/sites/default/files/docs/licensing_report_final_nonembargo.pdf。

在一个问题成为新闻时，政客希望人们觉得他们是有所作为的，这是监管数量不断增加的内在政治机制。行业里的在位者有时也支持这类行动。他们同样希望被看到自己在对这些问题做出回应，而且他们还清楚地意识到，潜在的竞争对手未来越难进入这一行业，对他们来说就越有利。所以随着时间的流逝，监管越来越多而竞争越来越少，就不足为奇了。对拟议中的新监管措施进行评估的实证方法，如第八章讲到的成本收益分析那样，是很少见的。只有撒切尔夫人和里根总统表现出的那种政治意愿才能遏制住这股潮流。

技术性破坏是另一种可以恢复竞争的机制。从金融到旅行住宿再到出租车，技术性破坏是当今很多经济领域正在发生的事情。一些经济学家以略有不屑的方式辩称，这些市场中新进入的数字企业正在进行监管套利，换句话说，就是专门针对监管严格的市场。这意味着新的破坏者试图逃避意图良好的监管。但另一种看待这件事的方式是，新进入企业发现了可以更好地为消费者提供服务的最明显的机会，因为沉重的监管负担对在位者的保护，至少与它本应实现的对消费者的保护一样多。如下所述，出租车市场就是这场辩论的一个很好的例子。

因此，政治抉择可以改变对监管的依赖，产生增进福利的效果。而技术仍然有更强大的影响力，推动经济在权衡取舍中更趋向于放松管制，提高竞争，并且它正将新的竞争引入大量的市场。

监管与竞争之间的权衡

本章一开始描述了竞争能够极大地增进经济福利，条件是不存在其他市场失灵。如下几种市场失灵可以证明监管的合理性。

其中最重要的是信息不对称，即假设条件 A4 不成立（见专栏

1.4）。这种情况很普遍，遍及金融服务等任何专业服务、医疗产品和服务、食品的成分或产地以及电子产品的性能等领域。适当的监管措施通常要求生产商提供准确的相关信息或满足最低产品标准。

但是，在人们倾向于做出非理性选择的情况下，即假设条件 A1 不成立，仅靠提供信息是不够的，也就是说至少信息披露的形式也是需要进行监管的。比如，行为经济学的研究（见第五章）强调，绝大多数人发现计算金融产品的预期未来收益是非常困难的。又或者，人们虽然可能有意选择健康饮食，但无法抵制购买甜点的诱惑。后一例子证明对食品中的糖分含量进行一定的管制是合理的，或者至少要在标签上注明，以便消费者了解这类食品对其健康会造成何种损害。

在某些市场中，维持竞争几乎是不可能的，因为它们具有自然垄断的特征，即假设条件 A3 不成立。本书第三章将考察经济中的这些部门，这些经济部门一般是国有的，如果被私有化的话则需要进行广泛的监管。

因此，政策结论是，在情况允许时，竞争可能会比监管更好地服务于消费者并增进经济福利。如果由于上述原因必须进行监管，决策者应该明确他们的目标是解决哪一种市场失灵，并制定适当的监管措施。随着监管负担日益增加，监管越来越有利于现有的生产者，并以损害消费者的利益为代价。政府越来越容易被它们所监管的产业俘获。因此，技术性破坏可能是让天平重新向消费者倾斜的最大希望。

本章的其余部分更详细地考察市场的三个方面：信息不对称阻碍竞争正常发挥作用，以及因此需要多大程度的监管；技术性破坏作为增强竞争的动力；自然垄断市场为何总是需要严格的监管。

信息不对称

是否存在信息不对称将对市场的运行效果产生重大影响。乔治·阿克洛夫（George Akerlof）的"次品市场"模型是最著名的经济模型之一。它提供了一个关键洞见，即如果一方拥有比另一方更多的信息，就会导致市场完全崩溃。这个例子也表明，一个极为简单且明显不切实际的模型如何能够阐明某种深刻的见解。经济学家经常因使用与现实世界极不相符的抽象模型而受到批评，但是"次品市场"模型是一个极好的例证，表明为何这种批评常常是错误的。

该模型提出以下假设：

- 二手车的品质或高或低，后者被称为"次品车"；
- 只有卖方知道所售汽车的品质，这就是信息不对称；
- 卖方有一个他愿意接受的最低价格；
- 买方有一个他愿意支付的最高价格。

首先考虑买家的决策。买家不知道所售汽车是次品还是优质汽车。他愿意支付的价格反映了它是次品车的风险（λ）。假设买方愿意为一辆好车支付 5 000 美元，为一辆次品车支付 2 500 美元，并假设卖方愿意接受 4 500 美元的价格。

均衡价格反映了风险，如下所示：

$$P = (1 - \lambda) \times 5\,000 + \lambda \times 2\,500$$

如果所售汽车是次品的风险过高（在此示例中为20%或更高），买方愿意支付的价格将不及卖方愿意接受的最低价格($0.8 \times 5\,000 + 0.2 \times 2\,500 = 4\,500$)。

实际上，如果汽车为次品的概率足够高，则只有次品车的卖方才愿意接受买方的报价。当这种情况发生时，随着时间的流逝，想要出售优质汽车的人们将退出市场，仅留下次品车，而买家并不想买这些次品车。这一过程就是所谓的逆向选择,在极端情况下,市场可能崩溃,因为最终只有次品车在出售。即使交易可以使每个人的境况都得到改善,但是由于逆向选择,市场最终可能达不成任何交易。

当然,作为一个二手车的故事,次品车模型在现实中并不存在,因为在现实生活中次品车的买卖也很多。该模型的重点是强调各种机制对信息不对称的调节作用。以下是一些例子:

- 二手车经销商通过投资建立陈列室、提供机器检测证书、承诺退款保证等方式,树立公平交易的声誉;
- 购买者可以自己支付费用对车辆进行检测;
- 卖家可以支付年费,保留交易记录,并展示给潜在的买家;
- 法规可以要求对超过特定年限的车辆每年进行机器检测。

在二手车市场中,通过提供附加信息,市场本身基本上可以解决这一问题,包括车辆的常规维修文件、经销商提供的保障,甚至是经销商对陈列室的投资,从而减少潜在客户的忧虑,这就像银行利用分支机构塑造自身稳健可靠的形象一样。但是监管仍然有其用武之地,例如对旧车进行强制性检验。在所有存在信息不对称的市场中,市场解决方法(包括潜在的法律诉求)和监管共同起作用。

很多市场都可能遭遇逆向选择。这一现象通常是保险市场的主要特征:如果赔偿的风险以及由此导致的保险费过高,只有风险较高的人才愿意购买保险,但保险公司并不愿向其出售。例如,知道自己有某种健康问题的人最有可能购买健康保险,而保险公司则希望对这种可能性,即愿意购买保险的人很有可能索赔,予以定价。如果没有政策干预,信息不对称通常会使市场的运转缺乏经济效率。政府通常强制要求提供某些形式的保险,例如驾驶员的第三方责任保险。保险公司尽可能多地获取有关个人风险状况的信息,如果缺乏这些信息就会对不同类别的人收取不同的保费，例如对年轻驾驶员收取的保费将相对更高。

技术性破坏

出租车市场本应是一个能够有效发挥竞争作用的市场，这里没有明显不可逾越的信息不对称问题，也没有进入壁垒。很多城市似乎都有一些相互竞争的出租车公司。然而，出租车市场受到严格监管，营运牌照的数量通常受到严格限制。这些规定是进入的主要障碍，而且非常有效地阻碍了市场进入。通常情况下，司机个人并不能获得牌照，而要从出租车公司或投资者那里租牌照，或者租一辆出租车。

对出租车的监管不无道理，其中很多规定都可以追溯到几十年前：

- 通过审查司机的记录、强制保险、定期车辆检测等保护乘客的人身和车辆安全；
- 通过监管运价，防止对客户的价格欺诈；
- 提供普惠服务的要求，例如在伦敦，"黑色出租车"不能拒绝市中心 11 千米半径内的任何乘车要求，尽管出租车司机可以而且经常拒绝更长的行程。

从市场失灵（如信息不对称）的角度看，这些监管可能是合理的。毕竟乘坐出租车是一种体验品：当你出现在一个陌生城市的机场时，你不知道你将面对的出租车司机是否可靠，也不知道应该付多少钱才能到达目的地。然而，监管过度的情况太普遍了。归根到底，一个地方官员怎么知道应该颁发多少牌照呢？他们不知道，而且牌照数量也很少增加。例如在纽约市，2013 年颁发的出租车牌照数量（13 000 张）比 1932 年还要少（16 000 张）。现有的牌照持有者施加了强大的压力，要求不增加出租车数量，这导致了出租车供给短缺，乘客不得不长时间等待。原因在于牌照是可以交易的。人们可以购买牌照作为投资，然后再将牌照出租用于出租车运营。

同理，当地方官员决定的是价格而非数量时，我们也没有理由期望它们会被设定在市场出清的水平。这往往导致供给不足或供给过剩。

出租车牌照的价格是市场扭曲的明显证据。在顶峰时，2013年纽约出租车牌照的价格超过了100万美元（图2.7），当时的涨幅已经超过了标准普尔100股票价格指数乃至黄金价格。在很多出租车市场，市场势力源自监管，并使现有牌照持有者获得垄断租金。消费者需要付出的代价是，当他们需要出租车时却打不到或者不得不长时间的等待。伴随着实际收入的增加，乘客等候时间的机

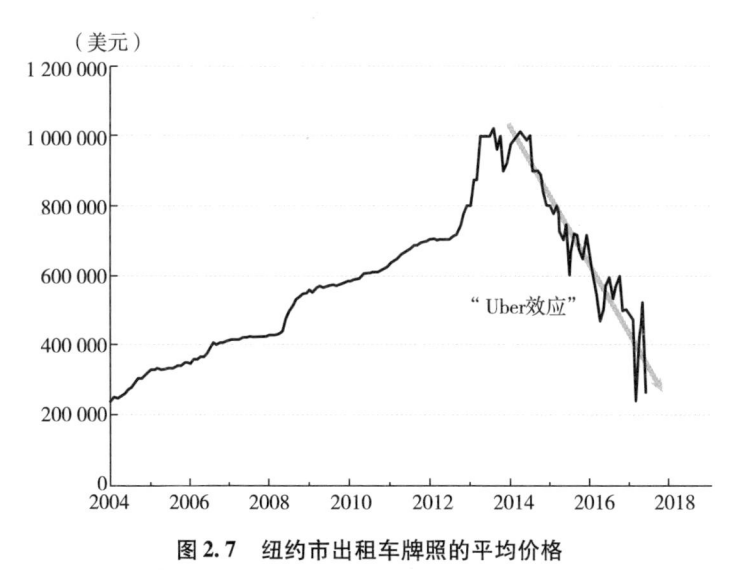

图2.7　纽约市出租车牌照的平均价格

资料来源：AEI, https:// www. aei. org/publication/schumpeterian－create－destruc－the rise－of－uber and the great－taxi－collapse/。

会成本也一直在上升。很多监管者已经意识到出租车市场的失灵，各地政府或地方当局在不同时期都曾经试图放松对出租车的监管（见专栏2.8）。这些努力很少成功，因为出租车司机和牌照持有人是一个组织有效、善于制造舆论的游说团体，擅长利用有关消费者安全的论证，而乘客安全可以说是一个完全合理的理由。显然，新企业进入这一市场会降低这些人拥有牌照的资产价值，也可能减少司机的收入，所以他们有经济动机反对新的进入。

专栏2.8　爱尔兰出租车行业的放松管制

2000年爱尔兰对出租车行业放松管制，是一次少有的成功尝试，至少取得了部分的成功。爱尔兰采取的举措的一个聪明之处在于，政府不是通过发放新牌照直接扩大市场进入，而是给现有的司机发放第二张牌照。他们可以出售这张牌照，而且也确实这样做了。第一张牌照的产权得到了认可，尽管后来被稀释了。这一做法减少了对放松管制的政治抵制。有证据表明出租车的数量增加了，乘客等待的时间减少了，服务质量也得到了提升。反对放松管制的人预测的可怕负面影响并没有出现。但现有司机的收入略有下降，而那些购买了第二张牌照的新司机则决心阻止更多的新进入者。这次放松管制导致了一场旷日持久的政治和司法斗争，比如原来的司机要求获得赔偿等。

然而，出租车牌照持有者和司机们在阻止市场竞争方面取得的显著成功，使出租车市场很容易受到技术的破坏。优步和来福车（Lyft）等平台利用自己的技术，将其打造成类似于在线约会的配对应用，而不是成立一家新的出租车公司。尽管在必须满足的牌照条件方面存在很多监管争议,但它们已经成功进入了很多城市。各地的出租车司机都特别抵制优步。而且,由于优步的企业文化如此糟糕,这让评估其进入市场对经济福利的影响变得非常复杂。匹配算法将需要搭车的人与司机撮合到一起。设定的运价取决于时间和里程,在某些高峰时段会急剧上升。运费在司机、保险和软件平台的成本以及平台的利润之间分配。

原则上,司机、乘客和平台等所有各方都将受益。司机可以赚更多的钱,因为算法为他们找到了更多的乘车需求,特别是司机在将一名乘客送达目的地后的"回程"中,可以接上另一名乘客。人们可以利用零散时间开车来赚点外快,也许一周只有几个小时,而且他们不需要支付购买或租用出租车牌照的费用,尽管有些司机的确需要租车。有一些证据表明,这为那些难以找到工作的人,比如来自法国一些大城市糟糕的暴力街区或郊区的少数族裔司机,提供了获得正式工作的渠道。由优步委托波士顿咨询集团(Boston Consulting Group)开展的一项研究发现,2016年巴黎创造的就业岗位中,有四分之一来自拼车公司。一方面法国的失业率相对较高,巴黎和法国其他城市与伦敦或纽约等城市相比,传统出租车的人均拥有量相对更少。另一方面,这一研究发现巴黎优步司机平均每周工作52个小时,每月收入1 400欧元,略低于最低工资。

乘客等待的时间更短且花费更少。优步和来福车的收费比其他途径要低,部分原因可能是它们的监管负担较轻,也有可能是因为司机可以获得更多的乘客,因此愿意接受较低的单位里程运费。GPS(全球定位系统)追踪可以提供一定的安全保护,没有证据表明新进入者比传统出租车更不安全,而且这些拼车应用软件在限制价格欺诈方面做得至少和其他监管方式一样好。此外,如果安全问题确实令人担忧,监管机构可以直接要求优步和来福车进行更多的事前检查，而不是通过发放数量有限的牌照来间接地保障安全。

如何让司机和乘客都能获益，并给平台留出空间？就实际情况来看，司机与乘客之间更好的匹配可以带来纯粹的效率提升，司机获得更多搭车业务，而乘客的等候时间更短。大多数城市对出租车的需求具有价格弹性，因此总体需求有所增加。一些证据也表明，在某些地区，优步或来福车司机提供了更好的服务，而有牌照的出租车司机一般不愿去这些地区，因为后者的牌照成本很高，这意味着他们更希望专注于利润更高的业务（比如短程），以便有更大的可能获得返程费。成为拼车司机为以前被边缘化的一些群体提供了进入正式劳动力市场的途径，比如那些由于照顾家庭每周只有几个小时空闲时间的女性，或者那些很难找到其他工作的少数族群成员。更重要的是，市场上新的竞争似乎提高了原有出租车公司的服务质量，其中很多企业已开始开发自己的应用程序。然而图2.7也表明，新进入者对在位者造成了重创。纽约市出租车牌照的投资者遭受了资产价值的大幅下降，很多人已经破产。未能受益于拼车应用程序的司机发现他们因开出租车而获得的收入下降了。

优步因其企业行为而备受争议。一些人反对它在高峰期实施峰时价格，尽管原则上这与用电的高峰价格或者航班座位和酒店房间的差异化定价没有什么区别。在发生了几次严重误判后，优步不得不紧急限制了这种做法。然而，这样做的结果就是在繁忙时段出现出租车短缺，因为只有在高峰时涨价，优步司机的数量似乎才会相应增加。

有人也表达了对优步长期目标的担忧。随着时间的推移，它会将垄断市场作为自己的目标吗？因为固有的进入壁垒并不高，这并非不可避免，正如优步自己发现的，它正面临着新的竞争对手。那么，优步是否会造成城市拥堵？或许如此，在某种程度上它是公共交通、骑自行车或步行的替代品。如果是这样的话，它会带来环境方面的外部成本。此外，优步是否会使工资水平和工作条件对司机缺乏吸引力呢？因为以前他们正是由于这些优越条件才进入这一行业的。如果情况真是如此，优步的影响也是有限的。城市出行总是需要司机的，因为没有足够的司机就没有办法满足客户的需求，平台也就没有生意可做了，拼车应用程序必须在客户和司机之间取得平衡。何况，很多司机还有其他选择，比如回到他们原来为之工作的出租车公司。

不过，优步和来福车的出现确实导致了一个群体的损失，即原来的牌照持有者。这一群体凝聚了很强的游说实力，通过司机抗议活动扰乱市中心，从而向公众施加压力。就其取得的成功而言，这又是一个本应代表消费者利益实施监管的机构反被监管对象俘获的例子。世界各地的很多城市都对优步做出了特殊的限制。原有的出租车司机经常声称新进入者是不公平的竞争对手。他们问道，既然优步不受额外的监管约束，为什么他们还要受制于此呢？答案或许应该是，传统的出租车司机的监管负担应该有所减轻。又或者，他们应该通过应用更好的技术，尝试改善自己提供的服务。此外，如果对他们来说境况如此艰难，他们或许可以改行成为优步司机。鉴于这些可能的行动方案对传统的出租车司机缺乏吸引力，这似乎表明他们真正反对的是竞争。竞争削弱了他们的市场势力，使其境况变得糟糕。但是，他们认为哪种竞争才是"公平的"呢？

过去限制进入的约束性规定实际上使原有出租车牌照的持有者拥有一份财产，他们有时借钱投资只是为了出租牌照而获得未来的租金现金流。在美国，出租车牌照持有者确实公开地争辩过，认为他们的所有权使其拥有索取权。问题在于个人是否真的有法定权利获得垄断势力并占有由此产生的垄断租金。如前所述，有一些这样的法律权利以专利和版权的形式存在。尽管从原则上讲这些权力都是暂时的，但原有的音像产业仍通过游说有效地阻止了新的数字企业的进入。首先，作品的版权期限一再被延长。其次，很多国家的政府出台法律，要求互联网服务提供商向警方举报非法下载音乐或电影的人。版权保护时间现在如此之长，几乎就是半永久性的。但是，就经济福利而言，永久性的法定垄断很难证明其正当性。

在其他一些同样受到严格监管的市场，数字平台已经取得重大进展并推动了市场竞争，比如住宿领域中的爱彼迎（Airbnb）和金融领域的Up-start以及Funding Circle等P2P（点对点网络借贷）平台。配对平台具有提高市场效率的潜力，而且是以帕累托改进的方式实现这一潜力。它们使买卖双方更快匹配，这等于增强了市场的流动性，增加了潜在交易的数量。这些平台既利用了宽带、GPS和智能手机等物理技术的进步，也利用了由其算法编码的市场设计模型等智能技术的进步。市场设计是一个蓬勃发展的经济研究领域，它的应用范围从政府债券拍卖和频率拍卖到运输规划以及肾源捐赠者与接受者的匹配（见专栏2.9）。与知名的大型平台引发的争议相比，智能手机、宽带和算法等技术有可能带来经济效率的极大改善，具有非凡的意义。

专栏2.9　匹配的市场

经济学家埃尔文·罗斯（Alvin Roth）因研究接受市场（acceptance markets）的算法与劳埃德·沙普利（Lloyd Shapley）一起获得了诺贝尔奖。罗斯最著名的成就是递延接受规则，它可以被应用于从学校录取到婚姻市场中的各种申请。假设有一组男性为

M，一个代表性男性m属于M，以及一组女性为W，且一个代表性女性w属于W，项目的目标是在W和M中进行匹配。每位女性对每位男性都有严格的偏好，满足完全性和递延性，反之亦然。如果与落单相比，一位女性更喜欢一位男性，她就会接受他。一次成功的匹配是指一对组合（w，m）中每个人都获得了一个可接受的对象。如果没有其他的配对可以使其中每个个体都更喜欢对方而不是他们现在的伴侣，那么这一匹配就可以说是稳定的。

因此，假设：

阿杰伊更喜欢罗茜而不是普莉亚，

鲍勃更喜欢普莉亚而不是罗茜，

罗茜更喜欢鲍勃而不是阿杰伊，

普莉亚更喜欢阿杰伊而不是鲍勃。

那么，（罗茜，阿杰伊）、（普莉亚，鲍勃）是唯一且稳定的匹配。

递延接受算法首先让每位女性向其排名最高的男性求婚，他可以拒绝或暂时接受这个提议。每一位被拒绝的女性将向排名下一位的男性求婚。这一过程一直持续到没有进一步的拒绝或提议为止，之后试探性的匹配便会得以实施。该算法产生一种稳定的一对一匹配，即求婚人在遭到自己心目中排位更高的候选人拒绝之后会找到他们能获得的最佳伴侣，而接受方先暂时接受匹配，直到他们获得自己能得到的最好结果。

罗斯和其他市场设计者已经将这个算法应用于很多真实的场景中，比如医学实习申请和选择学校。由于这些都不涉及价格或货币支付，所以从这个角度讲，它们都不是市场。但罗斯等人以最有效的方式匹配了需求和供给。罗斯的理论还考察了如何确保

> 算法能够激励参与者表达他们真实的偏好，而不是策略性地选择。递延接受算法并不是策略性的考验，因为接受方有激励在下一轮有机会获得更好报价时拒绝可接受的报价。与所有可能的最优选择相比，"可接受"是一个要求不那么高的标准。

自然垄断：以电力行业为例

自然垄断是指在一定的产出范围内平均成本下降，因此边际成本低于平均成本（图 2.8）。由一家企业生产所有产品是让成本最低的解决方案。然而，由于只有一个生产者，没有市场竞争，因此配置是无效率的。垄断条件下的价格高于竞争性市场中的价格，即价格为 P^M 而不是 P^{PC}，同样产出的数量也较低。本章最后一个案例以电力供应为例，关注自然垄断部门中监管与竞争之间的平衡，这也是下一章内容的预演。

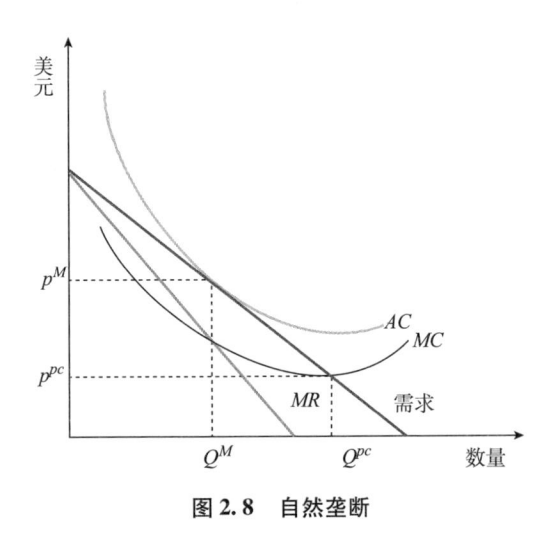

图 2.8 自然垄断

由于存在巨大的规模经济，发电、配电和输电行业形成了自然垄断。由一组电缆将电力从发电厂输送到家庭和企业，成本总是最低的。在发电行业规模经济如此之大，以至于充满活力的竞争空间是有限的。无论电力行业的所有权结构和组织结构如何（这在不同的国家差别很大），在一个规模经济如此巨大的行业中建立竞争是很困难的，此时专栏 1.4 中的假设条件 A3 失效了。监管也面临着同样的困难。电力行业是全球范围内最具政治敏感性和争议的行业之一。

电力市场有很多独有的特点：

- 电力储存不便，与其他市场相比，供需平衡更难实现。电力的供给和需求必须同时发生，而有些时候所有人会同时打开烤箱或电视，这就带来高峰负荷问题，正如优步在除夕午夜刚过时面临的问题一样。
- 电有致命的危险，因此需要大量的技术专家和广泛的安全措施。
- 规模经济效应显著。发电站的建设成本高昂，核电站的成本更高达数百亿美元，投资项目预计将持续 50 年或更长时间。
- 在输电（从发电站到电网的高压线路）和配电（从变电站到用电场所的低压线路）过程中存在自然垄断。最经济的电力分配方式是只使用一组由电缆、输电塔、变电站和电线组成的网络。配电网络还涉及空间布局问题。例如，由几个大型发电站组成的网络与由很多风能电场或太阳能电场组成的网络是完全不同的。
- 电力生产存在显著的负外部性，会导致污染、温室气体排放和邻里间的不和谐（由输电塔的轰鸣声或涡轮机叶片的旋转声引发）。
- 电力是必需品，需求价格弹性较低。
- 电力供应涉及公平方面的考量。在英国，能源费用占普通家庭支出的6%，占低收入家庭的15%。
- 能源的特殊之处还在于它是其他经济活动的基础。停电的后果比发电能力过剩要严重得多，因此，如同集体保险一样，社会需要的发电能力超过了个人投资决策的总和。

因此，电力行业要面对几种可能出现的市场失灵，以及一些重要的非效率考量。美国、瑞典、丹麦和意大利等发达经济体偶尔会出现大面积停电，而一些低收入国家则根本无法提供可靠的电力，这一事实凸显了持续供电的困难。对发达经济体而言，电力市场的特征是少数几家大企业垄断了市场。它们通常采取垂直一体化的形式，也就是说，一家公司拥有发电站、高压输电线路和低压配电网或者拥有三个供应链环节中的两个。

这些特点导致了复杂的公共政策问题。除了要考虑电力行业的经济效率，各国政府还有几个相互冲突的目标。

- 承受能力：确保低收入人群不必在供暖和照明上花费太多的钱；
- 供应安全：限制可能需要从不可靠的贸易伙伴进口石油或天然气的数量；
- 排放：减少污染，尤其是减少二氧化碳和其他温室气体的排放。

第一个目标需要压低价格，其他两个目标则需要相关的投资，因此价格要足够高，才能产生必要的财务回报。

在很多国家，对发电站和电网的大量投资都发生在战后的几十年里。其中部分只是重建而已。20世纪40年代末至70年代末的经济快速增长导致了能源需求的更快增长。回想起来，当时法国的经济增长给人的印象如此深刻，因此有"三十年辉煌"（les trente glorieuses）之称。随后，20 世纪 70 年代的石油危机以及由制造业向服务业的转型，导致经济增长的能源密集度大幅下降。2001 年，经合组织成员国的能耗比率（单位 GDP 产生的能耗）已经降至 1970 年的 57%。因此，20 世纪 90 年代，很多国家似乎已经具有充足的发电能力。与过去几十年相比，近年来对传统发电站的投资持续减少。对可再生能源的投资虽然有所增加，但由其提供的电能仍然相对较少。因此，一些国家仍存在能源缺口，电力不得不依靠进口。

英国就是其中之一，约 10% 的能源依赖进口。英国传统的发电能力正在老化和下降。燃煤发电站大多要被逐步淘汰，满足当前严格的二氧化碳排放目标所需的设备使这些发电站变得过于昂贵。核电站为英国提供了大约五分之一的电力，它们的碳排放量低，而且需要不间断地运行以提供基本负载（baseload）供应，即保持系统运行所需的最低恒定水平。但旧的核电站已接近其使用寿命的极限，而最近刚刚做出投资于新核电站的决定。可再生能源得到了大量补贴，但到目前为止它们的规模都太小，从而在经济上并不合算。可再生能源所占比例正在迅速提高，然而像英国这样的国家，在冬季能源需求达到最高峰时，太阳能和风能却不够稳定，也最难获得。相比之下，美国加利福尼亚州（以下简称加州）的夏季由于使用空调而对能源的需求很高，当地的太阳能和风能亦相对稳定。主要从欧洲大陆进口的天然气可以填补这一缺口。不幸的是，能源进口容易受到地缘政治的影响。比如说，俄罗斯就是一个天然气出口大国。

根据地质、地理条件以及政治选择，不同国家的配置组合有很大差异。地质与地理条件影响风能、太阳能、潮汐能和水力发电等低碳可再生能源的可利用范围。2011年日本发生福岛核事故以后，德国放弃了自己的核电设施，最初用高污染的褐煤和更多的可再生能源填补核电的空白，并从邻国法国进口电力，而法国四分之三的电力来自核电站。在美国，水力压裂技术的蓬勃发展使其能源生产结构向天然气急剧倾斜。

各国过去的投资决策为它们留下了不同的遗产：发电站是持续数十年的巨额投资，随着时间的推移，技术改进的空间有限。到目前为止可再生能源技术的成本太高，尽管其成本现在正在迅速下降，但并不能取代传统发电站。但是，与燃气发电站相比，一家风电场的发电量很小，因此需要对可再生能源的配电网络进行大量投资。这是因为可再生能源发电利用的是为数众多的设备和发电量很小的站点，而不是少数几家发电量巨大的电厂。

各国电力行业在组织上的差别也很大。在法国等国，该行业仍然是国家持有多数股权，而在另外一些国家，该行业完全为私营性质。对后者而言，电力行业的市场结构仍可做进一步细分，比如发电厂是否只能将电力出售给批发市场，还是已实行彻底的垂直一体化，能够直接向客户出售电力？定价受到怎样的监管？如何执行排放义务？谁来支付可再生能源的补贴？这些不同的市场结构反映了在自然垄断条件下对高昂的长期投资所做的不同选择。在西欧各国，私人电力公司在战后被国有化，国有电力公司大量投资于发电产能，采用了包括当时的核能在内的一系列新技术。下一章将会谈到，从20世纪80年代，国有电力企业开始被私有化。然而，由于电力行业自然垄断的特征以及对其他经济部门的重要性，这一行业继续受到政府大量监管和干预的约束。

在英国，国有中央发电局从1989年开始分阶段私有化，创建了 3 家私营发电企业，即国家电力（National Power）、英国电力（PowerGen）和核能电力（Nuclear Electric，后来更名为 British Energy，即英国能源），以及私人所有但由监管机构控制的国家电网（National Grid）。此后，这些企业的所有权和结构多次发生变化。现在，国家电网整合了电力和天然气的输送业务，共有 6 家生产电力、供应天然气并向零售客户出售能源的大公司，以及很多较小的供应商。不过输送网络由不同的所有者持有。很多小企业进入了这一市场，在某些情况下也有可能面临破产。监管框架也经历了几次重大改革，对这些企业运营进行监管的机构正变得日益庞大。竞争和市场管理局从 2014 年到 2016 年对该市场进行了为期两年的调查，得出的结论是，这些公司并未赚取超额利润，但弱势（低收入）客户不太可能获得更好的服务价格。管理局因此对六大发电企业提出了新的要求。随后，形形色色的政客纷纷呼吁实施更多的监管，并有可能对某些类型的客户协议设置价格上限。总而言之，英国电力并不是一个运转良好的市场。

下一章将介绍，鉴于自然垄断行业的价格有必要只以监管者确定的数额上涨，企业在私有化之后如何进行价格管制。管制的目的是强制提高效率，同时确保效率提高的好处能够被传递给消费者。电价确实下降了，但这意味 20 年来电力基础设施无法获得投资。现在，经过 20 年之后，这些公司需要投资建设新的发电厂，并支付私人投资的融资成本，向股东支付的回报率要远高于财政部之前要求的每年 5%。然而，英国的政策取得了一定的成功，二氧化碳排放量略有下降，尽管仍不足以实现政府的环境目标。同时，虽然监管的细节不断增加，政府干预本应由私人做出的决策，比如投资于新一代的核项目，以及对市场结构进行多项改革，但并未明确承诺英国永远不会放手将能源部门交给市场。

很多国家都在努力重组电力市场。英国虽是尝试新模式的先驱，但并非唯一这样做的国家。例如，在澳大利亚，电网在地理上的巨大规模以及热浪来袭时空调用电的激增已导致了多起停电事故。该国的电力行业自20世纪90年代中期起开始私有化和重组，从州级市场转变为全国性（批发）电力市场。联邦监管机构共有三家，其职责各不相同，它们颁布了详尽但僵化的规则，这使得私人发电企业没有动力去响应需求的变化。与大多数其他发达经济体一样，澳大利亚也面临采用可再生能源的趋势和相应的投资需求。用电价格一直在上涨，停电时有发生，整个行业需要大量的新投资。在放松电力行业管制方面，美国加州同样有特别惨痛的教训（见专栏2.10）。

专栏2.10 加州电力行业的灾难性重组

在21世纪初期，加州的电力市场明显出了问题。20世纪90年代中期，加州效仿英国放松了对电力市场的监管。对电力生产以及通过转售商（能源服务企业）向客户销售电力的规定有所放松。在上述两者之间，公用事业企业负责输电和本地配电。它们先从发电厂按照市场价格购买电力，再将电力卖给零售商，由于电力需求内在的不稳定，购电价格容易受到上涨的冲击，而售价仍然受到管制且对政治因素很敏感。2000年中，电力批发市场的售价超过历史月度平均价格的两倍。发电厂获得巨额利润，而公用事业企业则面临巨额财务损失，因为它们不得不按照批发市场的价格购买电力并按照受管制的价格出售给企业和家庭。2001年3月，该州最大的公用事业企业太平洋燃气电力公司（Pacific Gas and Electric）破产。2001年，加州政府将其接管，并且在该年度每月为其花费10亿美元,支付的平均价格是一年前的10倍。经济学家很容易得出这样的结论,即发电企业在运用其垄断势力。此外,市场结构也存在一定问题。2001年,联邦政府允许加州在批发市场上设置价格上限,加州监管机构则相应提高了零售价格。2002年,一项有关加州案例的研究总结道:"那些还没有开始放松电力管制的州和国家最好等等看,并从加州、纽约、宾夕法尼亚、新英格兰、英格兰与威尔士、挪威、澳大利亚以及其他地方正在进行的实验中吸取教训。"* 如果一个市场的成本结构有自然垄断的特征,需求缺乏弹性且变化不定,供给在短期内也显得非常缺乏弹性,那么在这一市场无论实现竞争还是监管都并非易事。

---

* Severin Borenstein (2002), "The Trouble with Electricity Markets: Understanding California's Restructuring Disaster," *Journal of Economic Perspectives* 16, No. 1: 191–211.

既然环境变化如此之大,挑战就在于想出能够提高效率、实现经济福利最大化的能源政策。由于同时存在自然垄断和相互冲突的政策目标,所以不难预料无论从哪个目标看,这一市场很少能有良好的表现。是否有政策可以增进社会福利?如果承认必须权衡取舍,那么答案可能是肯定的。政策需要分别处理不同的能源目标。

电价不可能同时拥有高价和低价两种价格,政府可以采用一些其他方式为低收入家庭支付的较高电价提供补偿,例如利用津贴或福利制度以确保他们有足够的收入支付账单。

撇开电价负担问题,如果能源供应失败,社会将无法运转,再加上大规模的有风险投资,可能会让我们认为电力供应太重要了,因此不能留给市场来解决。况且,由于自然垄断的特征,竞争也无法起作用。在资产由私人所有的前提下，回归政府组织的集中模式仍有可能带来更高的经济效率，同时可为供应安全等非经济目标提供支持。但是，这一选择需要确保不能回到原有的低效率状态，正是这种低效率导致了一开始的私有化（详见第三章）。

另一种替代方案是对新技术带来竞争活力的能力抱有更多的信心，因为新技术在其他市场上的表现已经相当令人瞩目。投资于可再生能源比投资一家新的传统发电站更省钱。单个家庭或企业可以安装它们自己的光伏电池和风力涡轮机，并将多余的电力输送到电网中。而新的数字平台或许可以使拥有很多供应商和很多客户的批发市场变得更有效率。但是，这种更强调竞争的模式仍然需要适当的监管框架，并且仍然具有自然垄断的成分。这虽然不是一件轻而易举就能做到的事情，但也并非不可能实现。

最糟糕的是，很多国家发现自己陷于国家控制和竞争市场这二者之间，不得不面对频频出现的混乱乃至矛盾重重的政策更迭。这类困难的根源在于没有认识到政府永远不可能把一切都留给市场。

自然垄断：数字平台

自然垄断的概念以前大多被应用于具有网络效应的公用事业，例如电力、供水、铁路系统和固定电话网。然而，很多数字业务也具有相同的经济特征，因而更符合自然垄断的概念（见专栏2.11）。

数字业务的固定成本很高而边际成本很低，在很多情况下甚至为零。例如，开发操作系统或搜索算法需要投入大量时间和前期的工程技术，而一旦任务完成，它们就几乎可以零成本地为越来越多的用户提供服务。强大的网络效应强化了成本结构。某种社交网络或搜索引擎的用户越多，它对每个个体的价值就越高。有时，当只有一两家公司为整个市场服务时，它们可以实现最低的生产成本和最高的消费者效用。

由一款主导产品占领整个数字市场的例子有很多。截至2017年底，谷歌占所有在线搜索业务的88%。脸书（Facebook，现改名为Meta）一度拥有22亿活跃用户，这还不包括它拥有的Instagram（照片墙）和Messenger等其他平台上的用户，而当时第二大社交媒体平台中国的微信仅有不到10亿用户。微软在桌面操作系统市场中占有85%的份额。然而，随着时间的推移，每个市场中主导者的身份已经发生了变化。2002年，微软的Internet Explorer（IE）占所有网络浏览器使用量的96%，但到2017年下降至15%，此时Chrome处于领先地位（49%），火狐浏览器（Firefox）也占有相当可观的市场份额（13%）。在2008年脸书成为主导性的社交媒体平台之前，MySpace一直处于领先地位。考虑到主导者的身份经常变动，这些数字巨头辩称，它们的竞争是为了创造新的市场，而不是为了争夺市场份额，并且这个行业很容易受到拥有更好技术的新进入者的冲击。

专栏2.11 网络效应和多边市场

网络效应（或网络外部性）意味着网络中其他用户数量越多，这个网络给每个用户带来的收益就越多。收益的增加是非线性的和加速的。如果只有两个人使用电话网络，则连接只有一个。梅特卡夫定律（Metcalfe's law）指出，网络的价值与用户数量的平方成正比，即n个用户的连接数为$n \times (n-1)/2$。网络效应可以被视为需求侧规模经济，而不是在自然垄断背景下讨论的传统上的供给侧规模经济。

就像电话网络一样，网络效应可以是直接的，也可以是间接的。例如在很多数字平台中，如果一类用户的成员增多可以使另一类用户受益，那么网络效应就是间接的。我作为餐厅消费者，受益于使用预订应用程序的餐厅的增加，而餐厅也受益于更多的使用该应用程序的用餐者。

当存在间接网络效应时，市场被称为双边或多边的。本章前文介绍的标准的竞争政策方法很难被应用到这类市场之中，因为即使数字平台展开激烈竞争，它们对某一类用户（通常是消费者）收取的定价也经常低于边际成本。这种由其中一方补贴另一方的价格结构，正是多边平台的关键特征。想想餐厅预订应用程序或很多住宿网站的做法，消费者并不付钱，但是服务商的成本将反映在它们最终收取的价格上。市场界定也困难得多，因为这些平台往往扩展出很多业务。你认为谷歌属于哪个"市场"呢？

但是，竞争监管部门并不认为数字巨头的规模和市场份额是良性的，或者潜在新进入者足以确保竞争压力和经济效率。只有在欧盟委员会迫使微软将 IE 从其桌面操作系统中解除绑定之后，由于消费者可以更容易地选择自己的浏览器，IE 才开始失去市场份额。更早之前的科技巨头 IBM 只有在美国竞争管理部门采取了针对它的抵制行动之后，才开始丧失个人电脑的市场份额。欧盟委员会最近宣布，有意对谷歌在展示非中立的搜索结果时的反竞争行为处以罚款。谷歌正在对这一决定提起上诉。

尽管对市场的竞争确实是真正的竞争，但是占据主导地位的在位者可以通过提高进入壁垒，阻止潜在的新竞争者。一种常见的方法是将一系列产品和服务捆绑在一起，因此，除非新进入者可以提供相同的一系列服务，否则消费者不愿意转向新进入者。沿着广阔的前沿进入市场要比沿着狭窄的前沿进入困难得多，代价也更为高昂。捆绑在数字和通信服务领域中很常见。例如，人们可能会使用同一个平台搜索、看新闻、娱乐、社交、聊天（发消息）以及购物。同理，消费者越来越多地打包购买移动电话和固定电话、宽带和电视套餐。另一种形式的壁垒被称为"包络"（envelopment），即平台利用其庞大的客户群作为基础进入其他市场，比如谷歌进入在线地图领域，或优步扩展送餐业务。

占主导地位的数字平台也常常注意到，它们为消费者提供了令人印象深刻的出色服务。正是由于网络直接效应和间接效应的重要性，消费者实际上受益于这些平台的主导地位。这一结论是确定无疑的。我们不知道的是，这种价值与对竞争和经济效率可能产生的潜在负面影响相比会如何，因为这种主导地位阻碍了新企业的进入，并使在位者创新的动力有所减弱。随着数字平台的发展，为数字平台制定合适的竞争政策引发了激烈的争论（见专栏2.12）。

专栏2.12 加强数字市场的竞争

世界各地的竞争监管机构越来越积极地采取措施，反对谷歌、脸书和亚马逊（Amazon）等数字巨头，但到目前为止，美国还没有加入这一行列。制裁名单上有时还包括微软、网飞（Netflix）或苹果（Apple）。人们创造了各种词语缩写来描述这一企业巨头群体，比如FAANGs或GAFAM。欧盟委员会走在了前列。它在2018年对谷歌处以43亿欧元（约合48亿美元）的罚款，因其使用的安卓（Android）移动平台使谷歌搜索非法获益，而在2017年则因谷歌利用在搜索领域的主导地位使其自有的购物服务非法获益，对它处以24.2亿欧元（约合27亿美元）的罚款。

澳大利亚竞争监管机构，即澳大利亚竞争与消费者委员会（Australian Competition and Consumer Commission）在调查了数字平台对广告和新闻行业的影响之后，正在采取措施抵制某些科技巨头近乎垄断的地位或过度的市场势力，特别是谷歌和脸书。根据这份报告，谷歌占移动设备搜索份额的98%，而68%的澳大利亚人每月都会访问脸书。监管机构的目标是迫使谷歌将其Chrome网络浏览器与手机和其他设备解除绑定。出于对其滥用市场势力的担忧，它还试图建立一套监管程序，以监督谷歌和脸书等大型数字平台如何对广告和新闻内容进行排名和显示。

法国竞争监管机构在2018年的一项调查中称，对谷歌和脸书主导的在线广告市场的竞争状况感到担忧，并且报告了以后可能会采取的举措。德国的竞争监管机构——联邦卡特尔办公室（Bundeskartellamt）建议对实施的竞争法规进行修改，使其能够回应对在线定价算法使用方式的担忧。在英国，政府委托对数字市场的竞争状况展开一项范围广泛的专家调查，此举有可能会导致新的执法行动。

美国当局尚未效仿这些行动，也许这并不奇怪，因为上述监管对象全是美国的成功公司。但美国学术界和司法界一直在激烈争论，由罗伯特·博克建立的消费者福利标准是否适用于价格经常为零的数字市场。本章前文曾对这一标准有过介绍，它也被称为芝加哥学派的反托拉斯政策。在价格为零的条件下，这类标准无法识别出任何由于缺乏竞争导致的问题，但很多数字巨头的批评者指出了它们的不利影响，例如在政治言论或者将新进入者赶出市场等方面的影响。经济学家普遍认为，经济分析具有足够的灵活性，可以将这些因素纳入考虑范围。但是一些法律学者已开始主张重返20世纪初的反托拉斯政策，当时西奥多·罗斯福（Theodore Roosevelt）总统拆分了一些大型企业，其中最著名的就是1911年对标准石油公司（Standard Oil）的拆分。

结论

本章介绍了在有信息不对称或自然垄断等市场失灵的市场中，哪些政策工具可以被用来增进社会福利。在条件允许的情况下，竞争可能会提高效率。很多经济体都是以基于经济分析的竞争政策作为基准。监管是解决市场失灵的另一种主要工具。所有市场都需要监管，自由市场只是一个不符合实际的抽象概念，但是在竞争与监管之间常常需要权衡。在现代经济中，由于使用先进技术，市场变得极为复杂，而信息不对称和规模收益递增的现象又极为普遍，所以在很多情况下竞争难以实现。政治家和监管者求助于监管工具往往更便利，尽管如第七章所述，这些干预本身经常效果不佳、代价高昂，甚至适得其反。糟糕的监管正是政府失灵最常见的形式之一。在下一章，我们将继续分析对自然垄断市场的监管，考察自20世纪中叶以来的数十年中，公共所有与私人所有、公共生产与私人生产的起起伏伏。

扩展阅读

作为补充的技术性文献

Massimo Motta（2004），*Competition Policy: Theory and Practice*, Cambridge University Press.

Jean Tirole（2014），"Market Power and Regulation," scientific background to the Nobel Prize announcement, http://idei.fr/sites/default/files/medias/doc/by/tirole/scientific_background_economics_nobel_2014.pdf.

经典文献

George A. Akerlof（1970），"The Market for 'Lemons': Quality Uncertainty and the

Market Mechanism," *Quarterly Journal of Economics* 84, no. 3（August）：488 –500.

Robert Bork（1978）, *The Antitrust Paradox*, Free Press.

竞争政策

Michael Grenfell（2017）,"What Has Competition Ever Done for Us?,"speech, http://www.regulation.org.uk/library/2017 – What_has _Competition_ever_Done_for_us.pdf.

Maurice E. Stucke（2013）,"Is Competition Always Good?," *Journal of Antitrust Enforcement* 1, No. 1：162 – 197, doi：10.1093/jaenfo/jns008, http://antitrust.oxfordjournals.org/content/1/1/162.full.

数字竞争

Diane Coyle（2018）,"Practical Competition Policy Implications of Digital Platforms," Bennett Institute Working Paper, https://www.bennettinstitute.cam.ac.uk/media/uploads/files/Practical_competition_policy_tools_for _digital_platforms.pdf.

Digital Competition Expert Panel（2019）,"Unlocking Digital Competition," https://www.gov.uk/government/publications/unlocking – digital – competition – report – of – the – digital – competition – expert – panel. Lina M. Khan（2017）,"Amazon's Antitrust Paradox," *Yale Law Journal* 126, no. 3.

Joshua D. Wright, Elyse Dorsey, Jan Rybnicek, and Jonathan Klick（2018）,"Requiem for a Paradox：The Dubious Rise and Inevitable Fall of Hipster Antitrust," George Mason Law & Economics Research Paper No. 18 – 29, http://dx.doi.org/10.2139/ssrn.3249524.

监管政策

Andrei Shleifer（2010）,"Efficient Regulation," NBER Working Paper No. 15651（January）, http://www.nber.org/papers/w15651.pdf.

Jean Tirole (2014), "Market Failures and Public Policy," Nobel Prize lecture, https://www.nobelprize.org/nobel_prizes/economic-sciences/laureates/2014/tirole-lecture.pdf.

特定市场与一般市场

Richard Green (2005), "Electricity and Markets," *Oxford Review of Economic Policy* 21, No. 1.

John McMillan (2002), *Reinventing the Bazaar*, W. W. Norton & Co. Al Roth (2015), *Who Gets What and Why?*, William Collins.

Jean Tirole (2018), *Economics for the Common Good*, Princeton University Press, chapters 13, 14, and 16.

第三章　政府在生产中的角色

正如第一章和第二章所述，现代国家制定包括竞争政策在内的法律和监管框架，将政府支出用于各种形式的社会保障和社会福利（见第六章），从而在经济中扮演了重要角色。本章考察政府干预生产活动的两种方式：一是由公共部门拥有和管理某些企业或整个经济部门，二是规定扶持特定私人部门生产活动的产业政策。就前者而言，虽然各国之间存在差异，但总体趋势是战后时期一些产业的国有化开始让位于自20世纪80年代以来的国有产业的私有化。英国率先推行了这类措施。就产业政策而言，一些国家长期以来通过多种途径实施产业扶持政策，包括催生计算机或航空航天等技术密集行业中的全国冠军企业。在另外一些国家以及经济学界，自20世纪80年代放松管制以来，产业政策一度被忽视，但现在有可能正在走向复兴。

本章介绍了国有化和私有化的历史、两者的合理性，以及对于世界很多国家仍在继续的私有化是否成功地实现了自身目标的评价。同一产业既可以实行国有化也可以实行私有化，这一事实表明，在某些情形下将不可避免地陷入困境，即由于高昂的固定成本等特点（比如对铁路或电网的投资）而出现的自然垄断。在这些行业，竞争难以维持，即便企业由私人所有也要接受严格的监管。但是，对于如何能够最好地监管这些行业，同样面临着两难困境。本章从产业政策能处理的市场失灵入手，对产业政策进行讨论并得出了结论，即某些早期的产业政策存在缺陷，比如把纳税人的钱浪费在最终失败的国家"冠军企业"身上，这正如在很多政策领域一样，解决市场失灵问题的良好意图可能由于政府无力实施而遭遇失败。

从广义上讲，无论是以政府支出占经济总产出的份额来衡量，还是以税法和税收规则手册的规模来衡量，政府对经济的干预可谓日益增长。然而，就某个特定的维度而言，它表现为有起有落的模式。就政府在生产活动中扮演的角色看，国家和市场之间的边界随着时间的推移和国家的不同而有很大差异。

这种政策的起伏是主流政治哲学转变和经济理论发展共同作用的结果。20世纪30年代，为应对大萧条带来的重创，政府的作用有所扩展，比如政府首次尝试统计经济总产出。1936年，凯恩斯出版了《就业、利息和货币通论》，主张采取宏观经济政策来管理总需求，并保持高水平的就业。一些经济学家则拥护高度集中的计划经济，以哈耶克为代表的另一些经济学家则反其道而行之。二战使双方的分歧演变为一场真正的学术讨论，因为所有参战国家都被迫更多地由中央政府主导生产，以服务于战争。

正如第一章所述，二战结束后，欧洲国家和日本的重建需求以及20世纪30年代接连不断的灾难之后人们对经济安全的需求，促使政府在经济中发挥更大作用。工党在英国1945年的大选中赢得了压倒性的胜利。它建立了国家医疗服务体系（National Health

Service）和福利国家，并将很多主要的产业国有化。在法国和荷兰这样的国家，经济规划机构得以建立，其目的是部署美国通过马歇尔计划提供的资金，并组织经济重建。在各主要经济体中，只有美国没有掀起国有化浪潮。当然，之前罗斯福新政为了应对大萧条，朝着政府干预的方向走得更远。20世纪70年代的经济危机导致了更大规模的国有化，这次的实施对象是那些苦苦挣扎且对经济十分重要的公司，连美国也成立了国家铁路客运公司（Amtrak）和联合铁路公司（Conrail）。

20世纪80年代，在英国的引领下，潮流再次逆转。玛格丽特·撒切尔主导的政府明显出于意识形态的原因，决心要减少国家干预，为市场创造更多的空间，从而掀起了一波将以前的公有企业私有化的浪潮。后来这一经济实验被很多国家效仿，并在一些国家持续至今。

对生产者主导的、缺乏任何市场或管理纪律且效率低下的公共服务的批评，以及对市场力量优越性的重新强调，共同奠定了私有化的思想基础。20世纪70年代，由于英国糟糕的经济管理和产业动荡，加之国际上布雷顿森林体系的瓦解和欧佩克石油危机，保守派智库积极倡导的这些经济理念变得流行起来。撒切尔夫人和罗纳德·里根凭借在选举中的胜利和强有力的领导力，将这些理念付诸实践，削弱了国家在经济中的作用。他们采取的私有化形式之一，是将钢铁和汽车等生产性资产予以私有化。另一种形式则是引入混合经济，例如将公共服务外包给私营企业（有时这也被混淆为私有化）和各种各样的公私合作模式。

如今，潮流可能再一次逆转。正如20世纪30年代一样，一场大规模的金融危机及其产生的影响，让人们对任由市场发挥作用的后果产生了怀疑。对于一些中间偏左的政治家来说，国有化被重新提上了日程。实际上,在金融危机期间一些国家不得不将部分银行国有化。一些外包给私人部门的服务也计划再度恢复公共供应,比如监狱的管理和政府信息技术系统的建设。

重新凸显政府作用的另一种方式是制定产业政策,这意味着政府采取资助研究或为初创企业提供税收减免等政策,而不主张直接对生产性资产和企业施以公有制。近几十年来产业政策也首次重新受到经济学家的青睐。近年来的经济思想强调,在市场缺失和信息不对称的情况下,政府的协调作用十分重要,而且政府可以通过对基础科学的投资,在公共品(知识)的生产中发挥重要作用。

本章将国家生产和私人生产边界发生转变的相关理论和历史与具体的市场失灵联系起来,后者涉及公共品、自然垄断、信息不对称和不完全市场,即专栏1.4中的假设条件A3、A4、A5和A6不成立。

国有化和私有化的历史:英国及其他国家

工业国有化经历了三次浪潮,各国的经验有着明显的差异,而美国的经验尤其不同。如果不考虑几个最早期的公有组织(比如在所有国家,邮政和电信产业最初都是国有的),第一波浪潮发生在20世纪20年代和30年代,是为了应对在两次世界大战之间的二十年发生的经济危机。实际上,在这一时期很多工业化国家都进行了国有化。第二波浪潮发生在20世纪40年代和50年代,此时正值战时计划和战后计划时期。在战后一段时间,欧洲各国政府热衷于计划和广泛的公共所有制,很多左翼人士认为经济的"制高点"应该掌握在人民手中。这一时期的国有化见证了福利国家的大幅扩张,并引入了更广泛的教育和医疗保健服务(包括英国标志性的国家医疗服务体系在内)。第三波浪潮发生在20世纪70年代和80年代,一些国家出手救助因石油危机及更大范围的经济危机而陷入困境的重要企业。在英国，这一救助计划涉及汽车制造商利兰公司以及部分飞机和造船行业。到20世纪70年代末，公共所有及相关企业从事的经济生产活动已相当广泛（见专栏3.1）。在法国，弗朗索瓦·密特朗（François Mitterrand）领导的社会党政府在1980年至1981年推行了全面的国有化计划，涵盖了电力、钢铁、玻璃制造以及其他很多部门。当然，各国的国有化存在着很多差异。例如，直到20世纪90年代的一次银行危机之前，由社会民主党领导的瑞典从未采取过任何重大的国有化措施。

> **专栏3.1 英国一些重要的国有化（私有化）案例**
>
> 邮政局（Post office）1869年（2013年私有化）
>
> 国家电话公司（National telephone company）1912年（1984年私有化）
>
> 伦敦客运（London Transport）1933年（1994—1995年，仅限公交）
>
> 英国海外航空公司（BOAC）1940年（1974年与英国欧洲航空公司正式合并成为英国航空公司，1987年私有化）
>
> 英格兰银行（Bank of England）1946年（仍为国有）
>
> 大东电报局（Cable & Wireless）1946年（1981年私有化）
>
> 煤炭1947年（1994年私有化）
>
> 铁路1948年（1994—1997年；2001年轨道公司重新国有化）
>
> 电力供应1948年（私有化始于1990年，现仍在进行中）
>
> 公路货运（包括Pickford's）1948年（1982年私有化）
>
> 托马斯·库克旅游公司（Thomas Cook）1948年（1972年私有化）

> 钢铁 1949 年（1988 年私有化）
>
> 码头及运河 1962 年（私有化始于 1983 年，现仍在进行中）
>
> 长途汽车旅行 1970 年（1986—1988 年私有化）
>
> 劳斯莱斯公司（Rolls Royce）1971 年（1987 年私有化）
>
> 供水及污水处理 1973 年（1989 年私有化）
>
> 汽车业的利兰公司 1975 年（1986—1988 年私有化）
>
> 飞机和造船 1977 年（私有化始于 1981 年，现仍在进行中）
>
> 北岩银行（Northern Rock）、苏格兰皇家银行（RBS）、劳埃德银行（Lloyds）、布拉德福德宾利银行（Bradford & Bingley）2008 年国有化（正重返私有化）

对国有化以及随后的私有化而言，某些事件只不过是导火索，不过政治策略和意识形态在此过程中始终发挥着重要作用。右翼政治家基本上不认为国家所有制是组织经济生产的有效方式，而左翼政治家更有可能支持国家所有制。在某些情况下，这些信念在破坏性的政策拉锯战中相继付诸实践。例如在英国，英国钢铁公司（British Steel）于 1951 年被国有化，1953 年被私有化，1967 年被工党再度国有化，1988 年又被保守党重新私有化。此后它一直由私人所有，且规模不断萎缩，这个曾经的巨头企业不得不将部分业务出售给其他所有者。这一案例同时也说明，当重要的雇主和出口商陷入困境时，任何政府都很难置身事外。英国钢铁公司的最新所有者是印度的塔塔集团（Tata）。当它在 2016 年宣布打算关闭两家大型英国钢铁厂时，执政的保守党政府深感有必要进行干预，以确保留住这些工厂和就业岗位。美国政府同样会在紧急情况下进行干预。例如 1981 年，美国政府成立了资产重组托管公司（Resolution

第三章 政府在生产中的角色　　105

Trust Corporation），以接管一大批濒临倒闭的储贷机构。此外，2008—2009年，很多西方政府不得不将一些银行国有化或持有其多数股权。

除了在决定国家作为生产者的角色方面发挥了关键作用的政治信仰，在某些情况下，公有制或公共供给也确有其经济合理性。正如第二章讨论的，自然垄断的存在即是其一，此时在市场中无法形成竞争。私人部门则不太适合为重要的社会目标服务，例如从事一些重要的公用事业普惠服务或为一些消费者提供无利可图的服务。当这些公用事业归国家所有时，由于不必执着于利润最大化或为股东利益服务，它们便可以成为复杂的监管体制的合理模式，否则政府便需要从事为普惠服务事项限定许可条件等工作。此外，公有制企业作为产业政策的载体，在历史上曾对新技术的开发发挥过重要作用。本章最后一节将再次讨论这一问题。

什么是自然垄断？

第二章提到自然垄断是对一些企业进行监管的理由之一，这是因为在自然垄断的情况下，竞争无法实现有经济效率的结果。当只有一个生产者从事生产时，生产总成本可以达到最低。这时由于存在显著的规模经济，假设条件A3（见专栏1.4）不成立。（在现代经济中，很多企业甚至大多数企业都具有一定的规模经济，因此添加限定词"显著"是有必要的。）本节将更详细地探讨为什么自然垄断（见专栏3.2）能够证明电力或铁路网等生产性资产的国有和国营是合理的。

固定成本是产生规模经济的最主要因素。在一定的产出范围内，平均生产成本会不断下降，此时边际成本或者说为一名新增消费者提供服务的成本会低于平均成本（见图2.8）。网络型基础设施部门都存在这种现象，如电力和天然气、供水和污水处理、电信以及铁路网络等传统的公用事业部门。就成本而言，为同一批潜在客户提供两套供排水管道或铁路轨道是不可取的。固定成本的存在意味着唯一的产品供应商能以最低的平均成本进行生产。然而，仅凭这一点并不足以解释为什么政府在过去的某些时候选择了国有制。一些国家从未将这类公用事业部门国有化，而另外一些部门虽然拥有网络型基础设施，但一直以来都是由私人所有的，例如移动电话网络或谷歌搜索（Google Search）这一当代生活中的关键基础设施。有一些经济部门则采取了混合形式，其中的私有企业得到大量补贴并受到严格监管。同一行业在不同国家以不同的模式存在：美国邮政服务是公有的，英国邮政服务如今已被私有化，现在两者都在与众多私人运营商展开竞争。

> **专栏3.2　自然垄断的特征**
>
> 高昂的固定成本
> 生产过程中存在其他类型的重要的规模经济
> 消费的规模经济：网络效应
> 没有相近的替代品（需求缺乏价格弹性）
> 进入门槛高得难以承受
> 规模的重要性凸显了地理分布和市场密度的作用
> 垄断形式由技术决定

因此，"自然"垄断并不完全是一种自然状态。除了存在高昂的固定成本和规模报酬递增，经营环境和技术水平也对一个行业是否属于自然垄断产生重要的影响。

- 市场规模：与人口密度较低、主要由农村地区组成的小国相比，一个拥有很多城市地区、人口密度较大的大国存在自然垄断的可能性更小，因为与小规模的市场相比，规模较大的市场边际成本一直下降的可能性不大。
- 网络型基础设施的新旧程度：网络型基础设施有很高的沉没成本，即前期产生的成本由于没有其他用途而无法收回。这使得潜在竞争者进入旧有基础设施行业变得更加困难，因为现有生产商会有非常大的规模优势。新的潜在竞争者即使更有效率，也无法制定一个更低的价格（图3.1）。也就是说，进入现有网络的大门已经被关闭了。竞争者更有可能进入需要新基础设施的行业。
- 产品生命周期或创新所处的阶段：随着技术改进或网络老化，现有生产商不得不进行大量的新投资。新技术可以将基于现有技术和基础设施的自然垄断转变为潜在的竞争性市场。移动电话对固定电话网络就产生了这种影响，电子邮件对邮政服务也是如此，而数字技术则有可能打破电力部门或公共交通网络的现有模式。

最后，很多国家在不同时期都曾认为保护它们的旗舰产业很重要。在历史上的某些阶段，这些产业被认为是自然垄断的。旗舰型的国家航空公司就是一个很好的例子。现在几乎所有航空公司都已经被私有化，因为廉价航空公司的商业模式创新表明，如果成本结构可以重新配置，航空公司也可以不是自然垄断的。认为一些行业在国民经济中具有战略重要性的观念，导致各国在不同时期对钢铁生产商、汽车制造商、计算机制造商和其他一些企业进行了救助和国有化。

总之，正如专栏3.3指出的，在一个前期固定成本很高、平均成

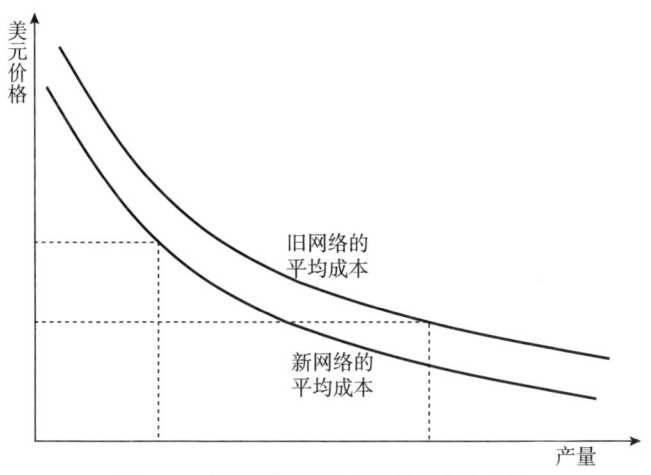

图 3.1　新旧网络型基础设施成本的比较

注：新生产商效率更高，在任何产量水平上平均成本都更低，但由于现有生产商的规模，它无法在价格上与之抗衡。

本由于规模经济而逐步下降的行业里，垄断有多么"自然"并非一目了然。

> **专栏3.3　哪些是自然垄断？**
>
> 电力生产、太空探索、社交媒体、邮政服务、汽车制造、道路交通、宽带网络、航空公司

国家技术冠军

到20世纪60年代，很多国有企业都成了实施积极产业政策的载体。它们是对重要经济部门进行新技术投资的工具，被视为实现提高生产率和技能水平、增加就业和出口等目标的手段。例如在英国，在经济事务部和技术部之外，保守党政府于1962年成立了国家经济发展办公室（Neddy）。后续的工党政府也欣然继承了这一

安排。在一次著名的演讲中，内阁大臣托尼·本恩（Tony Benn）谈到了政府在推动"技术竞争白热化"中的作用。顺便说一句，此人之后作为激进左翼领袖更为出名。

英国选择了计算机行业。在政府鼓励之下，国家冠军企业国际计算机有限公司（ICL）由之前的几家小规模公司合并而成，政府持有10%的股份。英国曾是开发可编程计算机的先驱，二战期间艾伦·图灵（Alan Turing）、比尔·图特（Bill Tutte）和布莱切利园（Bletchley Park）的密码破译人员尤其做出过诸多杰出贡献，但到了20世纪60年代，英国的计算机行业已经远远落后于美国。大学和邮政系统承担了大部分研究，而政府保密制度使得布莱切利园的先驱们无法讨论自己的成果，更别说将它们商业化了。欧洲大陆的其他国家也试图建立国家级别的计算机冠军企业，比如法国的Bull公司和意大利的Olivetti公司，前者于1982年被密特朗政府国有化，1994年再度被私有化，后者最初在20世纪60年代至80年代作为计算机制造商取得了成功，衰落以后于1999年作为提供办公和技术服务的附属企业并入意大利电信公司，现在生产笔记本电脑。美国以二战时期的战时工作为基础创建了自己的计算机产业，特别是导弹和原子弹项目所需的大规模计算能力。二战以后，美国通过一种更精妙的产业政策使该行业继续获得成功。这种政策并非公共所有，而是向学术研究和准学术研究以及兰德公司（RAND）和贝尔实验室（Bell Labs）涌现的创新成果提供财政支持，积极培养一种企业文化。

在一些国家里，国有化的发电企业成了研发新型核能技术的载体。例如，在20世纪50年代和60年代，英国和法国都成为核能领域的创新者。航空航天则是政府着力塑造的另一产业，在大西洋的欧洲一侧采取了公有制的形式，以英法联合完成的超音速协和式飞机以及之后英国、法国和德国合作组建的空中客车公司为代表，相比之下，在大西洋的美国一侧，该行业较少依靠政府的公开支持，而是通过国防预算和其他政府采购的形式获得资助。

20世纪70年代，国有化和政府直接参与生产达到了高潮。不过，私有化已紧随而至。

什么是私有化？

在使用"私有化"一词时，它的含义有时略显不同。它通常指的是将公有资产出售给私人部门的所有者。这一术语有时还包含伴随着资产所有权的转移而出现的放松管制和打破垄断。有时，它又指将以往由公共部门组织运营的某些服务转给私人企业。后者可以通过各种机制来实现，例如服务合同的直接外包或政府和社会资本合作的公私合作模式，即公共部门租用私人部门的资产及其相应的服务。这里最重要的是以下截然不同的议题，即资产所有权，无论资产形式是钢铁制造企业、建筑物还是道路的形式；市场组织，即该市场是不是竞争性市场，受到怎样的监管；以及对提供的服务进行管理的责任。在本章中，私有化仅指出售资产，而外包是指政府从私人组织或志愿组织那里购买服务。

如何解释向私有化的转向？

任何一个国家都有很多国有化的企业未能实现人们的预期目标。事实证明，政府并不特别擅长管理复杂的大公司，到了20世纪70年代，国有企业的颓势已经非常明显。尽管于1970年当选的英国保守党政府和接下来于1973年上台的工党政府均致力于扶持陷入困境的重工业公司，比如劳斯莱斯、整个造船业、计算机公司 ICL 以及利兰，以暂时缓解它们濒临破产的窘境，但这些"跛脚鸭"企业难以维持太长时间。为扶持一个失败的企业需要付出巨大的代价，纳税人最终会无法承受。

即使麻烦没有这么多的企业，如电话公司英国电信（British Telecom），也面临自己的难题。人们为安装电话线路需要排队等待很久，因为电信公司无法满足不断增加的需求。客户服务质量非常糟糕，行业里工会的权力很大。很多国有企业（以及一般的公共服务部门，见第七章）的经营更多地照顾经理和雇员的利益，而不是除此之外别无选择的客户的利益。英国电信意识到它需要为新的数字技术投入巨资，但是政府不允许借钱来完成这项投资。

到 1979 年，国有化产业的产出在英国经济中的占比达到 10%，在资本投资中的占比达到 14%，与其他很多经合组织成员国不相上下。国有化产业的规模很大，但缺点也很明显，即生产率低、投资少、劳资关系恶劣。罢工此起彼伏。1978 年至 1979 年的冬天被称为英国的"不满之冬"（Winter of Discontent），当时很多公共部门的工人罢工，因而导致停电、交通中断、垃圾在街上堆积等问题。1979 年 5 月撒切尔夫人赢得大选之时，私有化的时机已经成熟，在此之后这一政策创新被广泛效仿。国有企业的私有化，即通过发行股票等方式将资产或股票转到私人手中，并不是什么新鲜事儿。英国钢铁公司所有权的来回变化前文中已有提及，而其他一些战后实行的国有化也发生了逆转，比如托马斯·库克旅游公司于 1948 年转为公有，于 1972 年被私有化。撒切尔政府不仅创造了私有化一词，还为私有化注入了新的活力。私有化并非其政党精心策划的一项政策，而是 20 世纪 80 年代初英国糟糕的经济状况的反映。这一政策将新兴的撒切尔经济哲学（自由化和自由市场）与英国的国家冠军企业极为糟糕的受挫经历结合在一起。

私有化旨在实现以下不同目标：

- 筹集资金以减少政府预算赤字；
- 引入利润动机和收购威胁，使企业暴露在竞争中，从而提高企业效率。时任财政大臣尼格尔·劳森（Nigel Lawson）总结道，"国有部门不存在股价无时不在的破产威胁等制约机制"；
- 削弱工会的势力，从而提高管理的质量和改善劳资关系。一般而言，保守党政府认为工会势力过于强大；
- 更好地服务客户；
- 鼓励更多的创新，包括使企业能够借到更多的钱或者筹集到更多的资本；
- 推广个人持股。这是由如下政治信仰驱动的，即相信个人资产所有权能发挥积极作用。撒切尔夫人说："私有化，特别是可以使公众个人尽可能广泛地持有股权的那种私有化，将会削弱国家权力，扩大人民权力。"

这些目标有多大的现实意义呢？正如第二章讨论的，利润最大化和竞争是实现生产效率和配置效率的必要条件。表3.1比较了不同所有制和市场结构的可能结果，表明两者都对经济效率发挥重要的决定作用。如果仅仅是所有权由公共部门转移到私人部门，这种私有化本身并不足以提高效率。与此同时，政府还需要打破国家垄断，以便在市场上形成竞争。然而，正如上一章中电力行业的例子表明的，对于具有自然垄断特征的行业来说，这并非易事。实际上，自然垄断正是最初这些行业被国有化的原因之一。

表 3.1　生产效率和配置效率的实现情况

	公有制垄断	公有制竞争	私有制垄断	私有制竞争
	铁路网	国家航空公司	本地有线电视	超市
破产的可能性？	×	×	√	√
收购的可能性？	×	×	?	√
生产效率？	?	?	?	√
竞争性市场？	×	√	×	√
配置效率？	×	√	×	√

监管已私有化的产业

自然垄断产生的一个突出问题是不能同时实现生产效率和配置效率。当仅有一家生产商时，生产成本可以达到最低（尽管由于缺乏对管理层的约束，垄断企业可能没有动力实现尽可能低的成本），因此上表在相应的位置打了问号。然而，竞争虽然能实现配置效率但无法实现最低成本。因此，最优结果并不存在。如图 3.2 所示，对这种权衡关系的一种可能的解决方法，就是要求垄断者按照完全竞争的产出水平生产，但此时要么允许垄断者按其在该生产水平下的平均成本定价，要么就按这一生产水平下的边际成本定价，并由政府补贴垄断者可能造成的损失，即图 3.2 中的阴影部分（与图 2.8 类似）。不过，在实践中难以应用这种次优方法，因为监管者很难掌握有关供需曲线的足够信息。

因此在实践中，伴随着公用事业的私有化，相应的监管措施应运而生，并基本上不外乎以下两种。

一种监管措施是限制价格或限制企业的提价空间。英国监管机构率先选择了这种价格上限监管措施。它又被称为 RPI – X 监管，即要求价格上涨比一般价格指数（当时英国使用的是零售价格指数，即 RPI）低 X。例如，对于新近私有化的英国电信公司来说，

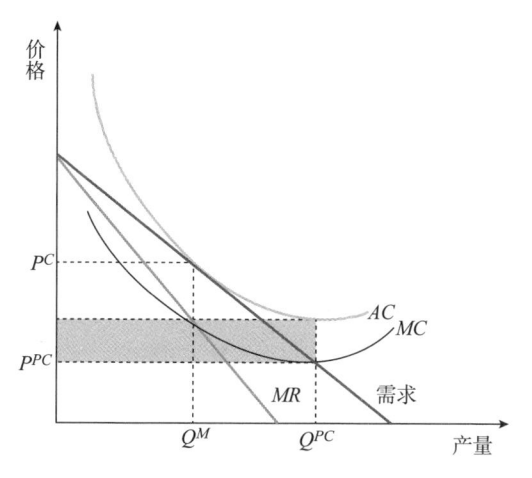

图 3.2　解决垄断问题的"次优"方法

X 是 3%，接着是 4.5%，然后是 7.5%。如果价格上涨幅度被设定为 RPI－X，只要生产率增长达到 X，那么这个行业就能够维持正常利润。如果生产率提高得更快，这个公式表明行业将存在超额利润，反之亦然。对于监管者来说，X 的正确设定是一大挑战，这体现了监管者对可能的生产率增长的最佳估计。

另一种选择是设定公司回报率或利润上限。这种方法在美国使用得比较多，比如美国政府对电力行业的监管。它削弱了公司降低成本或提高生产率的积极性，但更可能确保该网络所需的投资，因为投资回报多少是有保证的，这一条件使得为投资筹集资本变得相对简单。监管方面的挑战在于设定适当的回报率，即在资本市场为投资进行筹资所需的回报。如果回报率定得太高，受监管公司会被过度投资（所谓的镀金），反之亦然。

表 3.2 列出了上述两种选择的优缺点。因此，哪个选择更好取决于具体情况，特别是鉴于企业总是比外部监管机构更了解自己的经营状况，监管机构和受监管企业之间存在天然的信息不对称。

表 3.2　自然垄断行业两种监管措施的优缺点

RPI – X 价格上限管制	回报率上限管制
优点 对企业降低成本有很强的激励、提高生产率、促进创新	**优点** 价格随成本同向变动 质量更有保证
缺点 服务质量可能受到影响 价格高于平均成本	**缺点** 可能造成过度投资 缺乏提高生产率的动力
适用情形 监管机构不了解成本 产品或服务质量可监控	**适用情形** 监管机构无法监控质量 需要新的投资

　　如果监管机构不够了解该项业务的成本结构，那么它最好选择能够激励企业降低成本的方法，即采取价格管制。如果监管机构难以监控服务质量，或者该产业需要投资于新的产能或技术，那么回报率管制则更适合。

　　情况可能会随时间发生变化，在投资需求方面尤其如此。因此，不仅更改 X 或回报率上限是必须的，监管者有时还需改变监管框架。随着时间的推移，监管机构逐渐意识到，它们负责监管的复杂业务存在着固有的利弊权衡，而它们永远无法获得与业务管理者同等的信息量。规章细则和对业务管理决策的干预越来越多，在电力等基本的公用事业领域尤其如此。这些行业即便完全由私人所有和运营，仍难以摆脱政治因素的影响。

　　近期一次试图摆脱监管困境的努力，涉及界定所谓的企业监管资产基础（RAB）的价值，RAB 即企业为提供相关的基本公用事业服务所需的资产，例如电力公司的发电厂和输电线路。RAB 包括资产的现有价值、由于磨损或老化而产生的折旧以及升级基础设施所需的投资。有人认为这一数字可以使 RPI – X 公式设定得更精确，使之不会阻碍网络型基础设施的必要投资。

尽管监管已私有化的自然垄断行业极为复杂，而且很多困难当时并没有预料到，继英国之后，一场大规模的私有化浪潮仍席卷了全世界。美国最先响应，而其公有组织本来就少得多。法国（见表3.3）、德国、芬兰和意大利等其他欧洲国家已将其大部分基础行业私有化。私有化浪潮涉及的行业范围很广，覆盖了从电信、钢铁或石油等重工业到银行和公用事业等诸多领域。在 2000 年前后，私有化达到了高潮，其进程的起伏变化在一定程度上取决于股市，政府出售股份的收入也随之变化。目前，这股浪潮仍在继续，2018 年 1 月，法国政府考虑出售其在 81 家公司的全部或部分股权，这些公司包括巴黎机场管理局的多家机场、国有的法国博彩公司（Française des Jeux）等。最近经合组织注意到，由于各国政府寻求缓解自金融危机以来面临的财政压力，来自私有化的财政收入再次出现回升的迹象。2015 年可谓欧洲私有化进程的顶峰，法国、英国、瑞典、希腊、德国和意大利都处置了大量国有资产（见图 3.3）。

表 3.3　法国一些主要的私有化案例

公司	部门
圣戈班集团（Saint‑Gobain）（1986）	材料公司
巴黎银行（Paribas）（1987），与 BNP 合并为法国巴黎银行（BNP Paribas）	银行业
法国通用电气公司（Compagnie Générale d'Electricité）（1987），后成为阿尔卡特（Alcatel）集团	电信设备
TF1（1987）	电视频道
埃尔夫（Elf Aquitaine），现在属于道达尔集团（Total）（1994）	石油业
SEITA（1995），现为阿塔迪斯（Altadis）	烟草和香烟
雷诺（Renault）（1996），85% 的股权被售出	汽车制造

第三章　政府在生产中的角色

(续表)

公司	部门
法国电信（France Telecom）（1998），现为 Orange（国家保留27%的股权）	电信业
法国航空（Air France）（1999），84%的股权被售出，现与荷兰皇家航空公司（KLM）合并	航空业
法国电力集团（Electricité de France），30%的股份被出售（2005）	电力

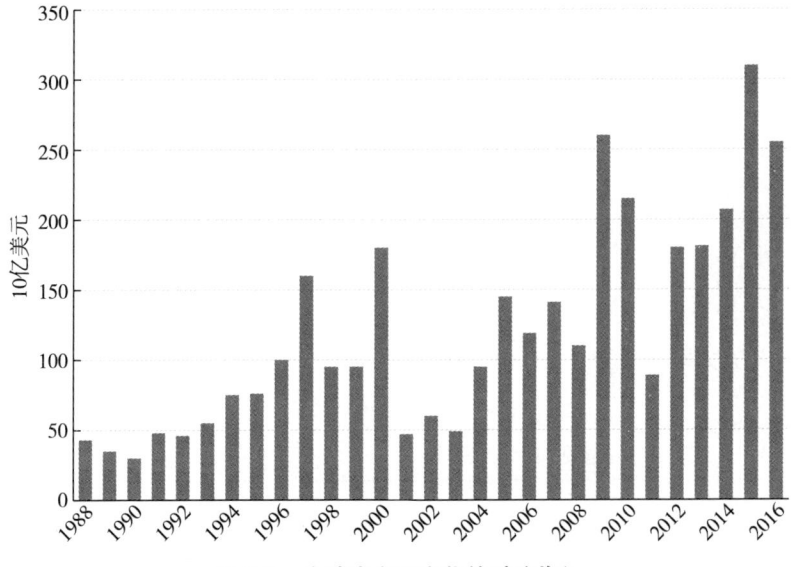

图 3.3　全球来自私有化的财政收入

资料来源：OECD, Privatization Barometer, https://www.oecd.org/daf/ca/Privatisation-and-the-Broadening-of-Ownership-of-SOEs-Stocktaking-of-National-Practices.pdf。

不只是最富裕的经济体一直在推进国有资产的私有化，中东欧的前共产主义经济体以及俄罗斯在1989年后也推行了大规模的私有化。这一举措毫无疑问为原来的国有企业得到更有效管理铺平了道路，但在某些情况下，也在某种混乱的过程中创造了富有的新精英阶层。根据世界银行和国际货币基金组织等机构的建议，很多低收入经济体纷纷采取同样的措施。这些国家的公共部门管理水平显然十分低下，而关键公用事业企业长期以来的低效也是臭名昭著。然而，这些国家通常缺乏监管经验，无法确保私有化之后的市场竞争。尽管如此，这一过程还是在全球范围内成为标准的政策，从哈萨克斯坦到日本，从捷克到土耳其（见专栏3.4），都采取了明确的私有化措施，以改善市场结构、提升经济效率。

> **专栏3.4　土耳其的私有化**
>
> 　　2010—2015年，土耳其的私有化交易（54笔单项交易）比任何其他经合组织成员国都要多。这些交易涉及发电和配电公司、国家电信运营商、石油化工企业、一家银行以及多个港口。相关法律声明此举有三项目标：减少国家干预以促进经济中的竞争、筹集资金，以及提高资本市场的效率。不过，增加政府财政收入向来是重要动机之一。2005年，土耳其电信（Türk Telekom）将55%的股份出售给黎巴嫩人所有的奥杰电信（Oger Telecom）。该举成为标志性的重大举措，是当时土耳其历史上引入的最大一笔外国直接投资（65.5亿美元），其目的是在公司上市前引入一个私人股东，以促进生产率和服务质量的提高，并增加随后的IPO（首次公开募股）所能筹集的资金。此次出售为土耳其电信创造了近30 000名新的国内中小投资者，而且政府仍继续持有该公司31.68%的股份。

私有化成功吗？

　　私有化浪潮是否成功，评价褒贬不一。

　　看一下英国这个先驱者的经历。由于早期的裁员，很多私有化企业经测算的生产效率迅速提高。自 1980 年以来，英国钢铁行业的就业人数下降了 75% 以上，而且仍在下降。该数字在铁路行业下降了三分之二，在电力行业下降了一半，在水务行业也下降了几乎同样的比例。资产出售使得大规模关闭高成本的生产设施成为可能。如图 3.4 显示，在最初的 15 年中，英国公用事业大幅缩小了之前与美国、法国和德国的劳动生产率差距，而后两个国家在一定程度上也赶上了美国劳动生产率的领先水平。

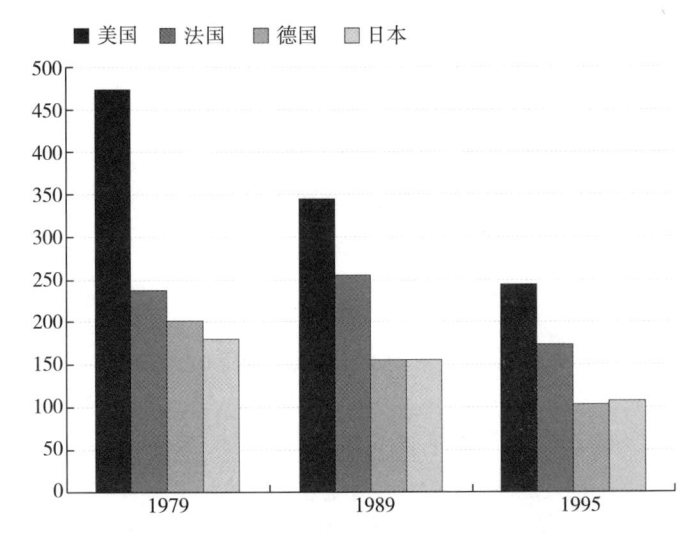

图 3.4 1979—1995 年各国电力、天然气和水务部门劳动生产率比较
（以英国的劳动生产率为 100）

资料来源：Nick Crafts。

然而，由于私有化了的企业受到降低成本的激励，大规模的裁员可能导致在安全和维护方面有所退步。铁路行业就有这样一个例子，即 2000 年在英国发生的哈特菲尔德（Hatfield）列车相撞事故。这起事故的部分原因在于企业为节省成本而对轨道缺乏维护，该事件推动了轨道运营商的重新国有化。同样地，美国的国家铁路

客运公司作为一家面临巨大财务压力的准公共企业，出现了一系列由于维护费用不足而导致的事故。毫无疑问，虽然在私有化之前很多公用事业企业人员冗杂，但是由于没有硬预算约束，公有的公用事业企业或许能雇用更多的人员从事维护和安全工作。

工作岗位的流失严重打击了英国强大的公共部门工会，这也实现了撒切尔政府的一个关键政治目标。然而，人们并不清楚管理质量是否像预期的那样有所提高。公共部门的管理人员变成了薪酬高得多的私人部门管理人员，但是通常的情况是同样的人还在干同样的工作。很多公司受到收购其他企业的诱惑，做出了一系列错误的收购决策，随之而来的就是坏账冲销和变卖处置。相比于监督下水道更换项目，在董事会会议室里与投资银行家密谋收购事宜，或者当个空中飞人穿梭在不同城市之间，显然更有诱惑力，但客户和股东就无法从中受益了。市场纪律并没有提升管理质量，接受私有化的企业在股票市场的表现大大逊色于市场平均水平。

总的来说，消费者或许能从私有化中获益。与过去糟糕的状况相比，客户服务有所提升，尽管无论如何服务终究会有所改善。自1980年以来，英国私有部门提供的商品和服务的价格指数大体上与一般价格变动相同。在这些行业中，劳动力成本有所下降，并且通常是大幅下降，但资本成本和其他的成本上升了，其原因因行业不同而不尽相同。例如，科技进步降低了电信设备的价格，移动通信的出现则为该市场引入了竞争。电力和天然气的价格有所下降，但铁路和公共汽车的票价却上涨了。事实证明，人们对私有化会削弱普惠服务或导致贫民家庭费用增加的担忧，很大程度上是没有道理的。不过正如下文讨论的，由于公用事业市场缺乏竞争，人们一直担忧的是消费者是否真能得到好处。

就对政府财政的贡献而言，从1979年到1997年英国来自私有化的收入平均不到政府收入的2%。即便在私有化浪潮达到顶峰时，这一占比仍然很低。除了贡献较小，为获取一次性收入而出售原则上能产生持续回报的资产，只能作为解决政府预算问题的权宜之计。身份高贵的前保守党首相哈罗德·麦克米伦（Harold MacMillan）抨击他的继任者玛格丽特·撒切尔"贱卖了家中的银器"。

20世纪80年代，伴随着浮夸的广告宣传运动，公共企业在股票市场上激动人心的上市确实在一开始就扩大了英国个人持股的规模。但接下来大多数股票流入持有其他英国公司股票的保险公司和养老基金手中。如今，前国有化公司和其他公司的股权结构没有太大差别。尽管当时很受欢迎，但个人持股的效果并不持久。英国电信（British Telecom）超过90%的有持股资格的员工都购买了本公司的股票，这一定令工会领导懊恼不已。就总人口来说，持有股票的个人的比例仅为12%，大型投资机构继续持有大部分股份。近年来，私有化大多采取了直接出售的形式，出售对象是其他公司、经理人或私募股权公司，而非个人股东。

根据英国私有化的经验，即便那些最初看起来明显取得了成功的公司，如英国钢铁、英国电信、英国航空公司和大东电报局，最终在各个方面也令人失望。英国钢铁，即后来的康力斯（Corus）和塔塔集团，成为全球管理最好、成本最低的钢铁生产商之一，但在一个充斥着低价钢铁的世界里，这并不足以维持生存。该公司现在正面临收缩、出售或关闭的威胁。英国电信（现在也称BT）凭借其宽带子公司Openreach仍然占有重要的市场地位，而且移动通信市场正变得越来越集中化，虽然服务质量毫无疑问有了改善，电信技术也发生了转型，但人们仍然对这一领域的竞争怀有忧虑（见专栏3.5）。通过集中精力于成本控制、市场营销以及最根本的客户服务，英国航空公司最初可以领先于欧洲其他航空公司，但在竞争激烈的市场环境中，它也像很多之前的国家航空公司一样举步维艰。英国航空现已被并入国际航空集团（International Airlines Group）。专栏作家约翰·凯（John Kay）总结了这一问题的关键："所有私有化的公司在一开始都是落后的。如果你打算创办一家成功的私营企业，你不应从水力局、电力局或某一个政府部门开始。你最好从零开始，沃达丰（Vodafone）开始运营时正是英国电信私有化的时候，但如今前者规模更大、效率更高，管理质量也更受好评。"

专栏3.5 英国电信公司的经验

20世纪70年代末，人们为安装电话要排队等待很久。提供这项服务的国有邮政局需要进行投资，通过引入数字技术实现系统的现代化，但是因为企业的国有性质，此项投资会增加政府所需的借款，因此未被许可。

在英国电信被私有化之前，1981年的《英国电信法案》规定可以将它从邮政局中分拆出来。该法案还允许其他运营商运营电信系统，从而结束了自1912年该行业被国有化以来一直存在的垄断状态。英国电信仍有义务为英国全境提供服务，并且保留一些不盈利的业务，如999紧急服务电话。

英国电信在上市的第一阶段筹集了40亿英镑，接着又在1991年和1993年的两个阶段各筹集了50亿英镑。仅仅第一批股票就比英国史上任何一次证券交易所股票发行的总数大6倍。这次发行获得了超额认购，96%的员工购买了股票。

排队安装电话的等待时间从6个月迅速缩短至不到两个星期，而等待的人数从1981年的12.2万人下降到1984年的2 000人。服务质量大大提升，如故障维修所需的时间急剧下降。劳动人数从23.8万人下降到1999年的12.5万人，由此衡量的劳动生产率也迅速提高了。工会的影响力下降，而管理层的薪酬上升。投资支出增加了三分之一以上，1984年至1991年间的投资高达150亿英镑，在几年间主干网络和很多交换机都实现了数字化。

该公司大幅提高了利润，因此随着X的稳步增加，RPI-X公式也得到了调整。在1984年至1991年期间，客户支付的通话费用按实际价格计算下降了20%。不过，在其他没有经历所有权变更的国家，通话费用也在下降，而且还在继续下降。

总而言之，英国电信被视为最成功的私有化项目之一，但对结果的评价取决于反事实的推测。这一市场一开始竞争并不激烈，后来竞争变得激烈是因为技术变革和移动通信的快速普及。由于控制着主干网线路的自然垄断企业Openreach，英国电信仍然具有垄断地位，因此不断被竞争对手指责滥用其市场势力。英国电信向竞争对手收取的接入价格是受到管制的，但竞争对手仍然声称其反应迟缓、服务糟糕，并因此使竞争对手在市场上处于劣势。更重要的是，英国电信的大部分利润来自下属的Openreach的业务。

与此同时，尽管英国移动通信市场最初有效地促进了与英国电信的竞争，但随着连续的合并，市场本身也正在变得日益集中化。实际上，英国电信在2016年收购了大型移动运营商EE，而EE自己则在2010年收购了Orange。

总结以上经验，英国由公共所有的各种产业，在相对较短的时间内几乎完全分成了两类。其中一类已经完全被纳入私人部门，与其他类似企业一样在竞争性市场上经营，要么繁荣，要么衰落。正如上文中提到的，很多企业因为身处高度竞争的全球市场而遭遇失败。另一类由具有自然垄断性质的各种服务业组成，是国家经济中重要的基础设施。

自然垄断：难以逃避的困境

RPI－X 公式的创立者、经济学家斯蒂芬·李特查尔德（Stephen Littlechild）认为，在引入市场竞争之前，对新的私有化企业的管制只是权宜之计。他写道："竞争无疑是保护消费者免受垄断势力影响的最有效手段，或许也是唯一有效的手段。政府管制本质上是为了避免严重的过度垄断，但它并不能代替竞争。在竞争到来之前，它起到的是'坚守阵地'的作用。"然而，由于竞争在一些行业中无法产生或维持，对自然垄断性质的网络型产业的管制就变得越来越繁杂。即使由私人所有或在某些情况下在国外公开上市，这些经济部门仍然与政府完全纠缠在一起，事实上也受到了越来越多的严格监管。

管理层的自由度加上硬预算约束（即政府真的有意愿让这些公司倒闭）改变了正准备私有化的企业的文化。然而，决定经济效率的不仅仅是企业资产的所有权，还有竞争环境存在与否，以及监管在竞争无法生根的自然垄断状态中是否有效。

随着时间的推移，人们越来越清楚地认识到，私有化并不一定意味着脱离政治。从 1979 年到 1997 年，尽管英国保守党政府由于意识形态的原因承诺要让国家退出企业经营，但后来的政府并不打算继续这一路线。况且，所有的政客都难以不干预对消费者至关重要的经营活动，尤其在监管的必要性为他们提供了一个明显的干预理由时。所有私有化的公用事业企业在经营方面都曾遭遇过多的政治干预，其实这也正是它们的所有权结构仍为公有制时面临的问题。也就是说，关键不在于资产的所有权，而在于治理方式以及与当选的政客的关系。

无论是国有还是私有，自然垄断企业总要肩负提供公共服务的义务，而这可能与经济效率冲突。因此，它们一直需要监管。政客总是关心这些企业的表现、服务质量以及收取的基本服务的价格。对自然垄断行业来说，上市公司的模式并不是特别有效。在某些情况下，比如英国的铁路和水务行业，政府可能正在放松管制。

原因有如下几点：

- 无论是上市公司还是股权由私人所有，自然垄断产业中的私有产权结构都不具备正当性。在受管制的市场经济中，经济事务的权威要么来自竞争性市场上的成功，要么来自对政治程序的问责。垄断公共服务的私营公司两者都不具备。
- 目前并不清楚，如果私人提供公用事业服务遭遇失败，将会发生什么情况。对股东的责任和治理规则与提供干净的饮用水或维持电力供应等紧迫的公共利益并不一致。
- 对于受监管的公用事业来说，私人企业的资本成本往往过高。一些私有化的企业正在将其受监管的业务分离出去，因为它们不能在与竞争性业务相同的财务模式下运营。政府的借款成本可以比企业更低，因此从财务的角度为公用事业的公有制辩护是相当有说服力的。
- 对股东或投资者负责的管理人员与对政客和选民负责的监管者之间的谈判往往不会很顺利。公司治理是很重要的，在一些公用事业领域，选民明显感觉其间的平衡过于向经济回报倾斜，而偏离了公共利益。

对于一些新企业是否应该像公用事业那样予以管制，目前还存在争议，因为这些服务对现代经济来说实在太重要了（见专栏3.6）。同样的老问题再次以新的形式出现。

> **专栏3.6 新的自然垄断？**
>
> 一些大型数字平台在多大程度上属于自然垄断，从而应该予以更严格的管制？人们为此展开了激烈的辩论。这些平台有时被称为GAFAM，即谷歌、亚马逊、脸书、苹果和微软的首字母组合。有些人认为这些数字市场已经变得非常集中，因此应该像对电力或自来水公司那样，对其价格和服务质量进行监管。例如，全球超过三分之二的在线广告收入流向了谷歌和脸书。传统的规模报酬递增加上同样重要的网络效应，共同解释了数字市场为什么会变得如此集中。例如，一个社交媒体网络拥有越多的成员，它就越有用。然而，认为必须对数字平台进行监管的观点也受到了激烈的反对。另一些人指出，当前占主导地位的平台未来有可能会被拉下王位，就像谷歌打败雅虎或脸书打败MySpace那样，它们也曾击败上一代公司，取得王者地位。

公共所有制的未来

约翰·凯观察到："公用事业的国有化虽然不是一项成功的政策，但也不是纯粹的任性而为。导致国有化的问题并没有消失。"

正如第七章将要讨论的，政府服务外包也面临着类似的问题。20世纪80年代后期，英国率先掀起了将国有企业的生产性资产予以私有化的浪潮，然而，如今越来越多的人开始质疑此项政策。

民意调查显示，大多数人支持将铁路和水务等关键的网络型产业重新国有化。有些尖锐的报道指出，公用事业企业从中攫取财富，却没有投资于未来的网络建设。由于对其价格或服务的关注，人们对受管制的自然垄断部门（比如电力行业和部分电信行业）的定价及其监管细节的政治兴趣日益浓厚。

在重新评价这场公共辩论的时候，经济思潮已毅然偏离了自由市场和国家的收缩，转向强调政府的重要作用不仅体现在确保市场的良好运转，还包括更积极地参与经济生产。

产业战略回潮

有一个政策领域的转变显而易见，即人们重新认识到产业政策或产业战略的作用。本章前面曾谈到，20世纪60年代和70年代，英国的很多国家高科技冠军企业最终都走向了衰落。这一经历让英国的政治家和官员刻骨铭心，使他们对"挑选胜利者"的厌恶情绪持续了很久，因为他们最终变成了"失败者的支持者"。英国的经验与欧洲其他一些国家形成了鲜明对比，后者对政府需要在经济生产中发挥战略作用有一致共识。东亚属于另一种情况，一些东亚国家和地区采取了明确的出口导向型产业政策，目的通常是跻身科技前沿或在重要的新技术领域取得领先地位。美国的做法又有些不同，它虽然没有产业政策这一说法，但正如下文所述，绝大多数部门认识到政府在推动关键产业方面具有战略性作用。

尽管有充足的证据表明，政府过去在支持注定失败的国家冠军企业或进行无用的投资方面都犯下了错误，但经济学界关于产业政策的观点一直在变化。尽管很少有人认为政府应该像过去那样拥有和经营如此之多的产业，但人们已越来越多地认识到，单靠私营企业无法对所有复杂的和不确定的新技术进行投资，也无法协调新产品的开发。私人部门有时的确可以做到这一点，并且通常可以做到，熊彼特的创造性破坏理论已经反复证明了上述观点的正确性。

然而，当今很多位于技术前沿的创新需要在基础研究方面进行大量投资，并且可能需要在很多方面进行大量的协调，比如提供技术标准、法律和监管框架、为政府本身就是大客户的市场提供服务，或者为诸如环境（见专栏3.7）或者医疗保健等具有显著外部性的市场提供服务。政府具有至关重要的战略和协调作用。东亚经济体和中国等国家一直持有这样的看法，而很多欧洲国家和美国一直在使用产业政策，尽管它们不这样讲。如今，作为自由市场经济堡垒的英国和一些国际机构也开始认识到产业政策的优势。英国保守党政府在2017年公布了明确的产业战略。这个例子再一次证明历史事件、政治和经济思想之间存在着重要的联系。

专栏3.7　案例：绿色产业政策

大多数经济学家认为，如果全世界想要限制二氧化碳排放量以控制全球气温上升，各国势必要推动某些领域的技术进步。尽管经济学家大体上对产业政策持怀疑态度，因为有证据表明过去的很多干预措施均目标有误或效果不佳，但现在很多人认为鼓励绿色技术的政策是必不可少的。丹尼·罗德里克（Dani Rodrik）认为，由于绿色技术存在很强的外部性，私人投资者无法占有这些技术或将其变现，因此政府必须为其提供支持。尽管社会回报率很高，这类投资的风险远远超出私人部门所能承受的范围。此外，由于碳排放的定价过低，这进一步减少了潜在的私人回报。他指出，中国、德国、印度和美国这几个国家都设立了重要的绿色增长计划，为企业开发相关技术提供各种支持。中国投资数十亿元人民币建成的太阳能发电项目使得中国成为光伏发电领域的全球领导者（见下表），同时降低了中国出口贸易伙伴国的太阳能发电价格。

2005—2010 年各经济体光伏发电量

年份	中国	中国台湾	日本	德国	美国	其他	世界
2005	128	88	833	339	153	241	1 782
2006	342	170	926	469	178	374	2 459
2007	889	387	938	777	269	542	3 801
2008	2 038	813	1 268	1 399	401	1 207	7 126
2009	4 218	1 411	1 503	1 496	580	2 107	11 315
2010	10 852	3 639	2 169	2 022	1 115	4 248	24 047

注：以兆瓦为单位。

资料来源：Deutch and Steinfeld (2013)。

罗德里克得出的结论是，由于政府对未来并非无所不知，产业政策必然会遭遇一些失败，所以对政策制定者来说，真正的挑战在于能够监督进展并迅速改正错误。例如，对未能实现出口目标的企业，韩国政府毫不留情地取消了相关补贴，这正是这些国家成功的关键。同样重要的是，借助专业机构以摆脱日常政治的掣肘。美国国防部高等研究计划局（DARPA）专门为研究工作提供专业和高效的资助，堪称这方面的典范。

Dani Rodrik (2014), "Green Industrial Policy," *Oxford Review of Economic Policy* 30, No. 3 (October): 469–491.

产业政策的目标

政府在采取一项产业战略或政策时，试图解决哪些市场解决不了的问题？这里列举了几种可能出现的市场失灵。

- 对于私人投资者来说，新技术的不确定性太大，除非确信政府提供支持，否则他们无法对其进行投资。当存在巨大风险时，公共投资可以"挤入"私人投资。此时，由于某些未来商品和服务的市场是缺失的，专栏 1.4 中的假设条件 A6 不成立。
- 可能还存在其他市场缺失的情况，比如由于信息不对称，无法为初创企业提供贷款，因为相比于企业家自己，潜在的投资者对新技术或新业务的前景了解得不多，即假设条件 A4 不成立。
- 当固定成本较高，行业存在规模经济时，市场可能无法成长至有效生产的最小规模，即假设条件 A3 不成立。
- 在提供技能和专有技术或制定技术标准方面，市场需要协调，而且只有政府拥有将相关各方召集到一起的权力。企业在做出这些决策时存在外部性，因此假设条件 A5 不成立。
- 由于存在搭便车现象，私人部门对通过研究获得的基础性知识这一关键的公共品投资不足，即意味着假设条件 A8 不成立。

发达经济体有可能存在着某些日益严重的市场失灵。例如，数字产业由于固定成本较高而存在规模经济，即额外增加一单位的软件销售或平台用户，边际成本可能近乎零。最初只有美国拥有主导市场的数字公司，但如今中国企业异军突起，这主要是因为其庞大的国内市场和政府为实现国家的成功对其提供的大力支持。专有技术对先进技术领域来说是非常重要的，这种知识不容易形成文字或从阅读中习得，而是需要面对面的交流和有利于思想探索的环境。政府通过资助基础研究和应用研究，在创建卓越的高科技产业集群过程中发挥重要作用，这些产业集群通常都位于大学或研究机构附近。技术发达的经济体的上述特征，使一些经济学家重新开始重视产业政策的作用。

然而，产业政策并没有一个确定不变的定义，也不是基于某一特定的经济理论。政府很多调控经济的举措都会影响企业的创新或投资决策。政府可供选择的政策有很多，包括：

- 减税、津贴、补助
- 通过资助实习和教育项目进行培训
- 政府资助研发，包括对基础研究提供资助
- 通过政府采购保障产品或服务的销售
- 为初创企业提供财务担保，使之能够获得银行贷款或私人投资
- 咨询/技术支持服务
- 出口信贷担保
- 基础设施投资

因此，在不采用公共所有制和公共管理的情况下，产业政策有很多潜在的工具。但是，除非政府有意为之，将注意力投向服务于重大社会需求的某些产业，如减少二氧化碳的排放或应对看护老年人口的挑战，或者引领新技术前沿（如人工智能或无人驾驶汽车），或者为构建历史性的国家比较优势提供支持，否则并不是正式的产业战略或产业政策。相反，如果在没有形成明确的战略目标的情况下使用这些工具，这种做法极有可能是在浪费纳税人的钱。

与很多国家一样，英国以一种特别的方式将所有类型的政策混合使用。有时它们等同于针对某一特定部门的产业政策，尽管人们从未这么说过。以制药业为例。政府通过资助基础医学研究为其提

供帮助,并通过国家医疗服务体系成为其产品的重要购买者。2013年,英国出台了一项名为专利盒(patent box)的税收减免政策,大幅降低了来自专利所得的企业所得税税率。这项政策在另外几个欧洲国家同样得到了应用。该政策在英国几乎只令制药业受益,目的在于阻止大型制药公司将研究岗位移往海外。金融业是另一个因英国无意中推行的产业政策而受益的产业,它得益于放松管制和对服务于伦敦金融中心的伦敦金融城(City of London)和伦敦金丝雀码头(Canary Wharf)进行大规模的基础设施(如轻轨和机场)投资。

不幸的是,英国在推行明确的产业政策时,反而经常会出错。例如,英国是商业化利用核能的先驱,但它选择了发展与其他国家不同的反应堆类型(AGRs,先进气体反应堆),结果就是它不能利用其优势向其他国家出口设备或专有技术。1978年,当重启反应堆时,政府的做法使情况变得更加糟糕,政府又投产了两座AGR,却表示随后将转而使用在美国和其他地方广泛使用的轻水反应堆。这一行动使该行业面对巨大的技术不确定性。然而,这还只是政府政策失败的案例。更令人尴尬的失误是,比如投资1亿美元用于生产与英国商人约翰·德罗宁(John DeLorean)同名的汽车。该款未来主义风格的汽车只在电影《回到未来》(*Back to the Future*)中出现过,而创始人德罗宁最终因涉毒而被联邦调查局逮捕(后来被无罪释放)。当初的德罗宁公司(DeLorean Company)于1982年破产。英国重要的产业政策乍看上去似乎只是为了拯救一些陷入困境的大型企业或者注定失败的无望者。

相形之下,欧洲其他国家始终致力于建立产业政策,尽管它们的形式随着时间推移发生了变化。例如,法国在战后以产业为基础对汽车制造等重要产业和核电、航空、电信等先进技术产业的支持，现在已演变为一种更加横向的全面推动创新的政策。正如上文所述，法国一度热衷于将以前的公共垄断企业私有化，但如今政府政策的重点已经转向在专门设立的地点鼓励研究和创业，即发展竞争力集群（*pôles de compétitivité*）。法国还仿照美国的国家科学基金会，建立了新的国家科研署（ANR）。另外一个值得一提的国家是日本，明确的产业政策对其战后崛起发挥了重要作用（专栏3.8）。

> **专栏3.8　日本的产业政策**
>
> 　　自第二次世界大战以来，日本政府通过中央机构实施了明确的产业政策，其中包括著名的通产省（MITI，自2001年改为经济产业省）。战败后，日本的GDP仅为战前水平的一半左右，而在美国占领期间，日本实行的是有计划的经济。1949年，日本开始由计划经济向市场经济过渡，但仍制定了一系列政策，旨在确保该国能在以出口为导向的新兴产业中取得成功。这些政策包括向出口商提供贷款、为投资新设备提供税收减免，以及为研发提供补贴。经过二十多年，日本经济飞速增长，电脑和汽车等战略产业的表现尤其出色，日本出口制造商取得了巨大成功。就生产率而言，日本几乎赶上了美国。但到了20世纪80年代，由于日本的巨额贸易顺差，美国强烈谴责日本的相关政策。随后，1991年大规模的资产泡沫破灭，日本经济陷入了长期的缓慢增长乃至停滞。在这一时期，产业政策转向强调结构性经济改革，以实现金融和就业市场的自由化，并将重点放在支持产业集群以促进区域增长。尽管随着时间推移，政策内容随经济变革发生了重大的变化，但日本历届政府都坚信产业政策的作用。

美国和日本人均 GDP 的对比

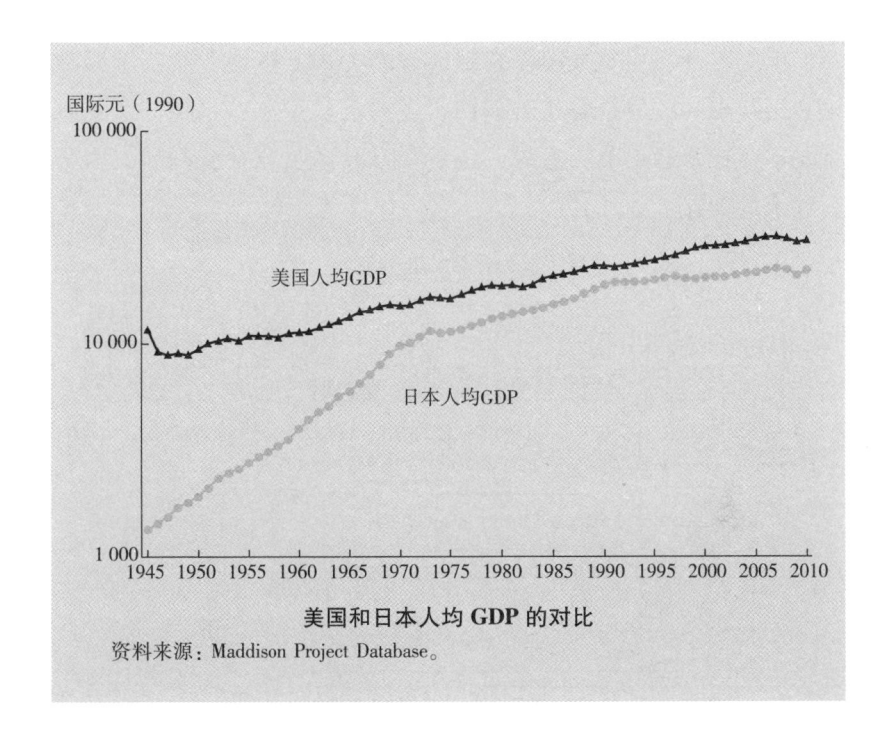

资料来源：Maddison Project Database。

美国也提供了极为成功的产业政策的案例，尽管人们很少这样认为。美国通过资助科技和医学领域的基础研究以及国防研究和政府采购这两种机制，确保其企业在遗传学、数字技术和机器人技术等基础技术领域居于世界领先地位。例如，美国军方资助研究的项目为互联网和全球定位系统提供了大部分的基本架构。这些技术造福了全世界，但是美国企业率先取得了不可动摇的领先地位。玛丽安娜·马祖卡托（Mariana Mazzucato）强调，苹果公司等美国大型科技企业（图3.5）以及私人企业的成功离不开政府的支持。最近，美国国立卫生研究所（National Institutes of Health）的资助则推动了重大的遗传学发现和商业化生物技术产业的繁荣。国家和市场共同实现了这些创新。

正如国有化和私有化等类型的国家干预一样，产业政策的理论和实践也曾经历过起伏。如同很多经济政策领域一样，产业政策既不存在永远正确的边界，也总要涉及政治或社会判断，因为利弊永远共存（表3.4）。

苹果手机为什么如此智能？

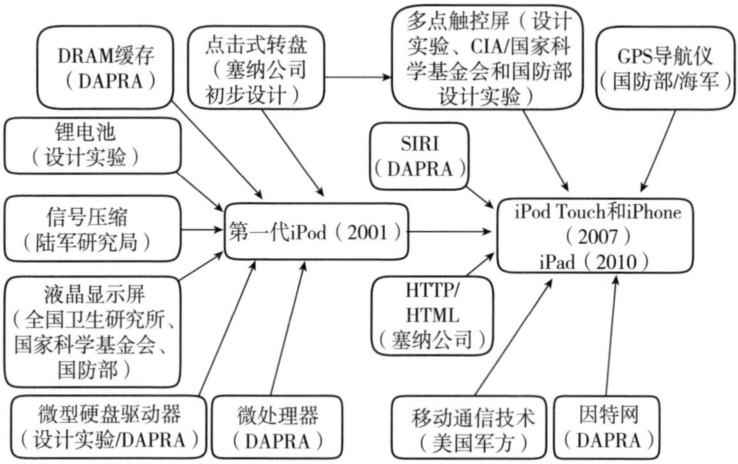

图3.5　政府资助的研究对苹果旗舰产品的贡献

资料来源：Mariana Mazzucato, *The Entrepreneurial State*。

如果承认产业政策可以并且应该用来解决重大的市场失灵问题，那么应如何避免以往的政府失灵再次出现呢？除了一些显而易见的保障措施，比如政府应当使用科技专有技术和采购技巧等必要的技能，还应把握以下两个关键原则：

一是确保竞争法发挥效力，只有在明确规定的情况下，国家才可以扶持大企业。在欧洲，欧盟借助于《国家援助法》（State Aid Rules）来强制执行这一规定。例如，政府对企业的财政支持条件应该与商业贷款条件类似。这项政策如果在20世纪70年代得以实施，英国政府就不会把纳税人的钱浪费在管理不善、生产效率低下的企业身上。这些企业所在的产业是不具备国际竞争力的。竞争政策还必须确保新的私营企业可以进入市场并且能够发展壮大,前提条件是它们拥有更优异的新技术。以更好的技术或更高效的生产方法为条件,它们必须获得击败那些受政府支持的竞争对手的能力。

表 3.4 产业政策的利弊

支持的观点	反对的观点
由于不确定性和制定技术标准等方面需要进行必要的协调,国家需一直介入重要的新技术的研发	没有政府帮助,很多新技术也可以推向市场
政府有义务资助基础研究和关键技能,因为私人部门无法提供足够的公共品。市场缺失、信息(information gap)和公共品供给不足等现象十分显著	政府会把钱浪费在不切实际的创新想法或失败的企业上
政府通过很多途径影响经济,为什么不利用这些工具服务于战略目标,或者至少将它们整合起来呢?	在以往的产业政策中,政府无能的案例不胜枚举,官员并不比企业家知道得更多

第二个原则是把产业政策的重心主要放在提供研究、教育和培训、基础设施等公共品和发挥政府协调作用方面。换言之,产业政策应着力解决由于具体的市场失灵导致公共品供给不足的问题,如基础研究、信息不对称和与新产品有关的不完全市场。尽管有时减税或补贴可能是正确的举措,但是如果这种好处显而易见,企业就会转而努力游说并以牺牲其他竞争者的利益为代价。只有公共部门和私人部门中的每一个人为了共同的目标一起努力,经济中的创新和增长才更有可能实现。

结论

本章描述了政府在生产过程中的角色经历的转变。它们曾试图改变某些产业的所有权和管理权、监管由私人所有的关键产业,即具有自然垄断性质的公用事业部门,或制定鼓励创新和产业发展的政策,这些政策涉及的产业通常是技术领先者,或者被认为对国家战略或其他目标有至关重要的作用。世界各国经过长时间的、不同类型的理论和实践之后,达成了一个明确的认识,即我们面临的是无法避免的困境或妥协,没有什么政策解决方案能够永远正确且放之四海而皆准。

扩展阅读

补充的技术性文献

J. - J. Laffont and J. Tirole (1993), *A Theory of Incentives in Procurement and Regulation*, MIT Press.

J. Sutton, (2007), "Market Structure: Theory and Evidence," chapter 35 in *Handbook of Industrial Organization*, *Volume* 3, eds. M. Armstrong and R. Porter, North - Holland.

经典文献

Alfred Kahn (1970), *The Economics of Regulation*: *Volume 1 - Economic Principles*, John Wiley.

Martin L. Weitzman (1974), "Prices vs. Quantities," *Review of Economic Studies* 41, no. 4 (October): 477 - 491, http://www.jstor.org/stable/2296698.

国有化与私有化

B. Borlotti (2011), "Privatisation in Western Europe - Trends and Issues," Policy 27, No. 4: 517 - 535, policydialogue. org/files/publications/Privatization _ Bortolotti. pdf.

Dieter Helm (2011), "The Sustainable Borders of the State," *Oxford Review of Economic Policy* 27, No. 4: 517–535.

John Kay (2002), "20 Years of Privatisation," *Prospect* (June), http://www.johnkay.com/2002/06/01/twenty-years-of-privatisation.

J. Kay and D. Thompson (1986), "Privatisation: A Policy in Search of a Rationale," *Economic Journal* 96, No. 381:18–32.

W. Megginson and J. Netter (2001), "From State to Market: A Survey of Empirical Studies of Privatization," *Journal of Economic Literature* (June): 321–389.

A. Shleifer (1998), "State versus Private Ownership," *Journal of Economic Perspectives* 12, No. 4: 133–150, http://scholar.harvard.edu/files/shleifer/files/state_vs_private.pdf.

对自然垄断的管制

Stephen Littlechild (2003), "Reflections on Incentive Regulation," *Review of Network Economics* 2, No. 4.

Jeff Makholm, Laura Olive, and Max Luke (2018), "Incentive Regulation in the United States: Current Trends and a Look Back," NERA, https://www.nera.com/content/dam/nera/upload/DES_Incentive_Regulation_PBR_0818.pdf.

产业政策

Mariana Mazzucato (2016), "From Market Fixing to Market-Creating: A New Framework for Innovation Policy," *Industry and Innovation* 23, no.2.

Alberto Mingardi (2015), "A Critique of Mazzucato's Entrepreneurial State," *Cato Journal* (Fall), http://object.cato.org/sites/cato.org/files/serials/files/cato-journal/2015/9/cj-v35n3-7.pdf.

Geoffrey Owen (2012), "Industrial Policy in Europe since the Second World War: What Has Been Learnt?," LSE Occasional Paper (February), http://eprints.lse.ac.uk/41902/.

Dani Rodrik (2004), "Industrial Policy for the Twenty - First Century," KSG Working Paper No. RWP04 -047 (November).

Joe Studwell (2013), *How Asia Works: Success and Failure in the World's Most Dynamic Region*, Grove Press.

第四章　公共选择

人们通常认为市场和政府是两种相互竞争的经济组织方式，实际上两者并不是相互排斥的。前几章的讨论表明，既需要竞争性市场，也需要政府以实行监管、组织生产和协调行动的形式进行干预。市场和政府并不能涵盖所有的组织形式。本章将讨论与组织集体行动有关的其他类型的经济制度，以及为何这些制度与外部性和公共品问题有特别密切的联系。

这些组织经济活动的替代形式凸显了社会因素对经济的重要性。就促进公共品供给机制有效运转或成功管理某项公共事务的可能性而言，社会资本或信任非常重要，因为它在一定程度上缓解了搭便车的问题。社会规范和社会影响都会对人们的偏好产生作用，有时是以积极的方式，比如吸烟的减少和创新的传播，有时是以消极的方式，比如犯罪浪潮和通过购买奢侈品来彰显其社会地位的"军备竞赛"。最后，所有的分配机制，无论是政府、市场还是社会团体，如果要具备正当性进而切实有效，就必须保证公平。有时人们认为公平比经济效率更应得到优先考虑。

本章从公地悲剧开始讨论，这一概念通常应用于具体的环境问题，但如今在现代经济中得到了广泛的应用，因为现代经济的特点使其也被视为一片数字化的公地。创造这一著名词语的生态学家加勒特·哈丁（Garrett Hardin）认为，私有制和政府监管在解决公地悲剧时是相互排斥的，但本章介绍的埃莉诺·奥斯特罗姆（Elinor Ostrom）的著作表明，实际上非政府的集体组织可以成为比国家政策和市场解决方案更有效的管理公共资源和外部性的方法。她提出的设计原则指出，集体自我管理有可能有效地解决这些问题。那么，这种既非个体化的市场决策也非政府干预的自发组织何时能够奏效？有最大的可行规模吗？什么样的生产技术或经济环境会使这种集体组织的效果变得更好或者更糟？

本章接下来讨论对于任何形式的集体组织，无论是政府、市场，还是人们聚集在一起自发组织的经济和社会机构，都需要社会规范和信任才能正常运作。本章着眼于社会资本及其他社会影响对偏好的作用，正如著名的德国经济学家阿尔伯特·赫希曼（Albert Hirschman）主张的"退出、呼吁与忠诚"以及地位性商品（positional goods）强调的。本章旨在摒弃市场与政府这种错误的二分法，从而为增进社会福利提供更丰富的政策选择。

公地悲剧

1968 年，加勒特·哈丁在《科学》杂志上发表了关于公地悲剧的论文，这篇文章产生了深远的影响。之前亚当·斯密认为孤立且利己的个体选择可以共同形成理想的社会结果。哈丁却提出了相反的观点，即个体的理性选择会导致巨大的社会成本。他思考的问题是，由于理性的个体决策会产生外部成本，公共资源将被过度利用。假如一个农民在公共牧场放牛，对他个人而言这些牛可以无偿吃草，但其他人的牛能吃到的草就减少了。然而，只要其他人都可以在公共牧场放牧，没有一个农民会愿意减少放牧次数，以便牧场休养生息。结果自然就是过度放牧。尽管个体成本小于个体收益，但社会成本大于这些个体收益之和。同样的公共资源缺少照料的现象随处可见，比如没有人费心去捡住宅区中心公共花园里的垃圾、对海洋的过度捕捞、浪费所有人注意力的群发垃圾邮件等。

　　哈丁的论文如一声惊雷，轰动了整个环境学界，使得很多环保活动家认为，如果任由市场力量支配，自然资源将无法得到安全的保护。这篇文章阐明的是一种普遍现象。20世纪60年代末，各大洋的鱼类资源已出现严重枯竭的迹象，而从70年代开始，越来越多的国家声称有权在距其海岸线200英里（约322千米）以内的区域捕鱼，而非之前的3英里（约4.83千米）。世界上一些地区开始实行配额制度，但由于传统的捕鱼方式被弃用，经常导致更严重的后果，而且这仍不足以阻止因过度捕捞而造成的鱼类资源枯竭（图4.1）。在亚马

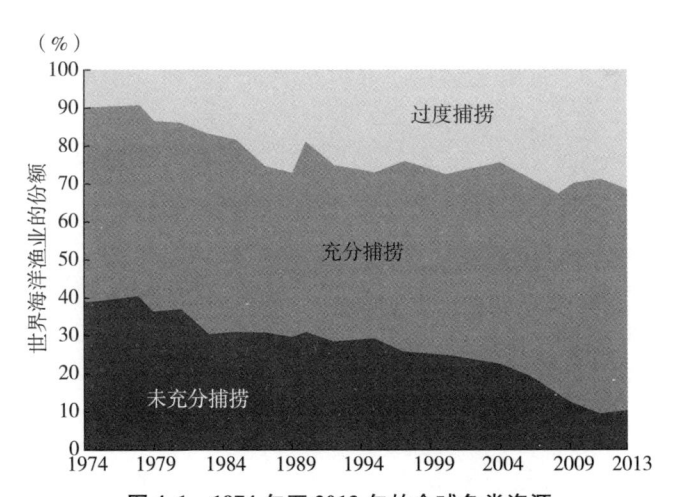

图4.1　1974年至2013年的全球鱼类资源

资料来源：世界银行集团（World Bank Group），"回看沉没的数十亿：全球海洋渔业的进展和挑战"（The Sunken Billions Revisited: Progress and Challenges in Global Marine Fisheries），https://openknowledge.worldbank.org/handle/10986/24056。

孙河流域等地区，由于乱砍滥伐导致对公共土地和私人土地的过度开发，大片森林正在消失。也许最明显的例子是地球大气，每个人都向大气中排放温室气体和污染物，自己却几乎无须为此付出任何代价。同理，从未经处理的污水到各种塑料制品，很多废弃物都被倒入海洋，这对海洋生物造成的破坏越来越严重。

哈丁认为有两种截然不同的方法可以解决公地悲剧。一种是转让公共资源的所有权，使其成为私有财产。正如罗纳德·科斯指出的那样（见第一章），这样外部性就可以内部化，市场运行因而可以产生有效率的结果（专栏4.1）。回想一下，考虑到政府界定和分配产权，并通过司法体系强制实施这些权利，这时称某一市场乃至任何市场是自由的，实属用词不当。即使一些外部成本仍然存在，例如自家的牛闯进别人的土地，个人之间的科斯交易或借助于司法体系原则上都可以解决这类利益冲突。

然而，创设私有产权有可能引发争议，而且冰岛和厄瓜多尔等国家的宪法禁止将自然资源私有化。哈丁认为，剩下唯一的选择就是让某一公共权力机构确定公共资源的使用规则，或者监管公共资源的使用。有以下几种可能的方法：

- 拍卖使用权，以许可证的形式创建临时的私人产权。在很多国家，这种方法被用于对无线电频率这一公共资源的管理，因为如果不加以控制，对某一频率的使用可能会干扰相邻的频段。
- 根据其他一些原则授予使用权，如功绩或传统，又或者作为受照顾人群的成员。例如，很多国家习惯于授予传统捕鱼权。
- 根据抽签授予使用权。
- 建立排队系统。地方政府经常通过这种方式分配小块土地的租约，英国免费的国家卫生服务体系的分配也采用了这种方法。

哈丁论文中使用的一个案例表明，他发现市场规则是最具效力的。事实上，他略带怀疑地将管理公共资源的尝试称为"社会主义"。他批评地方政府在圣诞节将停车场变成免费的公地，而不是对这一稀缺资源收费。他认为这一善意的举措取得的效果适得其反，因为它将使交通拥堵变得更加严重，而市中心的公共停车位将会被滥用。更好的举措是提高停车费用。如果不能做到这一点，政府就应该采用其他的配额工具，例如很多城市在污染严重的时候出台的相关规定。从巴黎到新德里，很多城市都采取了根据汽车牌照号码隔日出行的办法。

专栏4.1　市场保护公共资源的力量

在一些环保人士中，利用私有产权和市场来提高效率和纠正外部性的想法尤其容易引发争议。从历史上看，将公共土地的产权授予私人涉及弱势者的权利，并通常伴随着暴力手段，18世纪英国的圈地运动或19世纪美国西部的平原大开发都是如此，而后者很大程度上得益于铁丝网的发明。不过，确定产权仍是一种强有力的方法。

在1990年的哥斯达黎加，我们可以看到一个庇古式补贴与税收减免的例子，政府向私人土地所有者提供补贴，让他们将土地留作雨林而不是用于商业目的。从那时起，该国雨林覆盖率从五分之一迅速提高至一半以上，增加的旅游收入可以弥补部分补贴费用。很多国家同样在实行类似的生态系统补偿计划，比如中国推行退耕还林计划或将农地还原为草地的计划，越南以水力发电促进清洁用水，澳大利亚恢复灌木中的本土植物，美国减少卡茨基尔地区（Catskills）的污染以维持附近流域提供清洁水源的功能。

> I. Porras, D. N. Barton, M. Miranda, and A. Chacón-Cascante (2013),
> "Learning from 20 Years of Payments for Ecosystem Services in Costa Rica,"
> International Institute for Environment and Development.

如果任何物品都可以从两个角度考察，一是如专栏 1.4 中的假设条件 8 所示，其消费是否具有竞争性，二是是否容易克服搭便车现象，这取决于物品的物理或技术特性，那么，这些物品就可以像表 4.1 那样进行归类。前面的章节讨论了位于左上角和右下角的物品，即纯粹的私人物品和公共品，而公地悲剧的问题则引入了位于表中右上角的公共资源，它的消费具有竞争性，即如果我的牛吃光了所有的草，你的牛就吃不到了，但这类物品又很难克服搭便车现象。这里的难度在于法律方面，而不是源于技术或物理的特性。小面积的公共土地可以很容易由筑起的围墙或栅栏围起来，但传统上的法律要求将它留作公共使用。19 世纪 60 年代铁丝网被发明之前，在大片公共土地上筑起围栏就更困难了。表格左下方的区域对应着通常所称的俱乐部商品或收费商品，即不具有竞争性的公共品，这类公共品可以排除搭便车现象。它的这种特性很可能同样是由传统习惯或技术特性造成的。第一章曾讨论如果船只不付费就可以拒绝其使用港口，此时灯塔是否还属于纯粹的公共品。同理，在数据加密技术发明之前，电视广播既不具有竞争性，也不具有排他性。

表 4.1　商品分类

		是否容易克服搭便车现象？	
		容易	困难
消费是否具有竞争性？	很强	私人物品，如衣服、汽车	公共资源，如海洋鱼类
	很弱	俱乐部商品/收费商品，如收费电视	公共品，如国防

避免悲剧式的公地管理

哈丁发现并分析了普遍存在的自然资源过度使用问题。然而，尽管鱼类资源枯竭，土地出现过度放牧的现象，但是也有很多案例表明人们可以进行合作，制止对资源的过度使用。收集管理公共资源的案例，分析其取得成功所需具备的条件，这正是迄今为止诺贝尔经济学奖获得者埃莉诺·奥斯特罗姆所做的研究。[①] 哈丁关注的是非竞争性商品和外部性。由于他假定人们的目标是个人利益最大化，即专栏1.4中的条件A1成立，虽然只是在短期内如此，他得出的结论是，假定政府是能够做出正确选择的仁慈的社会规划者，那么它将不得不经常制定规则，以实现最优结果。事实上，人们通过交流和合作，可以建立和实施各种各样的规则，而这根本不需要政府监管的引入。奥斯特罗姆记录了很多这类通过合作实施社区监管的例子。

缅因州专门捕捞龙虾的渔民就是她收集的这类社会组织案例中的一例。过度捕捞似乎是公地悲剧最明显的例子之一。在20世纪20年代，过度捕捞一度导致缅因州沿海海域龙虾的严重枯竭。然而奥斯特罗姆发现，这里的渔民想出了一种方法，他们把可以自由安放龙虾罐的区域分配给个人，划分了捕捞龙虾的权利。他们实施了一系列逐步升级的社会惩罚措施，如果有人被看到在分配的区域以外捕捞，就会被逐出该地区。第一步是在指定区域外捕捞的人的罐上打一个结，随后是登门警告，施加社会压力，最后其他渔民会毁掉违规者的龙虾罐。

[①] 2019年研究减贫问题的麻省理工学院的埃斯特·迪弗洛（Esther Duflo）教授打破了这一纪录，是第二位获此殊荣的女性经济学家。——译者注

加州、西班牙和尼泊尔等地的水域使用权是她与文森特·奥斯特罗姆（Vincent Ostrom）一起研究的另一个重点。她在20世纪60年代的加州看到一种"多中心"的水资源管理系统，公共、私人和集体机构可以共同参与管理。该系统一直存续下来，直到1987—1991年在需求快速增长和严重干旱的共同影响下才失去效力。西班牙许多地区施行一套由社会制定和执行的复杂规则，这些规则遇到干旱年份的时候会有所不同，现在它们已经运转了500年。在尼泊尔某些特定类型的土地上，农民的管理系统比政府的管理系统更加成功。奥斯特罗姆考察了在不同地形和气候下制度安排的差别，并考虑到供需平衡的变化，提出了同时存在不同类型组织的多中心制度安排的概念，即将家庭、社会网络、协会、民间团体和传统的理事会等不同类型的组织结合在一起，这些组织之间的关系有时很复杂，但总能以明确和具体的形式对未来发生的事情做出决策，并予以执行。

在其思维敏锐的重要研究成果中，奥斯特罗姆一些关键的洞见得到了详细的展示。她认为，有很多类型的制度既不是自由或非自由的市场，也不是通常定义的那种政府。与她共同获得诺贝尔奖的奥利弗·威廉姆森（Oliver Williamson）也考察了企业中存在的类似问题，并视之为生产私人物品的替代性制度结构。正如上文已经指出的，微观经济学理论以一个单一的生产者为出发点，而罗纳德·科斯在其一篇经典文献中问道，如果我们认为通过市场配置资源比计划或集中管理效率高那么多，为什么企业还会存在呢？更重要的是，奥斯特罗姆观察到，历史和地理这些细节性的背景条件极为重要，这意味着没有放之四海而皆准的方法。从某种程度上说，发现一些既非市场也非政府的组织可有效配置资源的案例，并不令人奇怪。毕竟第一章已经描述了历史上一些由群体提供公共品的例子，如收费公路信托基金和港务局。中世纪的英国城市是由一些公司管理的，伦敦金融城直到现在仍是如此。世界上的一些城市也是由多种法律形式的市政公司负责管理，一如美国和加拿大的许多城市。直到20世纪初期，宗教团体（如英国的教区议会）在经济领域仍然发挥着重要作用，这种影响在当今世界很多地区一直延续到今天。一个国家只有一个政府，但存在很多类型的制度，而所有这些制度都涉及某些方面的治理。

奥斯特罗姆在《公共事务的治理之道》（*Governing the Commons*）一书中指出：

> 热衷于集权者和热衷于私有化者都经常主张过分简化和理想化的制度，这是一种荒谬得几乎"无制度"的制度。断言集中监管是必要的，这并没有告诉我们集权机构应如何构成，它拥有什么权力，如何维持对这些权力的限制，信息如何获取，或者如何选拔这些官员，如何激励他们工作，如何监督并奖惩他们的表现。断言有必要实施私有产权，这同样也没有告诉我们该如何界定这些权利，如何衡量所涉物品的各种特性，谁为排除非所有者的使用而承担成本，如何裁决有关权利的冲突，以及如何处理资源系统中权利持有者的其他利益。

她认为，财产权并非只有零和一两种状态，即你或者拥有土地或者不拥有土地，实际上与资源相关的产权有很多形式，例如使用权。因此，尽管可能需要费些周折，但是拒绝一些不合作的个体使用某些特定的公共资源，这是可以做到的。

这种资源管理的方法比私有制或政府监管更为复杂，但有可能获得成功。基于博弈论中的重复非合作博弈，奥斯特罗姆提出了正确设计非国家和非市场的集体组织所应遵循的原则,如专栏4.2所示。

这些原则共同关注的一点是正当性,这一点在对激励的经济学分析中并不突出。制度必须由其使用者制定和执行。政府干预失败而这些制度可能成功的原因之一,就是政府官员往往是局外人,他们的决定在当地社区缺乏正当性。另一个已经被很多实验室中的实验研究证实的原因是,人们愿意自己承受一定的损失来处罚那些违反规则的人。有趣的是,专栏4.2中的一些设计原则排除了在市场失灵特别是信息不对称的情况下社区管理成功的可能性,因为监督非常重要。这里还涉及另一种产权,不是对公共资源的共有权,而是使用权或进入权。这种进入权通常是由法律确立的,因此被管理的公共资源是在民族国家或其他较广泛的政治和司法框架下运作的。这就强调了第一章中提出的一个观点,即某些特定的背景先天地存在问题,在同样的条件下市场和政府都有失灵的倾向,其他类型的集体制度也同样如此。

专栏4.2　奥斯特罗姆的8个设计原则

群体的界定必须明确,并规定谁有何种权利

个人责任必须与个人利益成正比

监管必须简便可行

冲突解决机制必须到位

使用者要负责制定规则、监督和执行

惩罚应该一开始较轻,然后逐步变得更严厉

决策必须具有正当性,使用者必须参与决策的制定

社区的组织权需要得到当局的认可

虽然集体制度的设计很重要，但更广泛的背景因素是决定集体安排成败的关键。这不仅是法律问题，以及政府当局接受或至少容忍团体自治权的问题。外部的物理环境和生产技术对自治的成败至关重要。例如在干旱期间，水资源管理的制度安排常常会崩溃，而且如果上游使用者可以大量截流，制度安排也会有所不同。作物种植的用水量是否很大，或者更换新的种子是否会改变用水需求？龙虾或海胆在指定的捕渔区之间会有远距离的移动吗？其他地方的污染是否会对渔业的某些方面产生影响？

相关人员及其社区在一些地区可被视为另一组外部因素，行为在很大程度上由社会传统决定，而在另一些地区，人们更多地作为理性和自利的个体做出选择。因此，成本和收益之间的平衡一定程度上取决于个人的行为方式。然而最重要的是，成功的概率是否会受到高额的社会资本或信任的影响，下文还将对信任展开讨论。管理公共资源需要社区中有高度信任和强有力的行为规范，因为讨论这一问题固有的背景就是人们总会面临搭便车的诱惑，并忽略个人行为对其他人施加的外部影响。

集体制度有时取得了成功，有时则没有，奥斯特罗姆发现了很多这样的案例。但她很少能找到集体制度在很大范围内运行良好的例子。她的很多研究关注的都是发展中国家的小型社区，在这些社区中，主要决策者互相认识，可以便利地监督对方是否遵守规则或存在搭便车的行为。加勒特·哈丁相信，任何超过150人的社区都很难管理公共资源。他之所以选择这个数字，是因为美国西北部哈特莱特教派社区的规模一旦超过这个数字，就会分裂成更小的群体。他写道："随着聚居地的规模接近150人，单个的哈特莱特教民就开始不愿意为社区尽力，并对必需品产生过度需求。哈特莱特教派社区的经验表明，在人数不到150人时，分配制度可以借由荣辱感来实施，而一旦超过了这一概数，荣辱感就失去了作用。"

从工业革命中的圈地运动和美国西部的围栏运动开始，现在发达国家的私有产权建立在原来共同土地的基础上。与私人管理或政府管理相比，在发达经济体中对水资源的集体管理相对较少。正规的现代经济已经逐步入侵传统的公共资源，比如土地和水，尽管在海洋和地球气候领域似乎不可避免地要重演公地悲剧。在这些领域，产权很难确立或不可能确立，而且涉及的资源规模和挑战如此之大，以至于管理其使用的集体协议极难达成。政府间的谈判基本上都失败了，比如有关气候变化的谈判。然而在某些领域，比如渔业潮流（请原谅使用这一双关语）可能正在转向（专栏4.3）。或许在某些情形下，与采取政府干预的标准经济政策相比，公共资源转向由地方和集体管理将被证明使环境更可持续，在制度方面也更为可行。

专栏4.3 成功的公共资源管理

自然资源是公共资源社区管理研究的重点。在发达国家，随着社区规模的扩大，正式的政府机构往往会逐渐取代社区管理，因为随着社区的扩张，社区层面的监管和执行变得更具挑战性。然而，发达国家还是有很多公共资源自治的例子。日本灌溉系统的管理就是其中之一。* 几个世纪以来，日本农民社区一直负责安排用水。虽然稻田由私人所有，但它们的灌溉用水是社区共同决定的。这项制度安排在战后被正式确定下来。虽然政府投资了主要的基础设施，但分配用水权的职责被授予了土地改良区，这是一个由用水者组成的合法的社区机构。这些机构为自己的社区制定规则并予以执行。实际上，这些由推选的农民负责管理的用水者协会在管理灌溉方面发挥的作用随着时间推移在不断地加强。

另一个发达国家中的例子是圣迭戈的海胆产业。20世纪70年代至90年代，由于过度捕捞，海胆的数量减少了大约四分之三。州许可证制度未能阻止这一下降趋势。现在，海胆潜水捕捞者已经和加利福尼亚州达成了一项捕捞限制协议，由潜水者自己监督捕捞行为并解决执法问题。圣迭戈船工协会也开始开放自己的码头市场，以提高潜水捕捞者的收入。最近的一项研究发现，近几十年来世界各地由社区管理的渔业数量一直在增加，这是为了应对鱼类资源明显的枯竭。[**]当渔民建立起伙伴关系时，社区管理渔业的努力可能会使鱼类资源本身和渔民双赢，并且更多的收益还可以激发进一步的合作。若非如此，强制实施的规则和限制反而可能会导致规避监管，以最大化个人收益。[***]

---

[*] Ashutosh Sarker and Tadao Itoh(2001), "Design Principles in Long-Enduring Institutions of Japanese Irrigation Common-Pool Resources," Agricultural Water Management 48, No. 2: 89-102.

[**] Nicolás Gutiérrez, Ray Hilborn, and Omar Defeo (2011), "Leadership, Social Capital, and Incentives Promote Successful Fisheries," Nature 470 (February): 386-389.

[***] Jonathan Wood(2018), "Is the Era of Overfishing Coming to a Close in the U.S.?," Property and Environment Research Center, https://www.perc.org/2018/06/11/is-the-era-of-overfishing-coming-to-a-close-in-the-u-s/.

知识产权和数字化的公共资源

现在出现了一个产权不明确且有激烈争议的新领域，在法律和规范制定之前，这里将出现圈地行为。这一领域通常被称为数字化公共资源（digital commons）。从具有非竞争性的意义上讲，数字产品是一种公共品，因此按照表4.1中的分类，使用公共资源一词是错误的。但它提供了一个鲜明的例证，表明明晰的产权和社会规范在经济中的重要性。

知识产权是极具争议的领域（专栏4.4）。对这些非竞争性商品的产权进行分配的法律框架仍在探索之中。很多学者和活动家都认为，这类立法特别是《美国千年数字版权法案》（US Digital Millennium Copyright Act）过于偏向大公司。由更广泛地使用数字公共品带来的社会福利增加，可能比为数字内容创造者提供更强激励带来的收益更加重要，对后者的激励可能已经超出了必要的限度。数字化商品符合表4.1左下方区域所属的类别，它不具有竞争性，但加密和数字版权管理等技术与相关法律（如版权及其实施）结合在一起，使其具有排他性。

专栏4.4 有关数字化产权的争议

当亚马逊推出Kindle电子阅读器时，乔治·奥威尔（George Orwell）《1984》一书的购买者在2009年7月的某一天惊讶地发现，他们购买的书不见了。亚马逊的结论是，将这本书上传到Kindle商店的出版商并不拥有版权，因此它远程删除了这一消费者认为自己已经购买并属于自己财产的商品。此次事件以及由此引发的诉讼迫使亚马逊做出声明，它不会再犯类似的错误。这个例子说明了有关数字产权的新问题。首先，零售商永远不会闯入你家里拿走一本实体书，即使其版权受到了侵犯。更关键的是，电子书这种非实物形式的产品存在产权争议。

很多农民购买了约翰·迪尔（John Deere）拖拉机以及一个与复杂软件相配套的顶级模式，花费高达6位数。2015年，该公司援引旨在保护音乐和电影版权的《美国千年数字版权法案》，阻止购买拖拉机的农民使用该软件。这是有史以来法律第一次禁止农民修理自己的拖拉机。约翰·迪尔公司向美国版权局提交了申请，申明继续拥有已售的拖拉机。该公司声称，农民购买的是"在车辆存续期间对其进行操作的隐含许可"。该公司在版权法庭中受到了质疑，购买者查看拖拉机软件的一些受限权利得以恢复。但现在一些农民要求助于乌克兰黑客来修理他们的拖拉机。通用汽车公司（General Motors）也如法炮制，声称消费者错误地"将汽车所有权与汽车里安装的计算机软件的所有权混为一谈"。在本案中，法律诉讼仍在继续。包括马萨诸塞州和加利福尼亚州在内的一些州已经通过了"修理权"法案，但法律纠纷还没有结束。* 同一类的版权法使解锁手机在很多地方是非法的，尽管这类违法行为屡见不鲜。直到2018年10月，美国版权局才根据《美国千年数字版权法案》裁定可以解锁手机并对其进行维修，同时也允许植入了医疗器械的病人访问有关其健康的数据。**

数字世界还滋生了众所周知的专利流氓，其更正式的称呼是非专利实施实体（NPEs）。这些个人或企业获取或购买大量专利，并向其他真正的技术型企业发起专利侵权诉讼的威胁。非专利实施实体在美国的法律界十分常见。自2000年以来，这些敲诈性诉讼的数量增加了10倍以上，妨害了美国那些尚未制止非专利实施实体过度膨胀的各州的经济增长和就业。***

> * http://www.wired.com/2015/02/new-high-tech-farm-equipment-nightmare-farmers/; http://www.npr.org/sections/alltechconsidered/2015/08/17/432601480/diy-tractor-repair-runs-afoul-of-copyright-law; https://www.technologyreview.com/s/602026/how-copyright-law-stifles-your-right-to-tinker-with-tech/.
>
> ** https://www.govinfo.gov/content/pkg/FR-2018-10-26/pdf/2018-23241.pdf.
>
> *** Ian Appel, Joan Farre-Mensa, and Elena Simintzi (2017), "Patent Trolls and Startup Employment, HBS Working Paper No. 17-072(February).

数字领域的社会规范架构仍然存在争议,并且目前仍在形成之中。社会规范或传统行为模式在界定产权时发挥的作用常常被忽视。例如,酒店会放置标签,注明顾客可以购买睡衣,以防一些客人认为可以像免费洗发水一样将其带走。如果我邻居家果树上的苹果掉落到我的花园里,我们双方都会认为我可以保留这些苹果。如果我将这些苹果做成馅饼,她也不会报警。在数字世界中,最初的规范是内容免费,但是随着时间的推移,企业已经在抢占地盘,这有点像圈占公共的实物资源并据为己有。

社会规范

社会规范对决定经济结果和社会结果发挥着至关重要的作用,无论是在现实世界还是在网络世界都是如此。埃莉诺·奥斯特罗姆的原则之一,或者说集体管理制度成功与否的关键因素,正是社会规范或社会习俗是否能够约束搭便车行为,以及是否合理地予以实施。社会规范改变引起的行为变化,远远不是单纯的财务或经济激励能解释的。例如，自20世纪70年代以来，很多国家的吸烟率大幅下降。尽管主要受税率提高的影响，香烟价格上涨了，这肯定会对吸烟率产生影响（见图4.2中法国的相关数据），但是如果假设吸烟率的下降完全是由于价格上涨，就意味着香烟的需求价格弹性达到了难以置信的高度。实际上恰恰相反，由于烟草是一种令人上瘾的药物，它的价格弹性理应较低。一系列官方限制，比如提高税率、在更多的地方禁止吸烟、健康警示、广告禁令、社会对吸烟的接受度降低，以及人们不再把吸烟看作一件很酷的事，共同解释了吸烟率的下降。实际上，更严厉的监管既对社会规范的改变做出了贡献，又可能是社会规范发生改变的结果。在旧电影中，英雄人物经常在一片烟雾之中若隐若现，而现在这一形象成了反派的特征。

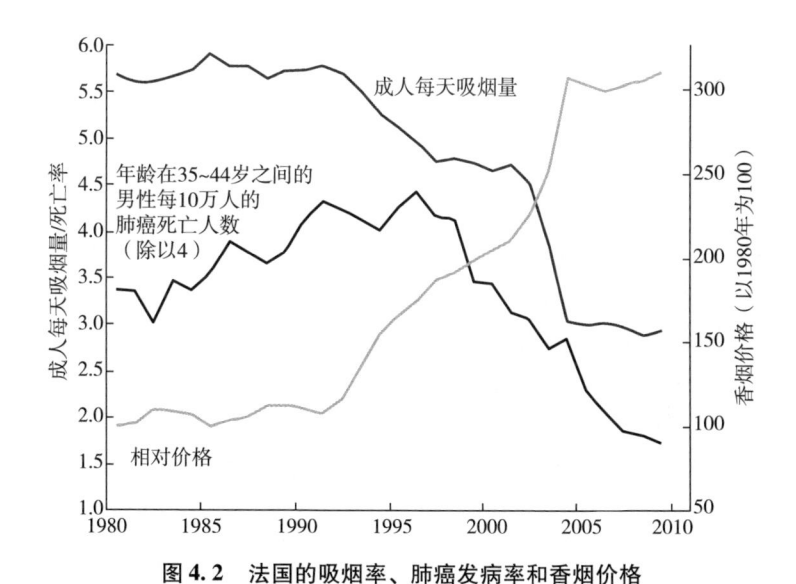

图 4.2　法国的吸烟率、肺癌发病率和香烟价格

资料来源：VoxEU，https://voxeu.org/article/why-india-should-increase-taxes-cigarettes。

社会规范可以迅速改变，如图4.3所示。想想美国对同性婚姻的态度，1990年四分之三的美国人认为同性恋是不道德的。在2006年，只有一位美国参议员公开支持同性婚姻。然而，为同性伴侣提供医疗福利的"财富500强"企业的数量从1990年的0家增加到2006年的263家。根据皮尤研究中心（Pew Research Center）的数据，公众对同性婚姻的态度从2001年的57%的人反对、35%的人支持，变为2017年的62%的人支持、32%的人反对。之后，美国最高法院裁定各州不能再禁止同性婚姻。

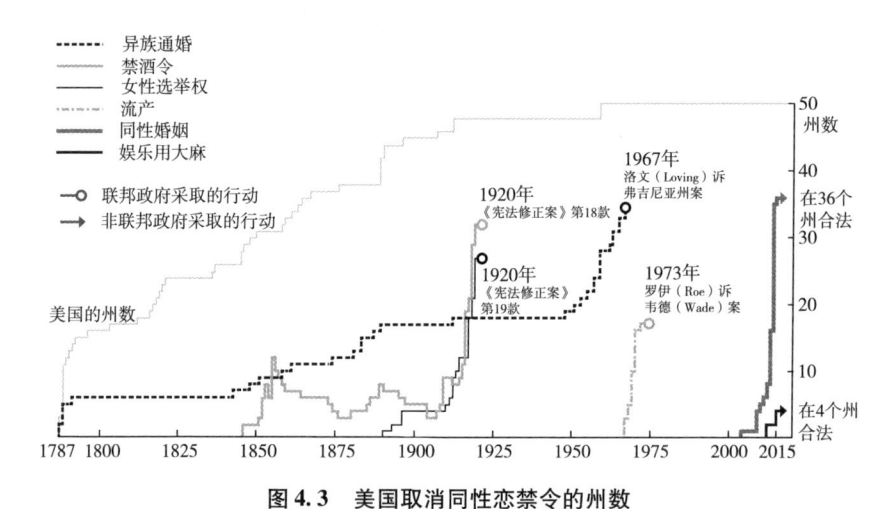

图4.3 美国取消同性恋禁令的州数

资料来源：https://www.bloomberg.com/graphics/2015-pace-of-social-change/。

社会规范的迅速变化通常可以部分解释行为的大规模变化，即使在经济因素同样起很大作用的情况下也是如此。比如，经济学家考察了犯罪率波动的变化，发现被窃物品的黑市价格、最低工资与失业率等因素对犯罪率有显著影响，但社会影响同样不容小觑。图4.4显示，20世纪90年代纽约市的凶杀率急剧下降。有关政策和警方当然起了关键作用，但仅用警员增加或更严厉的判罚等政策杠杆或者失业和收入等经济变量，很难解释犯罪率如此大幅的下降，同样无法解释20世纪70年代犯罪率的大幅增长。

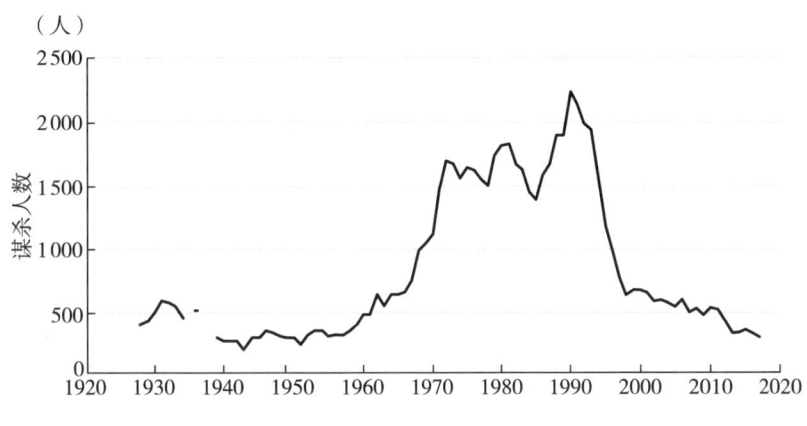

图 4.4　纽约市凶杀犯罪率

资料来源：由纽约警察局统计。

社会资本

社会资本与社会规范或传统习俗的概念有所不同，有时用更简单的"信任"一词来描述。除了最简单的面对面交易，所有经济交易都需要信任，即相信货物将被送达且安全好用，功能与卖家的描述相符。在当代全球化的经济中，人们经常与世界另一端的陌生人进行交易。在目前占发达经济体比重达70%~80%的服务业中，交易所需的信任程度更高，因为在交易前很难确切地知道提供的服务质量如何。正如奥斯特罗姆指出的，高度信任对市场乃至集体制度的有效运转是必不可少的。研究社会资本的知名学者、政治学家罗伯特·普特南（Robert Putnam）认为，这正是意大利北部和南部城镇存在差别的根源。他认为信任是衡量公民社会实力的一个尺度，换句话说，就是既不属于个人市场交易也不属于国家正式行动的那些制度。社会资本对集体制度或社区制度的成功有所贡献，一种重要方式就是它有助于确保在有公共品（不仅仅是公共资源）的情况下抑制搭便车行为。在社会资本较为强大的地方，搭便车行为更容易被发现和阻止。

与社会科学中的很多抽象概念一样，社会资本一词很难被精确界定，因此也很难准确度量。通常采取调查问卷的形式测度。最常用到的问题包括在世界价值观调查（World Value Survey）中提到的："一般来说，你觉得大多数人可以信任吗？或者你是否认为在与人打交道时不用过于小心？"尽管存在界定的难题，但有充分的证据表明，社会资本对经济结果有重要贡献。图 4.5 大致可以表明

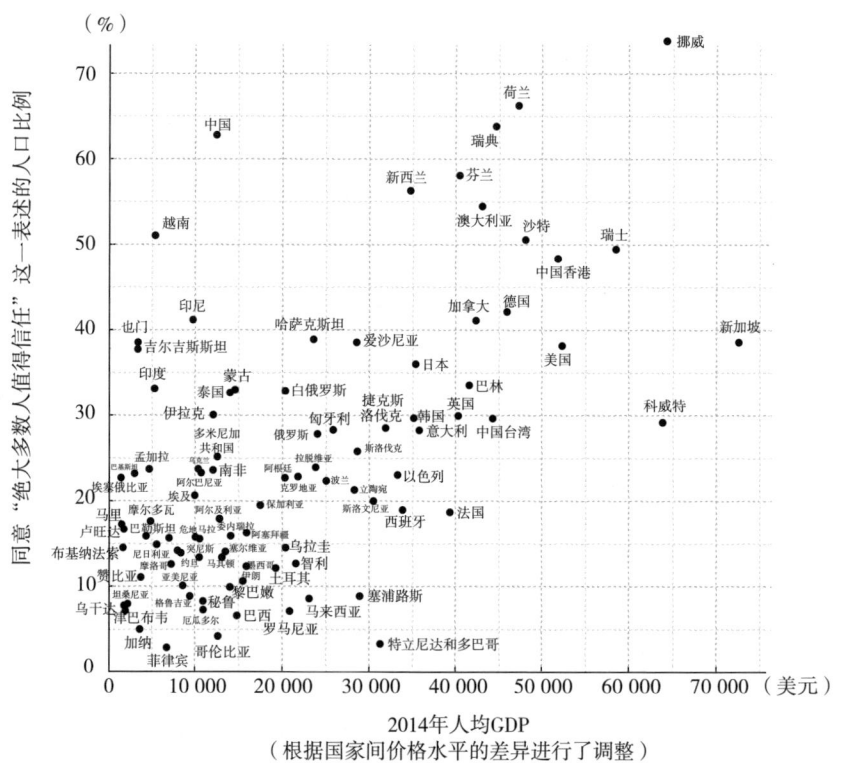

图 4.5　信任与 GDP 正相关

资料来源：Our World in Data, https://ourworldindata.org/trust-and-gdp。

根据调查问卷度量的信任度与人均 GDP 是正相关的。回归证据也表明，根据信任度调查度量的社会资本与良好的经济表现具有相关性。不过，社会资本影响经济结果的途径或机制似乎有许多种。

社会学家埃里克·克林伯格（Eric Klinenberg）有一项著名的研究，探讨 1995 年芝加哥在一次热浪来袭时不同社区之间死亡率的差异。在控制了一些明显的影响因素（如收入水平、失业率和居住条件）之后，一个解释过度死亡率（即死亡率高于正常水平）差异的关键因素是不同区域的家庭和社区纽带的强度。在一些区域，人们会不时关注年老体衰的邻居或亲戚，而在另一些区域，这一类社会责任是缺失的。该研究发现，在一些社区联系更紧密的区域，虽然失业率或吸毒率等标准的社会经济指标与其他区域极为相似，但那里的过度死亡率更低。

另一项著名的研究来自马克·格兰诺维特（Mark Granovetter），他认为弱关系（weak ties）特别有助于人们找到工作。强关系指与亲密的家人和朋友的关系，但帮助人们找到工作的是亲密度较低的社会关系。弱关系越广泛，人们找到工作的机会就越大。文献中有时用结合型（bonding）社会资本和连接型（bridging）社会关系来代替强关系和弱关系。

社会关系也有助于解释为什么某些地区或城市的部分区域会产生专业化的企业集群，特别是高附加值和知识密集型企业集群。我们看到很多这类案例，比如加利福尼亚州的硅谷和英国剑桥的硅沼，或者法国图卢兹和中国深圳等城市的先进制造业集群。从工业革命开始，英国曼彻斯特作为棉纺产业的中心就已显现出区域集群的作用。现代经济学奠基人之一的阿尔弗雷德·马歇尔（Alfred Marshall）认为，工业集群区域出现的部分原因在于人们可以很容易地面对面聚在一起分享技术诀窍。按他的话说，这种默会知识

（tacit knowledge）是靠口口相传来传播的，它不是可以写下来并且分享的编纂知识（codifiable knowledge）。对于所谓的"知识经济"而言，默会知识的重要性日益增加，并且似乎正在某些特定地区促进越来越明显的高附加值产业集群。

社会资本还可以进一步提高政府行动的效率。例如，如果整个社区时刻关注正在发生的事情，人们普遍信任代表国家行使权力的本地官员，那么维持治安就容易得多。这就是简单地往社区派遣更多的警察甚至全副武装的警察反而适得其反的原因。2014年密苏里州弗格森市爆发的冲突就是一个例子。同理，一旦发生任何紧急事件，真正的第一反应人总是离得最近的社区的民众。

鉴于以上原因，很多社会和社区出现的信任正在下降的迹象令人担忧。一些基于调查的度量结果显示，不同程度的信任下降与相关制度有关，在这方面，政客和政府的表现与大企业一样糟糕，而学术界和医生等专业人士则保有较高的信任度。将这些制度当作一个整体来看，虽然现在信任对健康的经济越来越重要，但在美国及其他一些国家，信任度都出现了下降的趋势（见图4.6）。试想一下，在证券交易所上市的企业大部分市值都由会计师所说的商誉构成，它可以被描述为企业的声誉。当这种信心遭到破坏时，市值可能会在瞬间蒸发，正如企业倒闭时那样。当安然公司的欺诈行为被揭露时它的市值，或者金融危机爆发时各大银行的市值暴跌。

关于社会资本或信任还有很多内容有待我们去了解，例如，如何更好地对其进行测度。这里存在一个悖论，即强大的社会资本也可以产生不利影响。犯罪团伙由于强有力的相互信任而紧紧团结在一起。孤立的村庄或社会也是如此，它们因此无法与外界交流并建立贸易往来，而这本可以使它们走向繁荣。社会资本似乎还有一种"物极必反"的特点，即在一些本来应该弱的地方反而强，反之亦

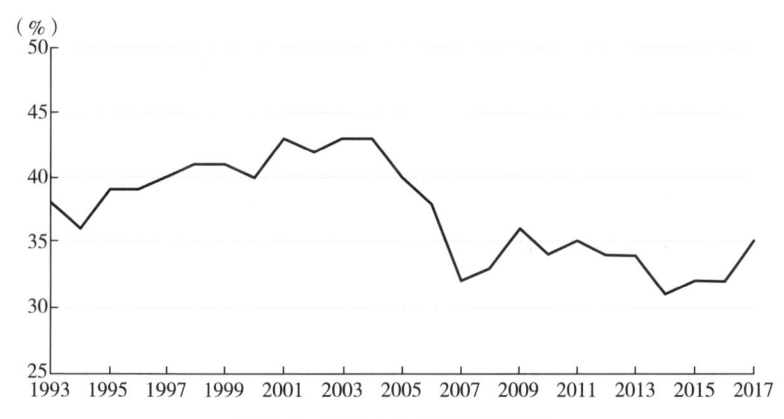

图 4.6　美国人对制度的信任度

注：美国人对 14 类制度"极有信心"或"信心很足"的平均比例。
资料来源：Gallup。

然。考虑到社会资本对经济产生的影响，在对其进行界定或衡量时，有三种类型值得考虑。

• 经济中的网络结构：个体之间确保信息流通的联系。
• 声誉：经济往来在多大程度上是以诚实、可靠、品质等方面的声誉为基础的。这对企业而言就是它的商誉。
• 机构和社区：提供公共品、管理公共资源、运营机构的能力，即从总体上为共同利益采取集体行动的能力。

退出、呼吁与忠诚

高水平的信任或社会资本有助于解释市场经济成功与否，也影响那些既非国家领域也非市场领域的制度安排的成败。当出现市场失灵时，后者是管理公共资源的替代方案。另一个影响市场和替代性集体制度成败的因素，就是阿尔伯特·赫希曼所说的"退出、呼吁与忠诚"（exit, voice and loyalty）的组合。

市场上的消费者选择意味着当你不高兴时你可以选择走开。这是对某种产品或服务投赞成票或反对票,而判断标准是价格和品质等特征。市场将挑选出那些以价格和品质的最优组合为消费者提供其所需产品的企业。这就是退出。但是赫希曼认为事实往往并非如此,呼吁作为一种替代方式更为重要。人们多半只会抱怨,因为他们不愿转向另一家企业。他们有足够的忠诚拒绝这样做,这通常是由于惯性,因为更换会产生交易成本。

赫希曼认为,呼吁和忠诚的结合通常可以产生与退出一样的经济效率。从效率的角度看,最为理想的可能是一种混合状态:退出是一种强有力的激励,但如果退出的速度太快或退出的人数太多,企业就会倒闭,而实际上企业本可以借助呼吁来改善经营状况,即呼吁成为一种反馈机制。退出的威胁真实可信但又并非真正退出,这实际上是一种特别有效的呼吁。例如,如果你威胁要换一家电话公司或保险公司,你通常会获得一份更满意的合约。因此,退出、呼吁和忠诚是相互联系的。忠诚提高了退出的成本并降低了退出的可能性,但是由于退出的威胁是呼吁的强有力的组成部分,过于忠诚也有可能削弱呼吁的效果。因此,如果忠诚削弱了这两种反馈机制,它就可能极具破坏性。因此适可而止就好,不要矫枉过正。

在某些情况下,缺少退出机会会起到相反的作用,也就是说如果呼吁是唯一的选择,那么它将会被更频繁地使用。这有助于理解政党的行为。想要赢得选举的政党需要迎合中间派以获得足够的选票,因此这些政党有时会采取中立政策。但是,由于他们的忠实支持者即使更倾向于不那么中庸的政策也不会退出该党,他们的呼吁将会越来越强烈。政党有必要同时努力吸引中间派和激进派。

赫希曼还认为,很多拥有市场势力的公司更愿意放弃那些抱怨最多的客户。相较于完全垄断的企业,近乎垄断的企业只能为消费者提供较低的效率,因为前者的客户无法退出,只能呼吁。拉吉夫·塞提（Rajiv Sethi）指出，这一现象对自然垄断行业的组织方式产生了极为深刻的影响。他列举了以下例子：

- 如果最不满意的客户只能选择开车，国有铁路公司可以低效率地运行。
- 如果一些家长退出公立学校而选择私立学校，公立学校将变得更糟。
- 如果因租户感到不满而搬到别处，社区环境可能就会迅速走下坡路；但是如果这些租户别无选择，比如他们被分配到公共住房，就会争取更好的管理服务。
- 股东不会在年度股东大会上投票以改善管理层的决策，他们只会出售自己的股票。

这一研究思路表明，一家企业或机构成败的关键在于退出的成本。在竞争性市场可以运行的地方，退出的成本是较低的。如果由于自然垄断或公共资源的原因出现了市场失灵，退出的成本很高，那么呼吁和忠诚会使资源配置变得更有效。

社会对偏好的影响

公地悲剧和公地管理都是指生产中存在溢出现象。在判断是否可能应对这些外部性或在有公共品的情形下限制搭便车的范围时，社会资本的存在或缺失是一个重要的决定因素。本章接下来将讨论消费中存在的某些显著的外部影响，或者换句话说，当专栏 1.4 中的假设条件 A2 不成立时，社会对个人偏好产生的影响。

社会影响最早且最著名的例子是"炫耀性消费"（conspicuous consumption）的概念，这是由托尔斯坦·凡勃伦（Thorstein Veblen）创造的一个术语。凡勃伦把消费视为地位的象征，而非经济学中传统的解释，即高收入带来的欲望或偏好的满足。凡勃伦宣称那些有闲的富人会把越来越多的钱花在奢侈品上，以彰显自己的社会地位和财富。

弗雷德·赫希（Fred Hirsch）提出了一个类似的概念，即地位性商品。在其《增长的社会限制》（*Social Limits to Growth*）一书中，他指出地位性商品具有真正的稀缺性价值。当一种特定商品的供给大致是固定的时，这种稀缺是绝对的；当一种商品相对于其他商品的供给短缺时，这种稀缺则是相对的。例如，苏格兰高地的大庄园和卡拉瓦乔的画作是绝对稀缺的商品，而香奈儿的西装和博士学位是相对稀缺的商品。也就是说，地位性商品的稀缺价值有时是商品固有的，有时是人为构建的。有些商品的供给是固定的。对于土地或鲁本斯的绘画来说，这种特质是与生俱来的，同样的道理，每个人都乘坐私人飞机出行是行不通的，因为那样的话空域会变得过于拥堵。不过，这种分类是很模糊的。例如，艺术行业是以人为创造的稀缺性为基础的（专栏4.5）。

专栏4.5 艺术的人为稀缺性

富人们喜欢用大师的画作来彰显自己的财富，在20世纪初，这一点被著名的艺术品交易商约瑟夫·杜文（Joseph Duveen）有意地操纵了。* 虽然15世纪文艺复兴时期的名作数量无法增加，但将它们视为地位性商品的需求却可以增加，这就是杜文的技巧。他说服了当时的权贵范德比尔特家族和摩根家族，让他们认为买下大师的作品是他们的品位和所处阶层的标志。安迪·沃霍尔（Andy Warhol）工厂以流水线来生产其著名的版画，有意强调昂贵艺术品的大规模生产。最近的一个例子是英国艺术家达米恩·赫斯特（Damien Hirst）的工作室创作的多点绘画。**

* S. N. Behrman(2014), *Duveen: The Story of the Most Spectacular Art Dealer of All Time*, Daunt Books.

** Andrew Rice(2010), "Damien Hirst: Jumping the Shark," *Business Week*, https://www.bloomberg.com/news/articles/2012-11-21/damien-hirst-jumping-the-shark.

源自其他社会科学的证据有力地表明了社会地位的重要性，这还包括我们与他人相比较的收入和消费水平。因此，个人偏好并不独立于其他人的消费选择，而其效用也受到其他人消费的负向影响。这种现象可能导致消费方面的"军备竞赛"，因为人们不断地试图通过购买一种相对稀缺的、"必须拥有的"物品来保持优势地位，从而你追我赶，相互超越。

对于某些奢侈品而言，情况似乎的确如此。昂贵的汽车、房子和珠宝对绝大多数人来说是可望而不可即的，而有钱人可以轻易地用金钱来彰显自己的地位。不过，即使对那些不太富裕的人来讲，选择购买某些商品也可以成为一种身份的象征。很多奢侈品牌利用了这一点，即很多人可能会购买某件商品，以确立自己在社会地位竞争中的位置。这就是为什么如此多的企业会在其商品上大张旗鼓地印上自己的品牌标志——发送信号是关键原因。不过，这些奢侈品牌生产商的确在通过足够高的价格来传递稀缺的信号，又要扩大市场，企业犹如在两者之间走钢丝，而这限制了它们的定价策略。

地位性商品的例子有很多，它们的稀缺性显然是由社会构建的。这些例子包括：

- 精英高校的学位；
- 更早使用新潮的科技产品；

- 时尚俱乐部的会员资格；
- 必备设计师的时尚单品；
- 理想区域的住宅。

实际上，整个时尚产业的基础就是偏好在社会影响之下迅速更迭。因为时尚创意很容易被复制，排他性无法长期维持，因此潮流需要不断更新。信号在就业市场上也很重要。在被雇用之前，乃至可能在雇用之后，求职者的内在能力是不易观测的，那么雇主如何区分就业市场上不同的求职者呢？一种方法就是选择有良好声誉的高校的毕业生，如牛津、剑桥或者常青藤高校的毕业生，即假定只有天资聪颖、勤奋努力的学生才能被这些学校录取。（最近有丑闻传言很多有钱的父母花钱让孩子进入这些名校，这表明上述假设可能并不完全正确。）另一种方法是将高级学位等要求更高的资格认证作为一种信号（专栏4.6）。

> **专栏4.6　信号与教育军备竞赛**
>
> 　　教育的部分意义在于获取知识、增进理解、学习独立地工作和生活以及拥有更广阔的视野。但正如诺贝尔经济学奖得主迈克尔·斯宾塞（Michael Spence）在1973年发表的一篇经典论文中指出的，教育在一定程度上也是向未来潜在的雇主发送的信号，他们需要以某种方式来甄别不同的求职者。学位以及授予学位的机构的特征就发挥了信号的作用。[*]信号理论是经济学中的另一领域，其中信息不对称对解释效率低下的行为和结果起着重要作用。
>
> 　　随着拥有本科学位的人比例不断上升，越来越多的雇主开始寻求拥有硕士学位的求职者。这就是教育信号中的军备竞赛。本科学位曾经代表着与众不同的智力和知识，现在只有硕士学位才能表

明这一点。例如在英国,拥有硕士学位的人口比例从1996年的4%上升到了2013年的11%。

经济学家布莱恩·卡普兰(Bryan Caplan)在其《反对教育的理由》(*The Case against Education*)一书中指出,教育最大的要点并不在于增加学生的知识和技能。他认为教育的功能主要在于传递努力工作和服从纪律的信号。更重要的是,教育导致了零和甚至是负和的博弈,得到更高学位的人使得那些没有更高学位的人相形见绌,这迫使一些人不得不付出极大的代价来获得更高的学位,以便提高自己在就业市场乃至婚姻市场上的竞争力。因为对于后者而言,很多人在学生时代遇到了他们的另一半或是会与自己学历相当的人结婚。军备竞赛没有终点,但是卡普兰认为,考虑到更高学位获得的工资溢价,至少可以做到的一点就是不要用纳税人的钱来补贴攻读硕士学位的人。

---

* Surveyed in Andrew Weiss (1995), "Human Capital vs. Signalling Explanations of Wages," *Journal of Economic Perspectives* 9, No. 4: 133–154.

如果收入和消费对于社会地位的竞争至为关键,而且还存在消费的军备竞赛,那么由于消费的负外部性,人们工作的努力程度和消费数量就会超过社会最优水平。这让人不由想起了公地悲剧,理性的个人选择却产生了不良的社会后果。

加勒特·哈丁建议将产权私有化作为公地悲剧的解决方案。如果人们拥有某一河段的产权,他们就会将外部性内在化,将捕鱼量控制在可持续的水平。埃莉诺·奥斯特罗姆有关管理公共资源的成功案例同样涉及稀缺资源使用权的分配规则,尽管这些规则不是以私有化所有权的形式，而是以约定使用权的形式出现。但是，对于具有负消费外部性的地位性商品而言，这种方法会使情况变得更糟。就建有豪宅的大地产而言，一些人能够而且也确实对其拥有排他性的产权，而这正是问题所在。

相应的替代方案从本质上说是对外部性实施庇古税，即对奢侈品征税。如果人们过度消费昂贵的跑车和名牌手包，那么通过征收足够高的消费税来抑制这种消费就似乎很有吸引力。但事情并没有这么简单。1991 年，英国财政大臣诺曼·拉蒙特（Norman Lamont）对当时被视为嬉皮士形象终极象征的手机征收了奢侈品税。当然，现在在所有发达经济体中几乎人人都拥有手机。新产品在一开始总是很昂贵，并且只有少数人会用，但是在这个阶段几乎无法预测哪些产品会在日后成为大众商品。英国的手机税在 1999 年被废除。当涉及日常的奢侈品时，比如名牌服装或钻石戒指，确定哪些商品应当缴纳奢侈品税就更困难了。让政府官员列出哪些品牌可以算作奢侈品，比如路易威登位列其中而图拉（Tula）却缺席，这真的是个好主意吗？这只会扭曲市场在接近同质的商品之间的选择。对于择校等地位性商品又如何呢？名校的吸引力部分地来自其彰显的地位，但政府真的应该因此就对其入学资格征税吗？

如果供给受到绝对限制而稀缺不仅仅是由于社会构建的原因导致的，一个可能的解决方案是资源的公共所有或建立许可制度。这样做的理由是，避免地位性商品军备竞赛的唯一方法就是通过创建某种公共资源，使这种竞赛根本无法发生。在一些土地所有极不平等的国家，包括一些发展中国家和发达国家（如专栏 4.7），由于大地产所有者拥有强大的经济和政治权力，关于土地的争论目前还在上演。

> **专栏4.7 苏格兰的土地改革**
>
> 苏格兰土地问题激发了强烈的政治情绪。在18世纪晚期和19世纪早期，苏格兰人离开或被驱离自己的家园，这就是所谓的大清洗（Clearance），由此导致苏格兰高地出现了一些大地产。大地主代替了集体耕作。据称，432人现在拥有该地区一半的土地，其中很多都是以运动村（sporting estate）的形式存在的。一家独立的土地改革评审机构在2014年呼吁对个人拥有的土地数量设置上限，苏格兰政府由此启动了一个调查苏格兰全境土地所有权状况的项目。现在针对苏格兰高地地区和邻近岛屿，政府推出了社区有权购买土地的计划。截至目前，所有者出售这些土地是自愿的，但是随着政治动力的日益增强，强制购买并非不可能。苏格兰政府土地委员会正在就征收土地税展开咨询。

土地改革项目强调了之前提出的观点，即产权也是由社会建构的。重新分配产权和分配机制都可以作为应对外部性的有用政策工具，而不是通过给定产权条件下的市场交易来解决。回想一下，加勒特·哈丁认为地方当局在圣诞节提供免费停车位是不明智的，因为这将增加对供给不变的固定停车位的需求。按照他的观点，当局应该通过抬高价格来进行配给。相反，当地政府想的是把停车位看作一种公共资源，它可以通过排队或先到先得的方法来配置资源。其他一些例子也表明，在某些情况下很多人更喜欢配给机制，而不是通过市场决定的价格来调节供求关系。英国国民健康保险制度就是其中之一。绝大多数英国选民认为，人们不应为满足基本需要而付费，尽管在医疗服务需求不断增加的情况下采用价格机制会提升经济效率。英国人宁愿排队看病，或者由医疗专业人员决定其医疗需要的轻重缓急。战时配给则是另一个例子。在这种情况下，食物的供应是有限的。配给制缺乏经济效率，并且不可避免地会导致所谓的黑市，在黑市上价格可以上涨以反映供给状况。然而，很多人（包括很多经济学家在内）都认为配给制度在某些时候是必要的，比如战争时期，在这种情况下公平比效率更重要。

一个稍微轻松点的例子是可口可乐（Coca–Cola）1999年尝试在炎热的天气里提高自动售货机中饮料的价格，这遭到了人们的强烈抗议。抗议如此强烈，以至于公司只好放弃涨价计划，尽管由于未能通过提价抑制一部分需求，自动售货机有时会出现无货可售的现象。然而，有时候消费者对于涨价又似乎没有什么不满，比如对于航空公司根据需求改变座位的价格，消费者就能安之若素。在不同情况下，影响需求的因素受到的控制多少不一，此时人们对公平的感受不同，这似乎是造成上述差别的原因。

在上述案例中，经济效率并不是政策最重要的目标。公平更重要，又或许最重要的是所有民众需要有公民参与意识，从而拥有高信任度或社会资本。

网络效应

地位性商品的特点是在消费中具有负溢出效应。而有些商品在消费方面具有很强的正溢出效应。需求侧的外部性就是网络效应，在第二章关于数字平台的部分已经讨论过。以电话为例，如果网络中的用户越多，我的电话对我来说就越有用。同理，一个社交媒体网站的用户越多，这个网站对我的价值就越大。很多数字市场具有间接的网络效应。例如，在 OpenTable 这样的平台上列出的餐厅越多，它对就餐者就越有用，而使用该平台的就餐者越多，它对平台上列出的餐厅就越有价值。其他的例子包括爱彼迎等酒店预订平台，和Craigslist、TaskRabbit以及很多其他人们日常生活中熟悉的服务和应用程序。在上述情形下，一个人的消费决策会影响其他人的偏好和选择。此时专栏1.4中的假设条件A2就不成立了。

结论

本章讨论了一些假设条件不成立时的情形，即生产中存在外部性或溢出效应，或者人们的偏好和消费选择不是相互独立的。有时界定公共资源的私有产权从而使市场能够运行，是应对外部性的一种适当方式。然而，其他方法也可以起到提升效率的作用，例如限制对公共资源的私有产权，从而使市场无法运行；确保社区对公共资源的管理；政府采用其他方式分配许可证或专营权等使用权；借助配给制，利用非市场方式来分配消费的权利。

上述总结已经清楚地表明，在某些情形下难以找到适当的政策以解决市场失灵并提高经济效率。当生产和消费过程中存在外部性时，经济学家经常忽略的社会因素往往会影响到提升经济效率的难易程度。这些因素包括社会规范、社会资本或信任是否普遍存在；进行呼吁，保持忠诚，并与实际退出或退出威胁（即消费者选择）相互作用，以及对公平的感受。社会资本或社会规范可以在一定程度上降低搭便车行为或对他人施以外部性的可能性。在采取任何政策以解决由于公共资源或地位性商品而导致的外部性问题时，对公平的考虑也会影响政策的成败。

最后，可以进一步扩展表4.1介绍的商品分类，以涵盖上述现象。对地位性商品及公共资源的引入如表4.2所示。

表4.2　扩展后的市场分类

生产的边际成本下降	消费是否具有竞争性？		是否容易拒绝搭便车行为？	
			容易	困难
	极具竞争性	负的消费外部性	地位性商品	
	是		私人物品	公共资源
	否		俱乐部商品/收费商品	公共品
	极具非竞争性	正的消费外部性	网络型商品	网络型商品

扩展阅读

经典文献

Garrett Hardin (1968), "The Tragedy of the Commons," *Science* 162, No. 3859 (December): 1243–1248, doi: 10.1126/science.162.3859.1243, http://www.sciencemag.org/content/162/3859/1243.full.

Fred Hirsch (1976), *Social Limits to Growth*, Harvard University Press. Albert Hirschman (1970), *Exit*, *Voice*, *and Loyalty*, Harvard University Press.

Elinor Ostrom (1990), *Governing the Commons*, Cambridge University Press.

为公共资源付费

UK Department for Environment, Food & Rural Affairs (2013), *Payment for Ecosystem Services: A Best Practice Guide*, https://www.cbd.int/financial/pes/unitedkingdom-bestpractice.pdf.

United Nations Development Programme, "Payment for Ecosystem Services," http://www.undp.org/content/sdfinance/en/home/solutions/payments-for-ecosystemservices. html.

公共资源的社区管理

Edward Glaeser and Jose Scheinkman (2000), "Non - market Interactions," NBER Working Paper No. 8053 (December).

Elinor Ostrom (2009), "Beyond Markets and States," Nobel Prize lecture, http://www. nobelprize. org/nobel_prizes/economic - sciences/laureates/2009/ostrom_lecture. pdf.

社会资本和规范

Partha Dasgupta (2005), "The Economics of Social Capital," *Economic Record* 81, No. s1 (August): S2 – S21.

J. Elster (1989), "Social Norms," *Journal of Economic Perspectives* 3, No. 4: 99 – 117, http://www. aeaweb. org/articles. php? doi = 10. 1257/jep. 3. 4. 99.

Edward Glaeser, David Laibson, and Bruce Sacerdote (2002), "An Economic Approach to Social Capital," *Economic Journal* 112 (November): F437 – F458.

Geoffrey Hodgson (2006), "What Are Institutions?," *Journal of Economic Issues* 40, No. 1: 1 – 25.

Geoffrey Hodgson (2013), editorial introduction to the Elinor Ostrom memorial issue, *Journal of Institutional Economics* 9, No. 4: 381 – 385. Eric Klinenberg (2002), *Heat Wave: A Social Autopsy of Disaster in Chicago*, University of Chicago Press.

Elinor Ostrom (2000), "Collective Action and the Evolution of Social Norms," *Journal of Economic Perspectives* 14, No. 3: 137 – 158.

地位性商品

Robert Frank (2005), "Positional Externalities Cause Large and Preventable Welfare

Losses," *American Economic Review* 95, No. 2 (May).

Fred Hirsch (1976), *Social Limits to Growth*, Harvard University Press. Rajiv Sethi (2010), "The Astonishing Voice of Albert Hirschman," http://rajivsethi. blogspot. co. uk/2010/04/astonishing – voice – of – albert – hirschman. html.

第五章　行为政策

上一章介绍了社会对个体决策产生的影响。本章将转向另一个有可能使个体决策产生的经济后果偏离经典效率框架的因素，即个人心理。近些年来，基于行为经济学的政策盛行一时。其中最常用的方法是"助推"，即基于大量的研究，将人们的决策视为一系列与理性和自利偏好相悖离的"偏差"。尽管助推理论已被政策制定者和经济学家广泛采用，但是对此不乏批评的声音，而且也有其他的替代方法可供选择。

一种可替代的方法是将人们的决策等同经验法则，考虑到大脑容量和注意力的限制，这些决策其实是完全理性的。另一种方法则质疑如下观点，即比起人们自己了解的方式，政策的挑战在于帮助人们更好地满足自己的偏好，这强过让人们自行其是，原因在于，正如上一章开始探讨的，偏好在一定程度上是由社会决定的，而不仅仅取决于个人心理。与此相关的批评是，政策制定者同样会有自己的偏差或偏好，所以行为政策中难免有家长主义的作风，这使得社会福利状况如何变化这一问题难有定论。

这些不同的观点表明，这里存在着一个生机勃勃的研究领域，有许多问题悬而未决，其中包括文献中一些"行为"结果的稳健性。总之，行为政策很可能成为政策制定者工具箱中一件常用的工具。从养老金到竞争政策与监管的各个领域，个体决策的心理因素都处于政策争论的核心地位。

本章考察这类发展迅速的政策，这类政策的出现是基于以下事实，即人们的行动并不总是以自利或理性的方式实现利益的最大化，其中包括基于行为经济学的日益流行的"助推"政策。"助推"一词源自卡斯·桑斯坦（Cass Sunstein）和理查德·塞勒（Richard Thaler）的畅销书《助推》（Nudge）。英国、美国、日本和澳大利亚等很多国家都已经成立了专注于这种方法的政策机构。像市场竞争管理部门之类的监管机构对更好地理解消费者的选择也有浓厚的兴趣。在有关政策的思维框架中，行为政策可以被认为是对某一特定类型的市场失灵的反应，即专栏1.4中假设条件A1不成立时出现的市场失灵。行为经济学依据一些著名的经验法则（heuristics）对决策行为进行分类，例如过度自信、厌恶损失以及锚点与框架的重要性。所谓锚点和框架，换句话说就是选择是如何呈现给人们的。该方法继承了两位心理学家丹尼尔·卡尼曼（Daniel Kahneman）和阿莫斯·特沃斯基（Amos Tversky）的研究工作，与经济学家卡斯·桑斯坦和理查德·塞勒等人也有关联。如今，该领域的文献已浩如烟海。本章将讨论决策的这些特性，比如哪些行为政策已经被采用，哪些似乎是行之有效的。

这是一个欣欣向荣的研究领域。诺贝尔奖委员会已将奖项授予了多位行为经济学家，该领域的很多文献也广为流传。在行为经济学日益流行的同时，学界对传统经济学和理性假设的信心出现了危机。在某些特定的情况下，这些理论和假设明显与经验相悖，尽管情况并非总是如此。不过，这股基于行为经济学来制定政策的潮流同样产生了很多问题。

其中一个问题是有关决策的合理假设似乎取决于具体情景。有时人们的确会像传统的、理性的、精于计算的经济人那样采取行动，在约束条件下实现某些利益的最大化。另一个问题是，由谁依据何种标准来评估"最优"结果，以及他们在做出决策时是否理性？此外，完全放任社会工程师的本能，或者说得体面一点，经济学家和政策专家一腔热诚的长者作风，这其中必有危险。毕竟，心理学中的这一领域起源于20世纪50年代心理学家斯金纳（B. F. Skinner）提出的行为主义，如今它已经没那么吸引人了，而且很多行为政策最初是在广告行业受到锤炼的。尽管这种政策方法很受政府青睐，但是官员像广告主管一样试图通过操纵人们的心理以影响其决策，这毕竟让人很不舒服。

另外，这里还存在一些概念性的问题。助推方法利用有关人们实际如何做决策的知识来制定政策，以实现"更好的"结果，但它面临着两种挑战。一种挑战更多的是关注的重点有所区别，它指明了经验法则的演化理性，而不是将其视为非理性的怪癖。该类挑战是由格尔德·吉仁泽（Gerd Gigerenzer）率先提出的。另一种挑战源于罗伯特·萨格登（Robert Sugden）等经济学家对下述观点提出的质疑，即在非理性决策的背后，消费者某些"真实的"偏好得到了真正的满足，就仿佛消费者做出了理性的决策一样。这一研究分支认为，内在理性的经济主体是不存在的，人们都是在特定背景下做决策的，决策的形成取决于周围正在发生的事情。

最后，行为政策的有效性仍面临很多悬而未决的问题。实验和测试表明，哪种特定的行为方法有效以及不同的政策如何相互作用，其结果存在很大的差异。在激发了行为经济学的心理学研究文献中出现了一场方法论危机，例如，一些结果无法复制，而且它们似乎在很大程度上取决于某些特定的情形。因此，行为政策还有待深入探究。

人类如何决策？

公共政策的目标是实现社会资源的合理配置和有效利用。很多时候市场上个体的分散化决策可以实现这一目标。然而，有时候公共政策的干预是必要的，比如在公共品或外部性使社会与个人的收益和成本不一致时，或者当存在信息不对称或垄断力量时。本书之前讨论的干预都基于人们会根据自身利益做出理性决策的假设。所谓自身利益可以被界定得很宽泛，例如将他人的福利或利他动机包括在内。到目前为止，本书的所有讨论都建立在理性假设之上。

经济学就是关于人们如何进行决策的一门学问，所以理性假设确实具有非常重要的地位。通常而言，经济学假设我们和《星际之旅》中的斯波克先生一样，合乎逻辑地考察各种可得的信息，然后计算出不同选择产生的结果。因此，当透过一家商店的橱窗看见一件夹克时，我们会看一下价格，然后根据我们的偏好以及给定的预算约束，计算购买这件夹克的效用是否比把钱花在其他用途上更高。根据经验，很多消费行为都是充分合理的决策。但是正如我们都能理解的那样，人类既有理性也有感性。有时，我们会因为心血来潮买下某些东西，或者即使明知道下次站上体重秤时会后悔，现在也要吃蛋糕。选择某件夹克的决定，有时仅仅因为是你最好的朋友也有一件类似的衣服，或者你非常喜欢曾经在时装广告中见到的某一场景。

既然每个人都很清楚冲动和情绪发挥的作用，为什么经济学家仍然假设每个人都会像超理性的瓦肯人①那样行动呢？这是因为，标准假设通常能够很好地预测人们的行为。很多实验已经证明，在不同情形下人们的行为产生的市场结果与标准的经济理论预测相一致。弗农·史密斯（Vernon Smith）正是因为与行为方法的先驱之一丹尼尔·卡尼曼共同完成此类实验研究而分享了诺贝尔经济学奖。人类以外的生物，例如实验室中参与实验的鸽子、老鼠和猴子，同样会在价格刺激下做出貌似理性和自利的决策，该研究领域也被称为生物市场理论。但如果据此认为人类做出决策以获得"理性"结果的能力还不如鸽子，未免令人奇怪。这表明人类或鸽子做出决策的环境对于他们如何行动有决定性的影响。人们非常不擅于思考不确定性和计算概率，所以在不确定性的情形下很有可能出现非理性决策。更重要的是，在很多情况或者大多数情况下，相当一部分人确实就像标准经济理论假定的那样行事，而无论传统方法还是助推方法都应避免假定所有人全是相同的。

此外，一些看似证实某种行为偏差的非理性选择，其实可能是由于运用经验法则（通常被称为直观经验）而形成的完全理性的习惯产生的结果，因为这样的选择会消耗较少的大脑能量。这与赫伯特·西蒙（Herbert Simon）在一篇较早的经济学文献中提到的所谓"满意"（satisficing）的概念是一致的，换言之，人们做出的决策只要获得足够好的结果就可以了，而不一定要付出更多的努力以获得可能最好的、利益最大化的结果。西蒙认为人是有限理性的，他们只消耗某一数量的时间和精力来找出最佳行动方案。与不假思索的"快思考"或冲动决策相反，通过计算的深思熟虑或卡尼曼所讲

---

① 电影《星际之旅》中的智慧种族。——译者注

的"慢思考"需要付出一定的成本,一个理性的人只有收益足够大从而使其物有所值时才会这样做。

行为决策和理性决策的比较

两种有关经济决策的方法,即理性决策和行为偏好,与相对应的人类行为假设有一定的相关性。表 5.1 以某种简化形式列举如下:

表 5.1 决策假设的对比

理性假设	行为假设
人们基于给定的信息集合和约束条件,实现利益最大化	人们遵循经验法则,并易于满足
人们会计算结果和效用	人们有认知偏差,尤其不擅长对未来进行推测和计算概率
偏好是保持不变的	偏好可能会发生改变,尤其是随着时间的变化而变化
人们的决策相互独立	人们的偏好会受到他人偏好的影响

不消说,这两组假设条件会导致对经济决策结果的不同预测。行为经济学的文献已经归纳了一系列的认知偏差或认知模式,其中一些如表 5.2 所示。事实上,这份长长的列表也是行为经济学的重要议题之一,因为相对于传统经济学的假设,行为经济学意味着在分析任何给定的问题时,需要选择的行为假设。由于缺乏综合性的理论,这种选择需要以经验为基础。如果小心为之,效果不错,但它毕竟不是精妙的理论。在这一点上,行为方法与传统经济学优雅而简洁的决策假设形成了鲜明对比。

表 5.2　行为偏差

拐折（kinked）的效用函数	人们会评估得失而不是其程度，损失造成的伤害大于收益带来的快乐
厌恶损失/禀赋效应和风险规避	人们表现出厌恶损失和风险规避
锚点与参考点	人们借助于参考点或锚点来评估相对的收益和损失，而不是其绝对数量
框架或决策的架构	人们的选择会随着决策的框架或者对决策的描述而发生变化
快思考和慢思考	很多决策在做出时没有经过对具体预期结果的计算，而是出于一时冲动或凭直觉做出决策
安于现状/惯性思维	人们不想付出努力来计算和选择，经常选择不需思考的简单选项
事后聪明/记忆偏差	人们不善于记忆，对最近发生的经历记得特别清楚
过度自信	人们往往过于自信，多数人都声称自己在中人之上。如果结果是好的，运气的作用往往被低估；如果结果不好，运气的作用又往往被高估
社会影响	人们的决策通常受他人影响
现时偏差/双曲贴现	比起递延的期间，人们更关心当下的期间，但是因为人们同样重视更远的未来，所以他们的决策通常具有时间上的不一致性。不同时点的决策会有所不同

表 5.2 中的前三项有时会与所谓的前景理论（prospect theory）相结合。图 5.1 将标准的效用最大化与前景理论进行对比，以考察不同的效用状况。左侧展示的是一个平滑的效用函数，从原点开始效用为正但边际效用递减，在考虑不确定性的情况下，这意味着风险规避。结果的水平决定了效用。标准理论有其规范的含义，其目标是实现个体效用的最大化。

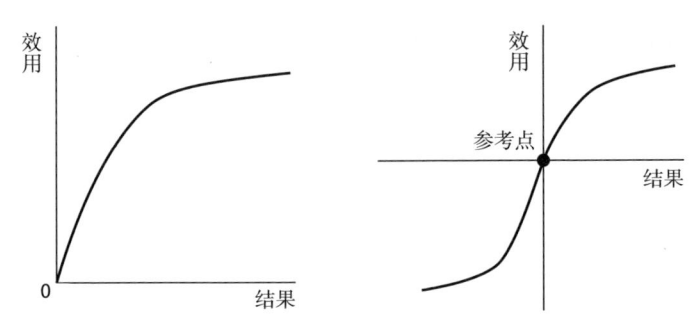

图 5.1　标准的效用最大化曲线（左）与前景理论曲线（右）

右侧的曲线呈现为一个拐折的效用函数，它说明个体基于参考点来衡量收益和损失，参考点通常是现状或者某一个其他非零的锚定点。在参考点以下，人们会表现出损失厌恶。人们评估的并非期望效用的绝对值，而是相对其参考点的预期收益或损失。通常情况下，从经验上看损失函数比收益函数的曲线更陡峭，因为损失给我们带来的痛苦大于收益带来的快乐。前景理论是描述性的，试图刻画人们如何评估他们的效用。对其批评者而言，这是一种肤浅的描述，未能严谨地说明人们是如何选择参考点的。

行为经济学面临的一个挑战在于，很多这类认知偏差都是从规模非常小且无法复制的心理实验中被发现的。众多关于行为经济学的畅销书用大量故事来解释非理性决策，但是基于表 5.2 中列出的预测人们决策的假设条件，这些文献均不能提供言之有据的一般性框架。这也正是标准的经济模型仍占据主导地位的原因之一。标准的经济模型不仅通常在经验中是有效的，而且它的理论体系具有内在的一致性。另一种行为经济学研究方法正致力于开展更为严谨的实验，使人们面对现实经济背景下的真实激励，并与他人互动。

尽管存在各种各样的质疑和批评，助推政策的提出仍有着坚实的基础。对行为偏差的很多描述可以在日益流行的技术性文献中找到。下面择其重要者予以简要介绍。

考虑风险

人们不太擅长计算概率。例如，给出下列选择，并要求实验对象迅速做出决定：

A. 有80%的概率赢得1 000美元

B. 一定能获得700美元

A. 有80%的概率损失1 000美元

B. 一定损失700美元

A. 下注10美元，获得以0.1%的概率赢得9 000美元的机会

B. 什么也不做

A. 冒以1%概率损失10万美元的风险

B. 购买1 100美元的保险来抵御这种风险

大多数人的选择是B、A、A、B。但是如果正确计算给定概率条件下的期望值并且做出理性选择，他们应当选择A、B、B、A，因为后者在各自的组别中拥有更高的期望值。

在这类概率的计算中，可以非常系统地观察到上述模式。根据卡尼曼对慢思考和快思考的区分，计算概率（慢思考）这种前额叶的皮层活动需要消耗大量能量，因此大脑经常忽略这一步，根据直觉给出答案（快思考）。对类似上述问题所做的典型回答，呈现如表5.3所示的模式。

第五章 行为政策 185

表 5.3　四格风险态度矩阵

	显著的预期收益	显著的预期损失
可能性高	规避风险：低估潜在的收益，例如助学贷款的收益	追逐风险：试图避免或弥补损失、厌恶损失，例如，金融交易员"孤注一掷"
可能性低	追逐风险：高估胜率，例如购买彩票	规避风险：高估潜在损失，例如对家用电器延长保修期等保险政策的态度

框架与锚定

选择的呈现或框架，将会改变决策，因为前者会改变人们对于收益和损失的认知。这一点很重要，因为如上所述，人们估计收益和损失的方式具有不对称性。为了观察框架如何影响决策，想象一下你正在一个有 600 人身处险境的村庄里应对埃博拉病毒。你的处理方法可以呈现为如下 4 种：

A. 在 600 人中救治 200 人

B. 有 1/3 的概率 600 人全部存活，2/3 的概率全部死亡

C. 400 人会死亡

D. 1/3 的概率没有人会死亡，2/3 的概率 600 人死亡

所有的预期结果都是相同的，即只有 200 名幸存者。A 和 C 是以确定的形式呈现，B 和 D 是以预期结果呈现的。A 和 B 为正向的框架，C 和 D 为负向的框架。哪一种呈现方式会使人们最有可能同意这一处理方案？在正向框架 A 和 B 中，人们是风险规避的，所以会选择 A。在负向框架 C 和 D 中，人们是追逐风险的，所以会选择 D。

框架可以影响所有的意见调查，即调查结果取决于问题是如何提出的。图 5.2 展示了一个民意调查的案例，表明框架如何改变人们的回应，在这一案例中它显然翻转了多数派的意见。

Britain Elects @britainelects
问题：将投票权的年龄限制由18岁降至16岁
支持：37%
反对：56%
（12月12–14日通过Ipsos-Mori调查）

Britain Elects @britainelects
问题：赋予16~17岁的人口以投票权
支持：52%
反对：41%
（12月12–14日通过Ipsos-Mori调查）

图5.2　民意调查问卷中的框架效应

　　如果不精确地参考问题的措辞和选择的框架，民意调查和投票结果就无法被解读。营销人员和广告商早就知道这一现象，因为他们所在的整个行业都是以此为基础的。经济学家尼古拉斯·卡尔多（Nicholas Kaldor）是广告业的批判者，因为他认为广告业利用了市场失灵，并由此降低了经济福利。现在有许多从事行为营销的博客和网站，其中包括神经营销（neuromarketing），都利用功能性磁共振成像扫描技术（fMRI）来提升广告的效果。这些行为营销的博客和课程充斥着如何利用框架、锚定、参考点以及风险规避或损失厌恶的建议。例如，他们有如下建议：

- 采用"10位顾客中有9位都对我们的服务感到满意"，而不是"90%的顾客对我们的服务感到满意"的表述。
- 相反地，要选用"我们只有1%的产品有缺陷"，而不是"每100个产品中只有一个有缺陷"的表述。
- 将一台价值400美元的浓缩咖啡机与咖啡店一年800美元的拿铁咖啡年销售额相比，不要把期望值锚定在每天2.50美元的卡布奇诺上。
- 给消费者一些不太吸引人的选择，将它们与你想要消费者

第五章　行为政策　　187

做出的选择并列在一起，以此来框定选择。像一些订购套餐经常做的那样。

惯性

由于人们会对计算和思考的必要性进行经济化的考量，所以选择中存在惯性。市场营销人员充分利用了这一点。一个常用的策略是自动续订以往的订购，因为当诱导性的特殊优惠结束以后，退订要花费客户一些心力。有一种行为经济策略或营销手段就是尽可能简化选择，以便减少人们需要为之付出的心力。另一种方法是设置默认选项，这样最简单的操作程序或"毫不费事"的选项就是那个你想要得到的结果。当然，如果没有默认选项，即迫使人们做出选择，这样就更受欢迎。然而，如果事情过于复杂，人们就不会再费力思考。如果问题和选择被简化，他们做出的决策就有可能更接近理性和自利的结果。

过度自信

一个经常可以观察到的现象就是过度自信，这也被称为"沃比根湖效应"（Lake Wobegon effect）。这一名称来自加里森·凯勒（Garrison Keillor）系列广播剧，该剧虚构了一个名为沃比根湖的社区，"这里的女人都很强壮，这里的男人都很英俊，这里的孩子都异常聪明"。几乎所有人都认为自己的驾驶技术在平均水平之上，或是他们的孩子天赋异禀。所有的金融从业者都倾向于认为自己比常人表现得更好。他们将大量的运气成分归功于自己的技巧，随后的结果如果回归庸常，他们在震惊的同时就会将其归咎于运气太差。鉴于男性比女性更有过度自信的倾向，且大多数交易员都是男性，这一点或许可以对金融市场的管制有所启发。

现时偏差

另一个具有重要经济含义的实例是现时偏差（present bias），它又被称为双曲贴现（hyperbolic discounting）。

相比于未来的钱，现在拥有的钱对我们来说会更有价值，所以人们会对未来的收益打个折扣，这是人之常情。假设你面对两个选择，现在获得 100 美元或者一年后获得 110 美元。如果对你来说这两种选择没什么区别，那么你的贴现系数或时间偏好率就是 10%。经济学中标准的指数贴现假定这一系数始终保持不变。所以对你来说，一年后获得 110 美元和两年后获得 121 美元也没什么区别。这是经济学中的标准公式，可被用于计算投资收益的净现值等。因此，计算 t 期之后的收益或回报时的贴现系数为：

$$\frac{1}{(1+\delta)^t}$$

然而在现实生活中，人们会更加看重近期的牺牲。考虑以下两个选择：

A1. 现在的一杯咖啡

A2. 明天的两杯咖啡

B1. 一年后的一杯咖啡

B2. 一年零一天后的两杯咖啡

人们通常会选择 B2，同时又选择 A1，因而显得对未来会更有耐心。不过，人们经常出现这类不一致的现象，如果将第一组选择放在一年之后，他们会重新变得缺乏耐心。因此，通常情况下人们的偏好会随着时间变化，即贴现公式为：

$$\frac{1}{(1+\delta t)^\beta}$$

其中 β 为正值，有时简化为 1。有时人们采用更为简化的版本，即所谓的拟双曲贴现。该等式的参数和形式可以调整，以便能对刚才描述的两种选择（短期的缺乏耐心和长期的耐心）建模。采用这一公式并设定适当的参数来计算净现值，表明传统方法给近期赋予较高的权重，但给远期赋予的权重较小，如图 5.3 所示。欲了解更多有关贴现的内容，可以参考第八章"贴现公式的选择"一节。

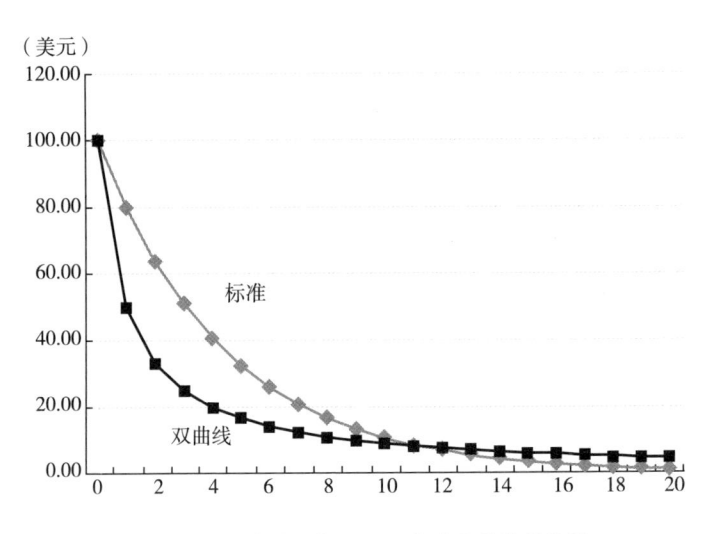

图 5.3　标准的贴现曲线和双曲贴现曲线的比较

日常生活中有很多这类行为的例子。绝大多数人眼下的选择显得冲动，并且会低估他们未来偏好的强度，即认为自己未来的选择会更理性，但实际上到了未来的某个时刻，他们的表现仍和现在一样。例如，我今天认为自己会为下个周末选择健康零食。根据一项实验，74% 的人预测自己会选择苹果，26% 的人预测自己会选择巧克力。但到了周末，只有 30% 的人真的选择了苹果，而 70% 的人选择了巧克力。这类情况经常与投射偏差（projection bias）联系在一起，即预期未来的感觉会与现在一样。承诺机制是应对偏好出现时间不一致的一种方法。例如,航空公司就是这样做的,它们要求乘客预定餐食,并希望这些信息有助于公司订购适当数量的各类食物,但是乘客也可以借此来保证自己选择健康的餐食,在用餐时避免受到美味但不健康食物的诱惑。

实践中的行为政策

政府和企业对使用助推方法的兴趣激增。在这方面英国再次成为弄潮儿,率先于2010年成立了专门的政策机构,即行为透视团队(Behavioral Insights Team,BIT),来发展助推政策。该机构在2014年被部分私有化,变身为一家致力于社会公益的公司,现在也为其他政府或企业提供咨询服务。澳大利亚、日本和美国近期也建立了类似的机构。在澳大利亚,新南威尔士州于2012年设立了行为透视团队(Behavioral Insights Unit,BIU)。美国于2014年成立了社会和行为科学团队(Social and Behavioral Sciences Team,SBST)。它被特朗普总统暂时冻结,但是之前已在一些社会政策领域引入一系列计划和探索。日本于2017年设立助推政策组,其关注的范围包括环境、健康和教育等领域的政策。行为政策现在已在全世界得到应用,并借助于援助项目走入了发展中国家(专栏5.1)。

> **专栏5.1 助推政策在发展中国家的应用**
>
> 在发展中国家,针对不同助推政策的随机控制实验得到越来越广泛的应用,并常常得到援助国的支持。例如,发展中国家的医疗保健产品通常会产生少量费用。但实验证明,将保健品的价格由小额降到零会对使用量产生巨大的影响。考虑到由此对健康起到的促进作用,损失这点收入是值得的。研究人员认为价格为

零传递了额外的信息,即这种保健行为是社会所期望的,相当于引入了一种框架效应。

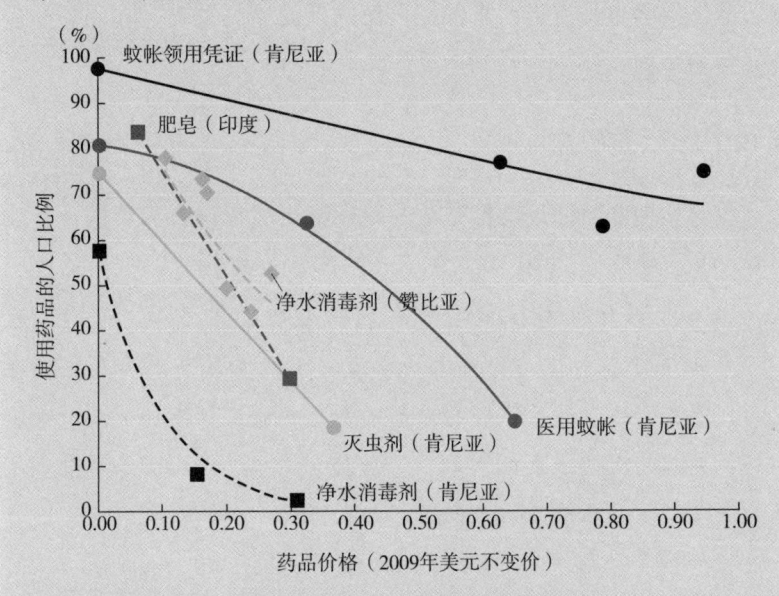

```
(%)
100 ┤  蚊帐领用凭证(肯尼亚)
 90 ┤
 80 ┤  肥皂(印度)
 70 ┤
 60 ┤
 50 ┤      净水消毒剂(赞比亚)
 40 ┤
 30 ┤
 20 ┤    灭虫剂(肯尼亚)    医用蚊帐(肯尼亚)
 10 ┤
  0 ┤  净水消毒剂(肯尼亚)
    └─┬────┬────┬────┬────┬────┬────┬────┬────┬────┬
   0.00 0.10 0.20 0.30 0.40 0.50 0.60 0.70 0.80 0.90 1.00
```

使用药品的人口比例 / 药品价格(2009年美元不变价)

小额收费对保健产品使用量的影响

资料来源:Abdul Latif Jameel Poverty Action Lab, https://www.povertyactionlab.org/sites/default/files/publications/The%20Price%20is%20Wrong.pdf。

收入极低的人群在做出重要决策时,尤其是像财务决策这类复杂事务时,可能存在巨大的认知压力。有证据表明,人们会将自己的思考分开,例如在有存款的前提下选择借钱,或将注意力集中在小问题上,而不考虑其总体的财务状况。将贷款偿还的有关信息以货币金额表示而不是以利率表示,有助于人们在决策时不那么困难。毫不意外,有研究发现,简化后的信息确实对人们有帮助。从玻利维亚到菲律宾,以发送短信作为提醒的实验,的确帮助人们增加了储蓄。

> International Bank for Reconstruction and Development (2015), *World Development Report: Mind, Society, and Behavior.* Eldar Shafir and Sendhil Mullanaithan (2013), *Scarcity*, Henry Holt.

助推政策最早也最知名的成功案例之一，就是将退休金储蓄账户的默认选项由选择加入转换为选择退出。在最早的一批研究成果中，有一项2001年的研究表明当雇主转为选择自动加入时，新雇员的参与率提高了50%。很多人储蓄的退休金非常少，如果不提高储蓄率，当他们退休时就会发现自己的退休金要远低于他们的期望值。退休金储蓄账户设有税收补贴，因此如果一个人把钱存入养老金计划，他有可能会获得更高的税后利率。但是这一价格激励显然不够充分。大量研究表明，将默认选项由选择加入转变为选择退出的确大幅增加了储蓄计划的参与率。这一转变意味着，雇员们不需要为开始储蓄或增加储蓄而付出积极的努力，他们不用做任何事就加入了这个从工资中自动扣除对应金额的计划。2006年，美国制定鼓励这种改变默认选项的法律，新西兰和英国则分别于2007年和2012年出台了类似的法律。这些政策对养老金计划参与率的影响可谓巨大（图5.4）。

其他政府代理机构，如竞争监管部门，在发现市场运行不符合消费者的最佳利益时，对行为纠正政策越来越感兴趣（专栏5.2）。最近发生在英国的一些案例包括金融行为管理局（Financial Conduct Authority）和竞争与市场管理局（Competition and Markets Authority, CMA）出台了一项规定，要求专注于发薪日贷款的比价网站必须展示有关信息，以便消费者可以选择最优惠的选项。它们还要求能源公司尝试以不同的格式开列账单信息，以确保消费者更有

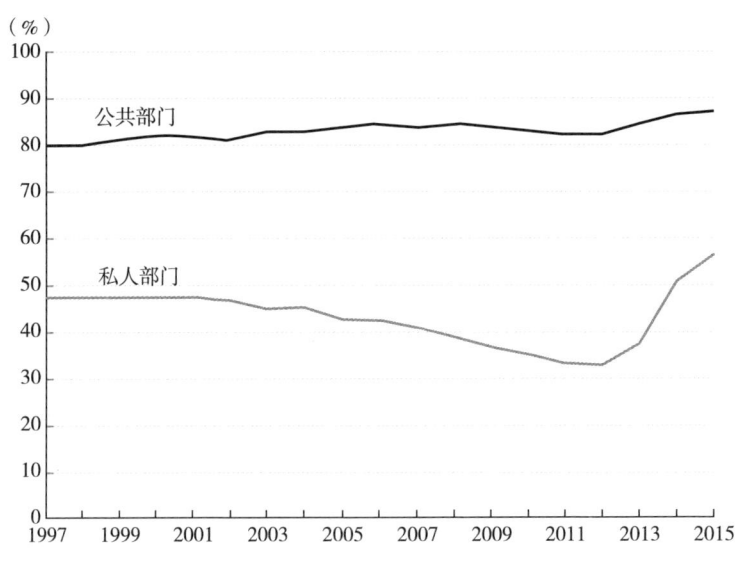

图 5.4　英国企业养老金计划的参与率

资料来源：Institute for Fiscal Studies。

可能转向价格更低的服务商。保险公司则被要求在续保信上列明上一年的保费总额，这样客户就能明白他们需要支付的费用已经上涨了多少。很多公司经常让客户试用不同版本的产品，其方式是通过线上所谓的 A/B 测试或者市场调查。行为政策也可能需要进行类似的测试，以确定必须采取何种形式才能实现监管者希望的结果。

> **专栏 5.2　判定行为政策**
>
> 　　在竞争政策中消费者的决策非常重要，而竞争监管机构对应用于银行和能源等市场的行为方法越来越感兴趣，它们希望在这些市场中有更多的消费者做出改变以刺激竞争。原则上行为研究成果的作用显而易见，但在实践中，事情并没有那么简单。例如，2005 年英国针对目录查询服务（美国称之为目录协助）进行了一次竞争调

查，监管机构担心英国电信公司将主导这一新近自由化的市场，因为它是当时的垄断企业，直到最近才被私有化，拥有很大的市场份额。监管机构的结论是，解决办法是提供更多的选择，以及对目录查询号码进行拍卖。英国电信公司拍下了118500，理由是人们更容易记住整数。另一家竞争企业 The Number 则选择了118118，并举办了一场以双胞胎为主题的令人难忘的广告宣传。结果表明，比起6位数人们更善于记住3位数。很多小公司也加入了这一市场，并竞标了一些电话号码。然而，总体来说，选择似乎太多了，消费者要么由于惯性而仍然选择原来的服务商，要么选择他们唯一能记住的其他号码。在放松管制之后，两家最大的公司最终获得了比以前更大的市场份额。* 了解类似的消费者心理似乎非常有用。另一方面，最近一些调查得出的结论，即在银行或能源等一些重要市场出现的问题在于，消费者需要被推动一下才能做出更好的选择，这确实只是在自然垄断或市场高度集中背景下整个故事的一小部分。

---

* Rufus Pollock (2009), "Changing the Numbers: UK Directory Enquiries Deregulation and the Failure of Choice," University of Cambridge Department of Economics Working Paper No. 0916, https://ideas.repec.org/s/cam/camdae.html.

表5.4 给出了另外一些已经实施助推政策的例子，以展示在这一新兴领域中的干预程度。很多案例涉及健康医疗、能源和环境、就业，又或者与税款或罚款的支付或节约政府服务成本有关。到目前为止，行为政策已被普遍采用。通常而言，这涉及准确地测试哪种信息框架、默认选项或社会比较最有可能实现想要的结果，采用

的方法有时是随机控制实验（比如测试新的医疗干预或药物）、田野调查或实验计划（pilot schemes）。行为政策总是需要经历一些试错的过程，但仍有大量实验正在进行中。人们对行为经济学的兴趣为将这些新方法引入经济学奠定了基础，相关的应用文献可谓汗牛充栋，且仍在与日俱增。

表 5.4 实践中的助推政策案例

政策类型	描述
改变默认选项	2012 年，英国要求雇主在录用员工时将其自动加入养老金计划，即默认选项从选择加入变为选择退出。养老金计划的参与率因此从 61% 上升到 83%（BIT）。
承诺机制	2014 年，在英国的一个试点项目中，失业救济申请者被要求每周写下为找工作付出过何种努力。这使不再领取救济金的人数有小幅（2%～5%）却显著的增加（BIT）。
社会规范	2015 年，澳大利亚重新设计了罚款通知单，以包括大多数人会按时缴纳罚款的信息。新的通知单使缴纳的罚款增加了 3.1%，即 100 多万澳元（BIU）。
框架	2015 年，在美国，改变了选择能源计划的有关信息，让消费者在绿色和非绿色选项之间做出选择，而不是默认提供标准价目表。该试点计划被暂停（SBST）。
框架	2016 年，澳大利亚新南威尔士州在经评估的几个选项中精选出减少医院预约的爽约数量这一项。该选项是一条提醒短信，告诉患者每次错过医院预约都要耗费医院 125 澳元。错过预约的数量减少了 20%，由此每年可节省 6.7 万美元（BIU）。
框架	2015 年，肯尼亚给那些已经获得零利率小额贷款的人发送短信，以测试哪类信息会提高还款率。短信增加了男性的还款率，但使女性的还款率有所下降（CGAP，布萨拉行为经济学中心）。

行为政策的重要问题

识别正确的决策架构

为了利用心理学的洞见而构建人们所做的决策，这被称为决策架构（choice architecture）。它包括设置不同的默认选项、简化选择、筛选信息并以特定的方式呈现，以及利用社会比较。决策架构利用框架、锚定、参考点、惯性、现时偏差等工具，促使人们能够做出更好的决策。由于上述一种或多种认知习惯，个人经常做出次优选择，所以政策制定者可以考虑使用某些行为政策或助推政策。

想一下吃了太多巧克力蛋糕的问题。你很清楚，从长远看每天吃一块巧克力蛋糕对你是有害的，但是你无法抵御这种冲动。你应该怎样给自己设计一套助推措施和决策架构来改变你的行为习惯呢？有以下几种选择：

- 加入一个减肥团体（承诺机制）
- 将一张自己一年以前比现在轻 5 公斤的照片贴在冰箱门上（框架/参考点）
- 绝对不要买整个蛋糕，每次只买一块，同时在家里放很多苹果（改变默认选项）
- 和朋友一起在脸书上开启新页面，记录自己吃了多少蛋糕（社会比较，尽管大家如果都是死不悔改的蛋糕爱好者，这会有些危险）
- 说服当地咖啡馆改变柜台陈列，让品相诱人的水果沙拉和全麦松饼更显眼（选择架构）

在实践中，政策制定者同样可以选择多种方法的组合，甚至可以尝试单独使用或一起使用这些方法，看哪一种做法最有效。从表面上看，选择架构的方法很难被排斥掉，因为除了其他选项以外，某些选择架构似乎始终存在，并且它肯定会促使人们做出更好的选择，而不是相反。如果学校食堂的柜台里只有薯条和沙拉，你为什么不优先选择其中更健康的食物呢？仅仅因为现状如此，就把薯条放在更显眼的位置，这难道是一个好主意？

英国行为透视团队将其建议提炼为几个要点（专栏5.3）。他们的建议看上去简单易懂。实际上，相当多的行为政策建议似乎都可以归结为常识，但这种常识在政策制定中并非总是处于主导地位。比如，保持简洁的形式并使信息引人注目就属于这类常识。不过以有效的方式组织信息和构建决策架构，并不总像看上去那么简单（专栏5.4）。

专栏5.3　行为透视团队的建议

尽量简化：
　　发挥默认选项的威力
　　减少签约某项服务时的"麻烦因素"
　　简化信息

尽量吸引人：
　　引起关注
　　设计奖励和惩罚以达到最大的效果

尽量利用社会因素：
　　表明多数人都有设计者希望的那类行为
　　利用社交网络的力量
　　鼓励人们对他人做出承诺

尽量保持实时性：
　　在人们最容易接受的时候提醒他们

考虑眼前的成本和收益

帮助人们缩小意愿和实际行动之间的差距

> **专栏5.4 有关决策架构的重要问题**
>
> 无数田野试验都考察过电力消耗和账单信息的呈现方式将如何影响客户的后续使用。一项为期一年的研究发现社会影响有着强大的作用。把别人的用电量和账单信息告诉一位顾客，将会使该顾客的用电量减少6%左右。这种影响是立竿见影的，而且似乎可以一直持续，即使该顾客不改变其行为也不会受到处罚。然而，简单地向客户提供有关如何减少用电量的信息，甚至会产生更强的短期效果，一项类似措施的影响甚至长达15个月。但是，这些信息必须以纸质账单的形式发送，并借助图表加以说明，当通过电子邮件发送时就没有这种作用。至于签约使用在线账单的客户，大幅度的经济激励可以将其用电量减少10%，效果超出了其他任何方案。令人困惑的是，如果客户还收到了其他人支付电费的信息，那么这种良好的作用就大大减弱了。
>
> ———
>
> Paul Dolan and Robert Metcalfe（2015），"Neighbors, Knowledge, and Nuggets: Two Natural Field Experiments on the Role of Incentives on Energy Conservation," Becker Friedman Institute for Research in Economics, Working Paper No. 2589269（April），https://ssrn.com/abstract=2589269 or http://dx.doi.org/10.2139/ssrn.2589269.

关于信息是如何传递的，它应该由什么构成，以及它如何与传统的经济激励相互作用，并不总像图5.5所示的物理助推那么简单，相反还有很多问题需要研究。相关研究获得了大量的实证证据，但目前还无法得出一般化的政策结论。决策架构的细节和背景似乎具有关键作用。当然，现在没有像更传统的政策方法那样简单明了的现成政策，比如"增税以抑制消费"。在对相关信息缺乏了解的情况下实施助推政策可能会适得其反，同样，行为政策也不太可能轻易地从某一国家或地区移植到其他的地方。

图 5.5　决策架构的力量

注：斯德哥尔摩地铁站的音乐楼梯，当人们站在上面时会被奏响，这会鼓励人们走楼梯而不是使用自动扶梯。

资料来源：https：//www.youtube.com/watch？v=2lXh2n0aPyw。

找到正确的反事实情形

评估行为政策也面临诸多挑战。例如，上文所述的养老金储蓄账户默认退出选项，在世界各地都获得了成功，提高了退休储蓄计划的参与率。它看上去明显是个好主意，但是也存在一些问题。在这类储蓄计划中，人们将其收入的2%~4%储蓄起来。大多数人如果想要获得充足的养老金，这一水平或许太低了，所以需要更多的措施来提升储蓄率。但是根据现有的养老金计划，人们会不会认为自己已经储蓄得足够多了呢？这一增长是新的储蓄还是从其他金融产品中转移过来的，对此，我们也不清楚。最后，有一些因默认选项而加入计划的人可能由于自身的原因不这么做反而会更好，例如他们正在偿还成本高昂的信用卡债务。我们不能仅仅因为养老金储蓄计划参与率提高就认为改变默认选项的政策取得了成功。正确的评估应当将成本和收益都考虑在内，并且将默认选项发生变化时的情形与适当的反事实情形进行比较。

经济激励和内在激励

很多行为政策实验中出现的一个问题是比较经济激励与社会（公民）意识激励发挥的作用，后者又称为内在激励。内在激励的重要性在经济学中并不新鲜。亚当·斯密的《道德情操论》曾强调非经济考量的重要性，但现代主流经济学倾向于忽略这一点，假定只有经济激励才是重要的。一些耳熟能详的故事讲述了经济激励为何会产生适得其反的结果，其中一个常被反复提及的著名故事来自丹尼尔·卡尼曼的著作。一家托儿所决定对迟到接孩子的父母进行罚款。这项罚款让父母感觉他们是购买了一项服务，因此有权迟到。托儿所的新举措最终事与愿违。经济激励减弱了道德上的负罪感。类似的事情也有可能发生在能源价格实验中，即更便宜的账单抵消了社会比较的影响。

在另外一些情形下，利用社会规范或内在激励更有效，也更经济（专栏5.5）。实验结果表明，经济奖励并不比便宜的奖杯更能激励学生获得好的考试成绩。企业内部的竞赛，比如提名为本月的销售助理，可以激励员工付出更多的努力，其作用和奖金一样好。对于经济激励和社会激励之间的相互作用，现在人们理解得还不充分。但是，如果认为经济奖励是最有效的选择，或者认为激励优异的工作成绩的唯一途径是与绩效挂钩的薪酬或奖金，那显然是错误的。

专栏5.5　献血

不同国家对献血的回报有着不同的政策。在中国、德国、俄罗斯和美国等国，捐献者会得到一小笔报酬。但在法国和英国等国，政府禁止向捐献者支付报酬。由于以下两个原因，世界卫生组织建议献血应当是自愿的和无偿的[*]：一是支付报酬有可能产生更大的风险，因为捐献者有可能是迫切需要资金的人，他们很可能正身患疾病或吸毒成瘾；二是有证据表明，人们的态度在有酬劳的体系中会发生变化，他们献血的意愿将下降而不是上升。新西兰的一项研究基于相对较小的问卷样本发现，超过半数的献血者表示，如果改为有偿献血他们可能不再继续献血。[**]在一篇经典的论文中，社会学家理查德·蒂特穆斯（Richard Titmuss）强调了献血是礼物关系（gift relationship）的一个范例，引入货币奖励会破坏这种关系。[***]然而，报酬与利他主义的关系在学术界仍有争论。即使在自愿献血的国家，捐献治疗免疫性疾病所需的血浆通常也是有偿的，因为这类血浆供应不足，而且捐献程序对献血者的要求也更高。在中国和美国，囚犯可以捐献血浆，但这些国家也因此曝出过因筛查不足而导致传染的丑闻。

* https://www.who.int/bloodsafety/voluntarydonation/en/.

** https://www.bmj.com/content/312/7039/1131.

*** Richard Titmuss (1970, reprinted 1997), *The Gift Relationship*, New Press.

对助推政策的批评

助推的影响是巨大的，而且毫无疑问，相关政策实验将会继续。但这并不意味着行为公共政策是一件不用动脑筋的事情。一个关键问题是，政府官员是否应该更像《广告狂人》中的广告经理那样，"纠正"市民决策中表现出来的"偏差"，而不是像经济技术官僚那样假设公民是最有能力自行决策的个体。

助推的支持者认为，他们的选择是仁慈的"自由式家长主义"。考虑到总会有一个默认选项，或者选择总是会有这样或那样的框架，政府如果不选择某种选项或者框架，引导人们以最大可能选择最有效率的结果，它的做法就是愚蠢的。这显然是一个合理的观点。这并没有禁止人们选择自己喜欢的选项，只是让他们在这么做时不那么容易。

批评者不认同由专家和官员做出这类决定的正当性，并质疑他们到底关心谁的利益。大多数家长主义都会强制人们做他们不想做的事情。如果一定要有某种家长主义或限制，是否应该交给家庭或社区，而非交由政府决定？这就涉及第七章将会讨论的政府失灵问题，在前几章论及的相关议题也将集中在第七章加以体现。行为政策确实意味着政策制定者要确认自己比个体公民更了解情况，而且他们更善于评估具体决策的优劣。官员利用广告业长期使用的策略，尤其是在公众已经对专家产生强烈反感的情况下，这显然会令人们感到不舒服。大型网络公司也开始更多地采用行为干预，以鼓励他们认为可取的行为。例如，脸书已经开展了大量在线行为实验，研究哪种助推可以提高选举中的投票率，或者让人们承诺成为器官捐献者，其中有些实验可能目前尚未为公众所知。

吉勒斯·圣保罗（Gilles Saint-Paul）对助推提出了强有力的批判，如果要通过引入行为政策来改变人们的饮食习惯从而降低肥胖的发生率，为什么要把这一点视为政府的职责？他认为，这样的政策损害了个体的责任感，有可能会减少非肥胖人群的效用，而且减少的效用或许会超过肥胖人群因减少腰围而增加的效用。批评者还认为，自由是一种比经济效率更为重要的价值。即使是仁慈的家长主义也具有强制性，为什么不要求人们为自己退休生活的费用负责并止步于此，而是半强制地让他们把钱存进某一特定的养老金计划呢？许多公共政策经济学都会讨论效率与公平之间的权衡。但在这场有关行为政策的辩论中，人们可能需要在效率和自由之间权衡。持相反观点的辩护者则可能会说，在一个经济体中，如果销售产品的公司正在利用行为科学诱导人们购买可能客观上不利于他们自身的产品，例如挪用本来应用于房租之类必需品的资金或是因此健康受损，那么为什么政府不应该尝试反营销的做法呢（专栏5.6）？

> **专栏5.6　售卖垃圾食品**
>
> 日益升高的肥胖率是很多富国乃至穷国都面临的一个公共健康问题。2017年，经合组织的一份报告显示，成人肥胖率在美国、墨西哥、新西兰和匈牙利最高，在日本和韩国最低，范围从前者的30%以上到后者的不足6%。*

研究人员试图从各种可能的因素中找到问题的根源，例如人们的运动量比起过去有所减少，软饮料的消费有所增加以及饮食习惯的改变，等等。政府为此尝试了一系列的政策，例如英国对糖分过多的饮料加税，加利福尼亚州为领取食品券的家庭提供购买新鲜水果和蔬菜的额外优惠券。[**] 尽管造成肥胖盛行的原因仍不清楚，但很难说政府不应该尝试采取行为政策以改变消费者对不同类型食品的偏好，而数十年来食品行业一直在雇用行为科学家研究如何让人们购买它们的商品，在"食品优化"的过程中为使食物变得美味而添加糖或钠等成分，这可能会对健康造成不利影响。[***] 食品制造商使用的配方也可能是肥胖的原因之一，这一事实同样证明了监管和税收政策的必要性。

---

[*] OECD (2017), Obesity Update, https://www.oecd.org/els/health-systems/Obesity-Update-2017.pdf.

[**] Linda Fulpone (2009), "Policy Initiatives Concerning Diet, Health and Nutrition," OECD, https://www.oecd.org/tad/44999628.pdf; Nick Triggle (2018), "Soft Drink Sugar Tax Starts but Will It Work?," https://www.bbc.co.uk/news/health-43659124; OECD (2011), Double Value Coupon Program Diet and Shopping Behavior Study, https://www.oecd.org/site/agrfcn/Double-Value-Coupon-Program-Diet-Shopping-Behavior-Study-.pdf.

[***] Michael Moss (2013), "The Extraordinary Science of Addictive Junk Food," https://www.nytimes.com/2013/02/24/magazine/the-extraordinary-science-of-junk-food.html.

　　这里并非要陈述放弃或谴责行为政策的理由，但谨慎行事也是很有必要的。政策制定者既要清楚这些行为方法与更传统的税收和

监管等政策影响经济福利的原理，也要对自己知识的局限性保持审慎的态度。不过，行为政策已经是政策工具箱的一部分，并且为当前的经济研究提供了一个激动人心的领域。

结论

人们并不总像经济学模型和政策分析中通常假设的那样，一直通过理性的计算来进行决策，因此，将行为科学应用于政策的兴趣如此日益浓厚也就不足为奇了。尽管这一领域尚未像经济学理论那样，对人们在现实生活中如何决策建立起简洁精妙的模型，但一些定律已得到证明，如本章所讲的惯性、损失厌恶、框架效应和过度自信。在制定经济政策时，我们有理由考虑这些行为特征。实际上，如果这些假设可能导致干预没什么作用，甚至会适得其反，政策分析师为何要采用不切实际的假设呢？不过，学界对于特定背景下形成的各种行为类型，还有待进一步的探索。有时人们的行为完全与标准经济模型中抽象的理性行为人相同，有时不同的行为干预却会产生意想不到的效果。就此而言，相关文献中的系统性结论还不太多。如果不充分重视具体背景和政策制定者知识的局限性，过分热情地接受助推政策，显然是危险的。

扩展阅读

作为补充的技术性文献

Raj Chetty（2015），"Behavioural Economics and Public Policy: A Pragmatic Perspective," *American Economic Review* 105, No. 5（May）: 1 – 33, st as clear about the economic welfare rationale for these behav – ioral approaches as for / behavioral_ely. pdf.

Fabrizio Ghisellini and Beryl Y. Chang (2018), *Behavioural Economics: Moving Forward*, Palgrave Macmillan.

Ted O'Donoghue and Matthew Rabin (1999), "Doing It Now or Later," *American Economic Review* 89, No. 1: 103 – 124.

Matthew Rabin (2002), "A Perspective on Psychology and Economics," UC Berkeley Department of Economics Working Paper No. E02 – 313, http://digitalassets.lib.berkeley.edu/main/b22239650_C075622681.pdf.

经典论文

Daniel Kahneman and Amos Tversky (1979), "Prospect Theory: An Analysis of Decision under Risk," *Econometrica* 47, No. 2: 263 – 292.

David Laibson (1997), "Golden Eggs and Hyperbolic Discounting," *Quarterly Journal of Economics* 112, No. 2: 443 – 477.

Herbert A. Simon (1955), "A Behavioral Model of Rational Choice," *Quarterly Journal of Economics* 69, No. 1: 99 – 118.

Amos Tversky and Daniel Kahneman (1974), "Judgment under Uncertainty: Heuristics and Biases," *Science* 185, No. 4157 (September): 1124 – 1131.

行为政策

Abhijit Banerjee and Esther Duflo (2011), *Poor Economics*, PublicAffairs.

Marianne Bertrand, Sendhil Mullainathan, and Eldar Shafir (2006), "Behavioral Economics and Marketing in Aid of Decision – Making among the Poor," *Journal of Public Policy and Marketing* 25, No. 1: 8 – 23.

Uri Gneezy, Stephan Meier, and Pedro Rey – Biel (2011), "When and Why Incentives (Don't) Work to Modify Behavior," *Journal of Economic Perspectives* 25, No. 4 (Fall): 191 – 210.

David Halpern (2015), *Inside the Nudge Unit: How Small Changes Can Make a Big Difference*, WH Allen.

Brigitte Madrian (2014), "Applying Insights from Behavioral Economics to Policy Design" (July), http://papers.ssrn.com/sol3/papers.cfm?abstract_id=2471211&download=yes.

J. Mehta, ed. (2013), *Behavioral Economics in Competition and Consumer Policy*, University of East Anglia, http://competitionpolicy.ac.uk/docuMents/8158338/8193541/CCP+economics+book+Final+digitalversion+-+colour.pdf/30214557-cace-4b0b-8aac-a801bbde87bc.

OECD (2017), "Behavioral Insights and Public Policy: Lessons from around the World," http://www.keepeek.com/Digital-Asset-Management+/oecd/governance/behavioural-insights-and-public-policy_9789264270480-en#.WgMB30dpFDg#page1.

Cass Sunstein (2016), "Nudges That Fail," SSRN Working Paper, http://papers.ssrn.com/sol3/papers.cfm?abstract_id=2809658.

Richard H. Thaler (2016), "Behavioral Economics, Past, Present and Future," *American Economic Review* 106, No. 7: 1577-1600, http://dx.doi.org/10.1257/aer.106.7.1577.

Richard Thaler (2017), Nobel Prize lecture (December), https://www.nobelprize.org/prizes/economic-sciences/2017/thaler/speech/.

相关批判

G. Harrison and D. Ross (2017), "The Empirical Adequacy of Cumulative Prospect Theory and Its Implications for Normative Assessment," *Journal of Economic Methodology* 25: 150-165.

Gilles Saint-Paul (2003), "Liberty and the Post-Utilitarian Society," http://ideas.repec.org/p/iza/izadps/dp6911.html, and reply by Cass Sunstein and Richard Thaler (2003), "Libertarian Paternalism," *American Economic Review Papers & Proceedings* 93, No. 2 (May): 175-179.

Robert Sugden (2018), *The Community of Advantage*, OUP.

畅销著作

Dan Ariely (2008), *Predictably Irrational*, Harper Collins.

Dan Ariely and Jeff Kreisler (2017), *Dollars and Sense: How We Misthink Money and How to Spend Smarter*, HarperCollins.

Daniel Kahneman (2011), *Thinking Fast and Slow*, Farrar, Straus and Giroux.

Cass Sunstein and Richard Thaler (2008), *Nudge*, Yale University Press. Richard Thaler (2015), *Misbehaving*, W. W. Norton.

第六章　贫困、不平等和国家的作用

国家影响个人经济福利最重要的方法之一，就是提供被欧洲人称之为"福利国家"的社会安全网。本章将探讨政府在决定居民个人收入水平、居民间收入分配以及提供医疗和教育等基本服务方面发挥的作用。尽管社会保障、养老金、医疗和教育等方面的政府支出一般呈上升趋势，但各国在失业保险、社会保障、公共健康和教育等方面所做的政策选择却表现出巨大差异。同样地，政府及其选民在以何种方式增税并为这些支出提供资金方面也有着很大的差异。这些宏大的主题在本书中无法深入地讨论。本章引用的有关最优税收的文献，也没有予以详细的解读。不过读者应该牢记，一国的经济福利既取决于政府的税收，也取决于政府的支出。在增加税收收入（以及增加税收的方式）与经济增长之间，或者说在平等与效率之间，存在着权衡取舍。

这里的重点是就根本性的经济效率而言，由国家调节收入和提供公共服务是否具有合理性。为什么政府认为减少贫困、设立最低收入标准或者为每个人提供医疗和教育是必要的？为什么会有这么多人认为再分配是出于经济效率的考虑，而不是仅仅出于道德方面的原因？本章讨论了一些有关收入再分配和公共服务的政策选择。政府相对于经济整体的规模在不同国家之间存在显著差异，即使在富裕的经合组织成员国之间也是如此。一般来说，欧洲各国的政府部门与美国和日本相比规模更大。本章还探讨了造成各国政策选择差异的原因，它们是由不同的历史和国民偏好造成的。

在概述了发达经济体的政策发展趋势之后，本章将考察政府通过税收、福利以及提供公共服务等政策来影响人们的收入和支出的做法，从经济效率的角度有何合理性。本章进一步介绍了政府为自己设定的政策挑战，即减少贫困和限制不平等，继而讨论政府可以利用的政策工具，从不同形式的税收到公共服务支出都有所涉及。

福利国家的扩张

几个世纪以来，大多数现在的经合组织成员国都提供过某些扶贫措施，但直到19世纪选举权扩大之后，政府才开始考虑为处境艰难的公民提供更广泛的社会安全网。欧洲大陆在19世纪率先建立了第一个社会保障体系。此时的英国工人只能通过非政府性质的互助协会为人寿保险和丧葬费用进行储蓄。这种情况在英国的工薪阶层中一直持续到20世纪70年代，保险公司的代表走访各家各户，收取小额费用，口号是每份保单每周收取1便士。最早的福利国家萌芽之一出现在德国，当时的德国首相奥托·冯·俾斯麦在19世纪70年代创建了社会保险体系。其他国家在19世纪末也纷纷开始扩展各自的社保体系。美国现行社会保障体系的前身建立于1935年。在资本主义早期，失业保险和医疗保险都很少见。后文将会解释，私人市场一般不太提供这两类保险。在20世纪的第一个十年，英国建立了失业保险和国家养老金计划,不过覆盖面相当有限。生病对人们来说是特别沉重的经济打击,许多家庭因此一蹶不振。美国在大萧条时期则根本没有任何社会保障可言。

在大萧条中经历的一切为二战的爆发铺平了道路,但也正是这场战争导致大西洋两岸相继建立起现代福利国家(专栏6.1)。考虑到当时经济灾难的规模和选举权的进一步扩大,越来越多的选民认为政府有必要提供更多的经济保障。罗斯福总统借助新政于1935年推出了美国的第一个社会保障计划。自20世纪初期起,各国的相关政策就表现出明显的差异。但所有政府用于福利和医疗等公共服务方面的社会支出都在逐步增加,并且在大多数情况下这一趋势还在继续(图6.1)。

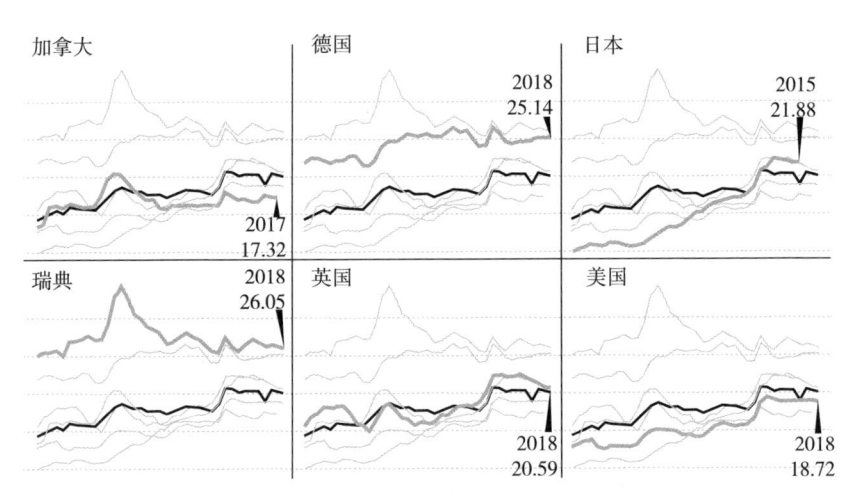

图6.1　1980—2018年经合组织代表性国家社会支出占GDP的比重

注:黑线表示经合组织成员国的平均值。社会支出包括以现金形式支付的社会福利、直接以实物形式提供的商品或服务以及用于社会目的的税收优惠。所谓"社会",指项目必须涉及家庭之间的资源再分配或强制参与。

资料来源:OECD,更新于 https://data.oecd.org/socialexp/social-spending.htm。

专栏6.1　五巨头

1942年，威廉·贝弗里奇（William Beveridge）的《社会保险和联合服务》（Social Insurance and Allied Services）在英国出版，即所谓的《贝弗里奇报告》（Beveridge report），这标志着人类视野的一个重要转折点。贝弗里奇旨在消灭他所谓的"五巨头"，即贫困、疾病、肮脏、无知和懒惰。他写道："社会保障必须通过国家和个人之间的合作来实现。"这是一本令人惊叹的畅销书，产生了巨大而持久的影响。1942年12月1日，在这本书出版的前一天晚上，人们就排起了长队来购买，第一版6万册迅速售罄。它在一个月内售出了10万册，而一个更便宜的缩略版则售出了近50万册。英国广播公司（BBC）在其《全球服务》节目中详细介绍了这本书，所有的英国军队都派发了该书的各个版本。人们甚至在希特勒的地堡里也发现了一份副本，上面写着"一个极为简洁的完整体系，几乎在所有方面都明显优于当前德国的社会保障体系"。由于战争，失业问题不复存在，但人们决心不让20世纪30年代的悲剧重演。1945年，英国工党在大选中击败了英勇的战时领导人温斯顿·丘吉尔并大获全胜，此时公众显然已经准备好接受贝弗里奇所讲的社会福利制度了。

贝弗里奇的建议包括三部分：管理经济以实现充分就业，他将充分就业定义为8%的失业率；一个免费为患者提供必要服务的国家医疗服务体系；一项社会保险计划，人们在工作时往里存钱，生病、失业或退休后借此获得收入。这项计划旨在建立一个社会安全网，只要人们需要得到经济支持就能提供帮助。它的基础是互助保险。"用缴费换取福利"，贝弗里奇坚持这一点。这种缴费模式在某种程度上一直是英国税收和福利体系的一部分。法国等其他西欧国家在其战后的社会保障体系中也采用了贝弗里奇模式的基本原则。

尽管大萧条和接下来的战争影响了所有受波及的国家提供的福利，但是这些国家不同的历史路径和如今的结构都表明，政府一直在回应不同的文化、感知到的需求和选民的意愿。显然，并不存在适用于任何时间和任何地点的正确干预。关于社会保障、再分配和公共服务的争论在政治上常常出现两极分化的情况，这个领域里不存在技术层面上的正确答案。在二战后初期，西欧的福利国家主要以保险为基础，个人在失业、生病或退休时能得到的福利水平取决于他的缴费情况。然而，自 20 世纪中期建立现代福利国家以来，随着有关政府支出总额的增长，个人获得的福利越来越多地取决于个人经济状况而不是其缴费情况。总的来说，公民对福利国家的参与越来越广泛。相比之下，美国、韩国等东亚经济体，以及一些规模更小、经济较落后的经合组织成员国提供的社会福利规模更小，这方面的支出增长也更慢。无论就金额还是期限而言，抑或两者兼而有之，这些国家提供的福利不如大多数欧盟国家那样慷慨（图 6.2）。但在所有发达经济体中，政府都会对不再拥有收入的个人提供一笔相当可观的收入。

各国在收入分配和再分配方面也有不同的政策选择。当然，政府可以通过税收制度和社会福利支出来影响收入分配。它们还通过最低工资、集体谈判协议或公司治理规则等法规来影响工资和薪金的分配，并通过提供医疗、教育和住房等公共服务进行实物层面的再分配。因此，不同的历史路径反映了有关经济制度、税收负担以及福利安全网的形式和慷慨程度的政治选择。如何解释这些选择？这是否意味着社会福利实际上是一个政治问题，而非一个经济问题？

这些议题涵盖的范围很广。本章主要探讨扶贫与收入再分配的区别，以及可供各国政府用来影响收入水平和收入分配的政策工

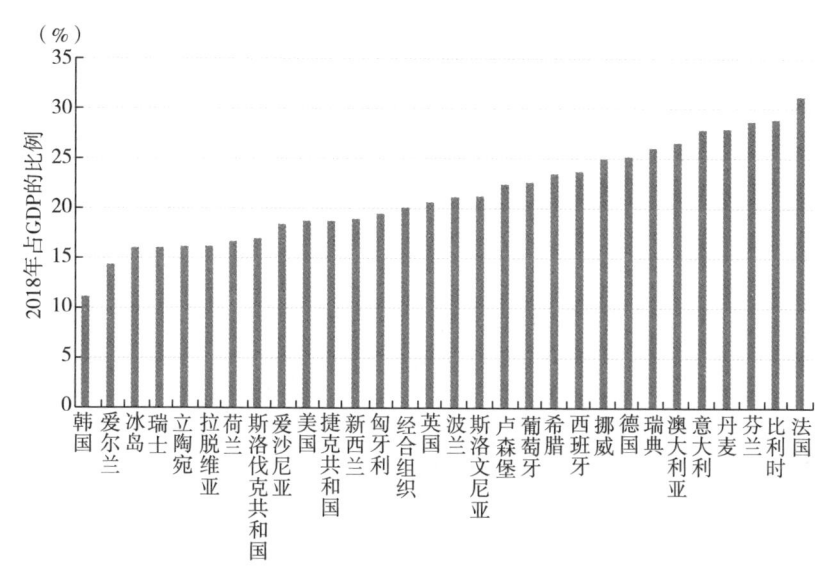

图 6.2　2018 年经合组织经济体中各国政府社会支出占 GDP 的比例

注：经合组织对社会支出的定义为以现金形式支付的社会福利、直接以实物形式提供的商品或服务以及用于社会目的的税收优惠。

资料来源：OECD，更新于 https://data.oecd.org/socialexp/spending.htm。

具。由于以下诸多原因，这些都是新出现的重要问题。自 2008 年金融危机以来，对某些经合组织成员国的中等收入和低收入民众而言，他们的实际生活水平几乎没有提高，在某些国家这种情况甚至持续了更长时间。在 1980 年之后的二十多年时间里，许多富裕经济体的不平等程度有所上升，而美国的不平等程度在此之后继续提高，这扭转了二战后较长一段时期渐趋平等的趋势。至于收入停滞不前和（或）高度不平等是否影响了选举走势，并导致多个国家选民的愤怒情绪，人们对此尚有一些争论。这些事态的发展值得我们研究。回顾过去，移民和全球化在多大程度上影响了富裕经济体中很多人的生计；展望未来，加速的自动化又会在多大程度上使不平等加剧，这些同样是有争议的问题。人们担忧自动化对就业机会可能产生的影响，这使人们最近对全民基本收入（universal basic income）这个古老的概念重新产生了兴趣。但首先要解决的问题是，从经济效率而非道德或政治方面看，一国政府为何应当关注本国的收入、贫困和分配。

政府在经济效率上的干预合理性

福利、福利国家或社会保障等术语（各国的表述有所不同）常常使人们只想到很狭窄的政策范畴，如失业救济或对有特殊需求的人提供政府救助。实际上政府所做的其他很多事情都会影响人们的生活水平，包括提供公共服务和设定劳动力市场的法律和制度框架。在这方面政府对其公民有什么责任呢？它们应该关注收入分配吗？如果是的话，什么时候应该关注以及要实现的目标是什么？它们是否应当只聚焦于摆脱贫困，如果是的话，它们该如何做？从历史上看，所有的西方国家都会提供某些贫困救济，而且随着时间的推移，逐渐在国民失业、生病和退休时也提供一些经济支持。尽管程度不同，所有政府都通过累进税制为这些公共服务提供资金，这种做法具有收入再分配的性质。它们也提供教育、医疗和住房等公共服务，这对提升人们的生活水平做出了重要贡献。这些服务的费用都来自税收，而且由于收入较低的人群更加依赖这些公共服务，因此这类政策同样具有再分配功能。

既然政府在实践中以各种各样的方式进行干预，那么这样做的理论依据是什么？理由是否充分？其中一种原因可能在于政府的目标是创建公平的社会，这需要实现某一最低生活标准或者不平等程度有一个上限。有关平等的理由是很有说服力的。民主社会的公民身份要求人们至少应当具备某一最低限度的能力，以充分参与国家或社区的经济和社会生活。更重要的是，由于富人可能对政策的影响力越来越大,在立法和监管中保护少数人的利益或垄断租金的现象会越来越普遍,因此,高收入阶层的极端不平等可能会侵蚀民主。那么,从市场失灵的角度看,政府干预就经济效率而言的合理性又是什么?实际上这包括几个方面的内容,分别涉及信息不对称(专栏 1.4 中假设条件 A4 不成立)、不完全市场(假设条件 A6 不成立)和外部性(假设条件 A5 不成立)。

至于在必要的时候提供一定的收入,最重要的理由是由于信息不对称和市场缺失(假设 A4 和 A6 失效),个人无法独自抵御某些特定的风险。福利国家实质上是社会的共同保险。有一些风险是个人自己无法摆脱的,或由于风险规模过大,或由于不利事件会同时影响每个人,以至于私人保险公司无法分散风险。例如,一次经济衰退会导致失业率大幅上升,很多人即使自己没有犯错也会失去收入。因此,就失业保险而言,衰退导致大规模失业的可能性是任何私人保险公司都无法承担的。当类似的风险被分摊到一个群体中不同的个人身上时,保险市场可应付差异化的个人风险,但它不能应对重大的总体风险。因此,国家总是要采取措施,弥补洪涝和恐怖袭击等巨灾的受害者的损失。这类事件已被明确排除在标准的保险政策之外。商业周期下行阶段的情况也与之相似。回想一下第二章的次品汽车市场:如果出现糟糕结果的风险足够大,比如遇上坏车或经济衰退,而且个体不确知自己将处于何种境地,比如他们不知道是否应该买下这辆二手车或者不知道自己是否会失去工作或身染重病,那么市场就可能分崩离析。尽管个人可以购买一些私人收入保险,但总体来讲由于失业而索赔的概率很小,所以不管怎么说,这类保险对个人而言成本高昂。

由信息不对称和逆向选择导致的市场失灵在医疗保险等保险业中普遍存在。人们比保险公司更了解自己的健康状况,而其他人很难对此予以监控。当然，私人保险公司确实经常要求人们提供由保险公司雇用的医生出具的体检报告，或者越来越多地要求人们提供源自智能手机或手表应用程序的相关数据。那些更容易生病的人会购买更多的保险。这里还有潜在的道德风险问题：如果你购买了医疗保险，你就更有可能冒险。或者，如果你生病了，你就没有动机节省治疗费用，你可能会进行任何一项相关检查。这可能对治疗效果有帮助，但社会无法承受经济效率低下的过度治疗。美国用于医疗保健方面的支出占 GDP 的比例要高于其他经合组织国家，但平均而言治疗效果却更差。世界各国政府大多会提供健康服务和医疗保险，或者将其托管给医疗保险公司。美国通过联邦医疗保险制度（Medicare）和医疗补助制度（Medicaid）来实现这一点。最近，美国推出的《平价医疗法案》（Affordable Care Act）代表了上述原则的扩展，以解决这一领域的市场失灵，尽管这仍然是一个引起政治纷争的议题。

再者，一些健康问题实际上根本无法投保，其原因恰恰就是它们几乎必然会出现，比如年老体衰时的一些小毛病和最终的死亡。应对这类问题需要的是储蓄工具，而不是保险政策。但是，鉴于前一章我们已经谈到的那样，长期储蓄决策涉及行为问题，政府很可能不得不提供必要的护理或对这类储蓄进行托管。最后，医疗保健的需求规模也是一个问题。治疗流感或骨折不难，但某些疾病会对人们的生活和谋生能力产生灾难性的影响，也就是说，对防范概率较小的灾难性风险的私人保险项目进行定价通常是非常困难的。至于医疗保健问题（我们会在下文中进一步讨论），政策手段的范围很广，其中的一个极端是深受英国人喜爱的国家医疗服务体系，这是一种资金来自税收的公共服务，向国民免费提供必要的医疗服务，而美国侧重的私人保险市场则代表着另一个极端。

政府之所以要直接提供公共服务的另一个原因是信息不对称，比如医生和教师等专业人士对其所提供服务的了解远远超过其"客户"。未经训练的人几乎没有能力评估治疗或教学水平。而且由于这些都是体验性商品，实际上它们是无法货比三家的。病人或学生可能永远也不知道服务的质量到底如何，换句话说，它们对结果有何影响。换个医生或老师，病人的健康或学生会因此变得更好吗？根据考试成绩或死亡率所做的排名信息会有所帮助，但这些信息很难评估，因为综合服务包括许多维度，人们不可能知道如果换一种情形结果会如何。因此，由中立专家为治疗效果设立标准、管理费用或工资水平，设定质量标准，尽管困难重重，但仍是可取的做法。最后，由于涉及的信息问题及其所提供服务的重要性，医生和教师个人之间的信任关系确实很重要。与此相关的一个问题是卫生和教育专业人员的动机（motivation），第七章将详细讨论这一主题。许多人认为医疗或教育领域中的市场机制会降低专业人员的服务质量。显然，医生、护士和教师需要获得报酬。但是，有一些证据表明，金钱关系的确会对某些专业人员的内在激励产生负面影响，从而导致医疗服务质量的下降。

政府提供公共服务或为其提供补贴的第三个原因是，医疗和教育支出的社会收益超过了其私人收益，即存在巨大的外部性。传染病防治可被视为典型案例。不仅如此，健康而有活力的劳动大军将产生更高的生产率溢出效应。教育领域也是如此。现代增长理论解释了为什么增加对教育的投资不仅可以为受教育者今后带来更高的收入从而产生私人收益，还会产生社会收益。这是因为知识会在人与人之间传播，所以一个人的教育水平提高会使其他人受益。穷国经常落入恶性循环的陷阱，这是因为在该国可获得的工作都是低技能型的，因此接受教育的私人收益很少，而企业只能雇到未受教育的工人，从而也只能提供低技能的工作。这种外部性证明，除了私人投入外，政府有理由对教育提供一定程度的庇古式补贴。

贫困：定义和趋势

上述论证表明，政府在实践中提供不同类型的收入支持和公共服务，具有合理的理论解释。人们普遍认为减少贫困是首要任务，帮助人们度过失业或罹患重病等困难时期尤其是重中之重，尽管许多国家的社会保障制度拥有更广泛的目标。贫穷显然意味着没有足够的钱，但出于政策实践的目的，我们需要对它做足够精确的定义，以便能够度量。一个重要的区分是绝对贫困和相对贫困。

绝对贫困被设定为一个固定水平，例如国际援助机构采用每天2美元的定义。一般而言，这个标准并不是绝对固定的，而应根据一个社会选定的基年的普遍收入水平来设定。穷国每天2美元的现行标准是从每天1美元提高而来的，富裕国家的绝对贫困标准相对要高得多。

相对贫困被界定为社会中其他收入水平的一定比例，通常是中位数收入的50%或60%。中位数收入是收入分配的中点值。将中位数收入作为基准，是因为极高收入群体的收入会扭曲收入分配状况，平均收入的数值通常比较高。

贫困的测度通常依据家庭收入而非个人收入，这一测度一般要等值化，以考虑到不同类型的家庭构成，即一个家庭中有多少需要抚养的儿童或无能力的成人，以及有多少正常的成年人。一个家庭需要多少收入很大程度上取决于是否有孩子或者其他需要抚养的人，家中一共有多少人口，家庭成员中是否有退休人员或残疾人，如此等等。等值收入是按照相同标准将个体加权而计算得出的，例如，在一个通用的版本中，第一个成年人的权重是1，其他成年人是0.5，15岁以下的儿童是0.3，诸如此类。权重递减的原因是人们假定在维持一个家庭时存在规模经济，比如同一家用电器可以供多个人使用，同一份租金租来的房屋也可供数口人同时居住。

考察家庭在缴纳税收和接受福利之前的收入或者之后的收入，两者之间的差异是衡量税收和福利或者社会保障体系如何影响再分配的一个指标。有时人们在衡量收入时扣除住房费用。由于这些费用被认为是相当基础性的支出，因此在计算可用收入时必须考虑这一因素。

了解了这些定义之后，我们可以发现在过去70年的大部分时间里，经合组织各经济体的绝对贫困一直在减少（图6.3），只在经济衰退期间出现了一些短暂的上升。但是，用相对贫困的阈值考察政府政策更为合理，因为现在的贫困与20世纪30年代甚至90年代经历的贫困是不一样的。现在独立卫浴、集中供暖和移动电话是必需品，如果人们买不起这些东西，他们就没有达到能够参与社会正常活动所需的最低生活水平。再者，我们关注贫困问题的原因之一不仅是因为利他主义或社会正义，还因为在民主社会中，我们希望每个人都有参与公民活动的能力。普遍的相对贫困意味着大量人口无法参与日常活动或为了生活基本品而每天焦虑，这使富裕社会看上去丑陋不堪。

只要经济在增长，绝对贫困就会呈下降趋势，而很多国家的相对贫困状况却趋于恶化，20世纪80年代和90年代尤为明显。由于相对贫困线随着中位收入的提高而上升，有些人过去的收入在中位收入的60%以上，不属于相对贫困，但现在他们可能由于收入增长得不如其他人快而落入相对贫困，甚至发现自己的收入远低于新的收入中位数。贫困线（假设收入中位数的50%）和这类人口平均收入之间的差距被称为贫困差距（poverty gap）。不同年龄人口的体

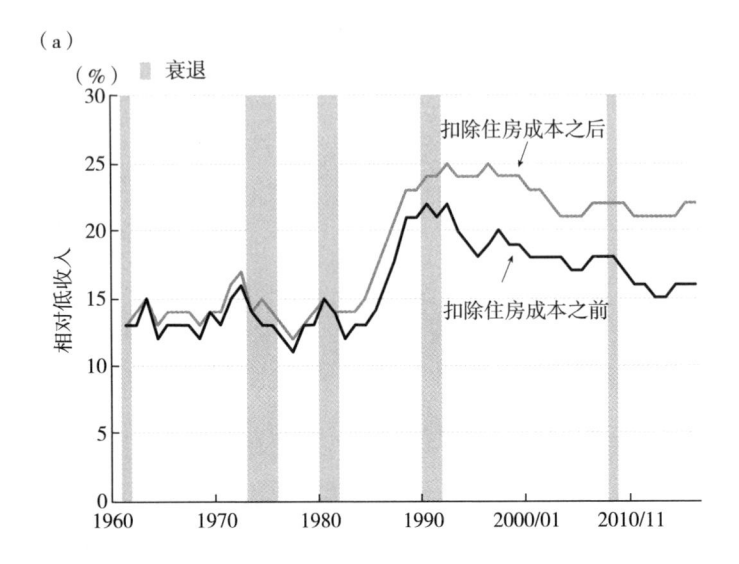

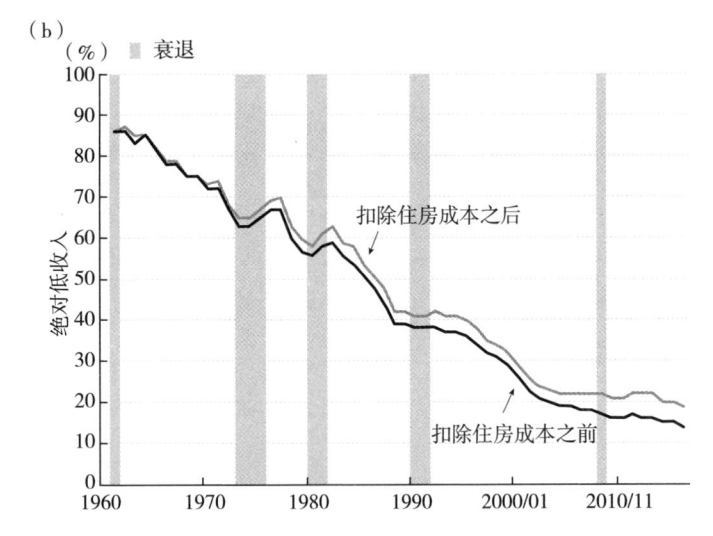

图 6.3　英国从 1960 年到 2016—2017 年度的相对贫困占比（图 a）和绝对贫困占比（图 b）

资料来源：https://assets.publishing.service.gov.uk/government/uploads/system/uploads/attachment_data/file/691917/households - below - average - income - 1994 - 1995 - 2016 - 2017.pdf；https://www.ifs.org.uk/uploads/publications/bns/bn19figs_2016.xlsx。

验会随时间推移发生显著变化。例如在英国，领养老金的人过去是最可能落入贫困的年龄组之一，但随着时间推移，他们逐渐变成获得较低收入概率最小的人口，而儿童现在变成了最容易受贫困问题困扰的年龄组。

我们在考察不平等的趋势之后，稍后会再来讨论解决贫困问题的政策选择。解决贫困和不平等两类问题的政策有明显的重叠，因为任何提高低收入的行动都可能缩小收入的不平等。

不平等：定义和趋势

不平等也可以用几种不同的方式来定义和衡量。例如，准确定义收入不平等及财富不平等，是很重要的一件事。二者有明显的区别，因为一些拥有巨额财富的人尽管收入较低，却依然可以享有富人的特权和权力。同样重要的是区分测算的收入是税前的还是税后的，或者有没有进行上文提到的其他调整。

一种常见的方法是根据收入对人们进行排序，然后考察不同群体的收入份额，例如收入最高的1%或5%人群在总收入中所占的份额；或者计算比率，例如收入最高的10%与收入最低的10%人群的收入之比。

基尼系数是一个更复杂的衡量指标，它需要更多的数据，但也能更全面地反映整体分布状况，而不仅仅是极端情况。在图6.4中，根据收入多少排列并显示人口累计收入的曲线被称为洛伦兹曲线。洛伦兹曲线越偏离45°线，即图中A的面积越大，收入分配越不平等。基尼系数衡量的就是这一偏离程度，所以它的数值越接近于1，意味着出现了越严重的不平等。表6.1比较了一些国家的基尼系数。

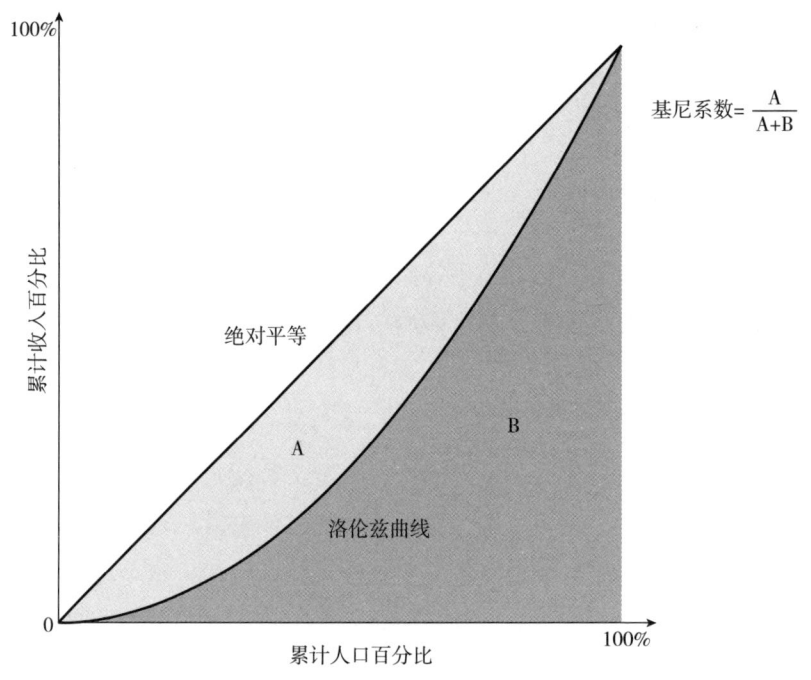

图 6.4　基尼系数的计算

表 6.1　基尼系数

	2008	2009	2010	2011	2012	2013	2014	2015	2016
中国	42.8				42.2				
法国	33.0	32.7	33.7	33.3	33.1	32.5	32.3	32.7	
德国			30.2	30.5		31.1		31.7	
印度				35.1					
瑞典	28.1	27.3	27.7	27.6	27.6	28.8	28.4	29.2	
美国			40.4			41.0			41.5

资料来源：由世界银行估计。

近些年来，主要得益于一些经济学家为建立世界财富和收入数据库（World Wealth and Income Database，WID，http://wid.world/）所做的努力，各国收入不平等数据的可得性得到了极大改善。使用这些统计数字必须要谨慎。对极高收入的度量要比低收入甚至一般的高收入更为困难，因为低收入人群更有可能申请社会福利，因此会向政府报告其财务状况或者依法纳税，但极高收入人群在会计人员的帮助下将财产转移至海外，以逃避税收机关的监督。有关财富不平等的数据尤其稀少，因为极富有的那些人善于保护有关其财富的隐私。但是，巨额财富带来的持续影响力可能比高收入产生的政治后果更重要，因为高收入可能会戛然而止。尽管如此，除非另有说明，本章其余部分使用的数据都是指收入不平等。

一定程度上由于托马斯·皮凯蒂（Thomas Piketty）2014年出版的《21世纪资本论》（*Capital in the 21st Century*）取得的巨大成功以及书中使用的新数据，许多人现在已经意识到这些收入不平等的趋势。由于中国和印度等国经济的快速增长，全世界的低收入人群都获得了巨大收益，而非常富有的人的收入也有了进一步的增加。经合组织国家的中产阶级就相对不够幸运（专栏6.2）。西方各国见证了一些共同趋势，但也展现出一些重要的区别。数据表明，在富裕的经合组织经济体中，直到1980年左右，战后几十年的共同趋势是不平等程度在稳定且显著地下降。然而，从1980年到21世纪头10年中期，这一趋势出现了逆转，而且某些国家的不平等上升幅度很大，其中包括美国、英国、加拿大和澳大利亚，以及一些曾经主张平等主义的国家，比如瑞典和一些前社会主义国家。而在其他一些欧洲国家，最高收入人群（前1%）的收入增长相对较少。图6.5显示了美国和法国在这一领域的相似之处与不同之处。自2008年金融危机以来，大多数国家不平等加剧的趋势已经停止，甚至略有下降，美国是明显的例外。美国的不平等程度特别高。如图6.5所示，美国最富有的1%人群所占的收入份额回到了《了不起的盖茨比》（*The Great Gatsby*）一书描绘的镀金时代的水平。

专栏6.2 全球中产阶级

不应忽略的是,自1980年以来全球范围内的收入不平等已显著降低,这在很大程度上是由于中国和印度这两个重要的低收入大国经济和收入的快速增长。在中国、印度和其他低收入国家,数以百万计先前生活在贫困之中的民众经历了收入的迅速大幅增长。在全球中产阶级呼之欲出的同时,经合组织成员国的中产阶级收入几乎没有增长,而富裕阶层却获得了极大的收益。如果说低收入国家的不平等依然严重,高收入国家则在这一期间变得更加不平等了。经济学家布兰科·米兰诺维奇(Branko Milanovic)用图表展现了全球收入群体的变化,并由于该曲线的轮廓而将其形象地称为"大象图表"。

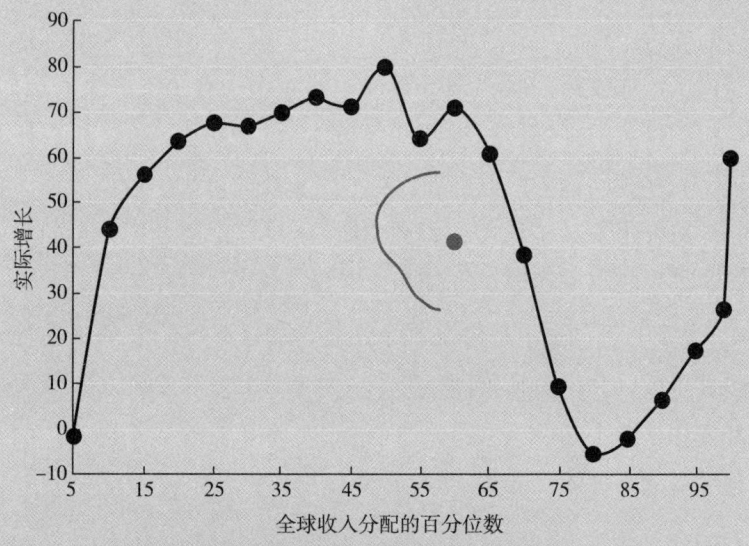

1988—2008年全球收入分配各百分位的实际收入变化
(按2005年国际元计算)

资料来源:Branko Milanovic (2016), *Global Inequality: A New Approach For the Age of Globalization*, Harvard University Press。

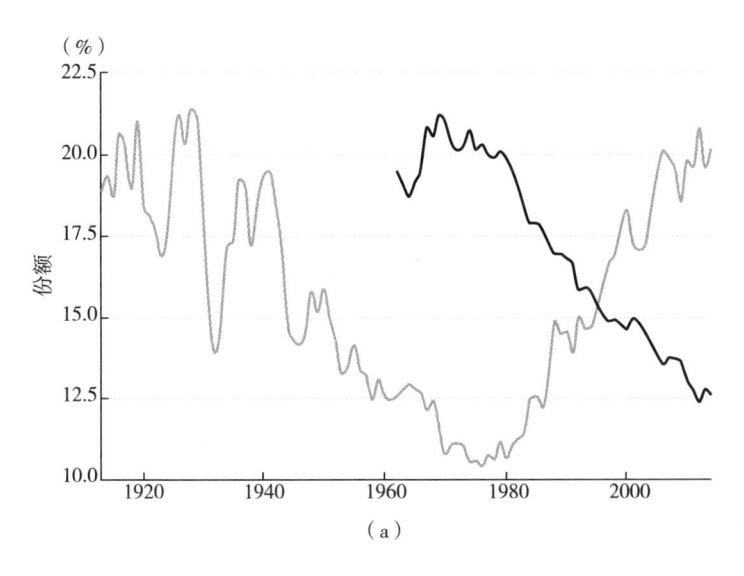

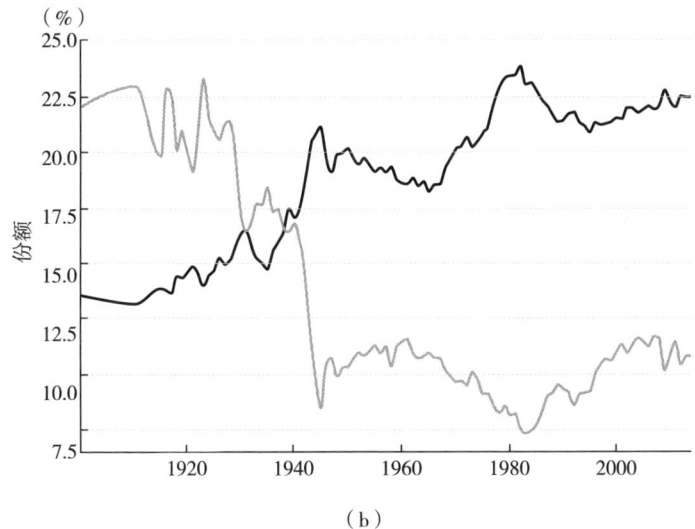

图 6.5　美国（图 a）和法国（图 b）的收入不平等状况

注：收入最高的 1% 人群（灰线）和收入最低的 50% 人群（黑线）在国民总收入中所占的份额。

资料来源：世界不平等数据库（WID）（税前收入），http：//wid.world/。

第六章　贫困、不平等和国家的作用

所有发达经济体在20世纪都经历了不平等先下降再上升的大趋势，这意味着任何解释都必须具有充分的普适性。对于这一模式的解释主要指向全球化和技术，两者都有助于提高高技能工人的工资溢价，同时限制了中等技能和低技能工人收入的增长。总的来说，大量研究文献表明技术变革是收入不平等的主要驱动因素。它增加了对拥有更高认知技能的工人的需求，这些技能与新技术形成互补。对于那些至少在目前无法实现技能自动化的工人，需求也增加了，这通常涉及一些传统上收入较低的个人服务，如清洁、护理、美发、零售等。然而，高技能工人的供给并没有随着需求的增长而增加，而靠低技能谋生的这部分劳动力的供给却增加了，因为原来从事制造业或秘书等普通工作的工人在被取代之后，不得不寻找一些收入更低的工作。经合组织成员国的就业市场普遍存在"中间阶层空心化"或两极分化的现象，即低技能和高技能的就业人数增加，而中间水平的就业人数下降。图6.6显示了英国和美国这种中间阶层空心化的状况。

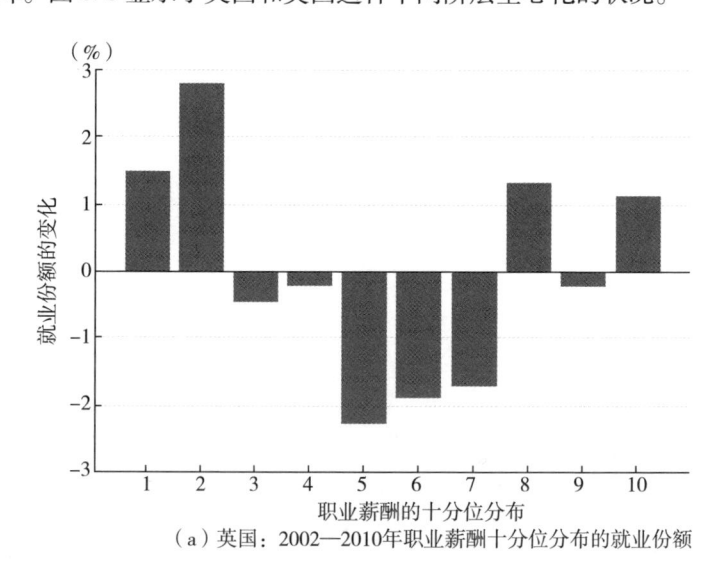

（a）英国：2002—2010年职业薪酬十分位分布的就业份额

图6.6　英国和美国就业市场的空心化现象

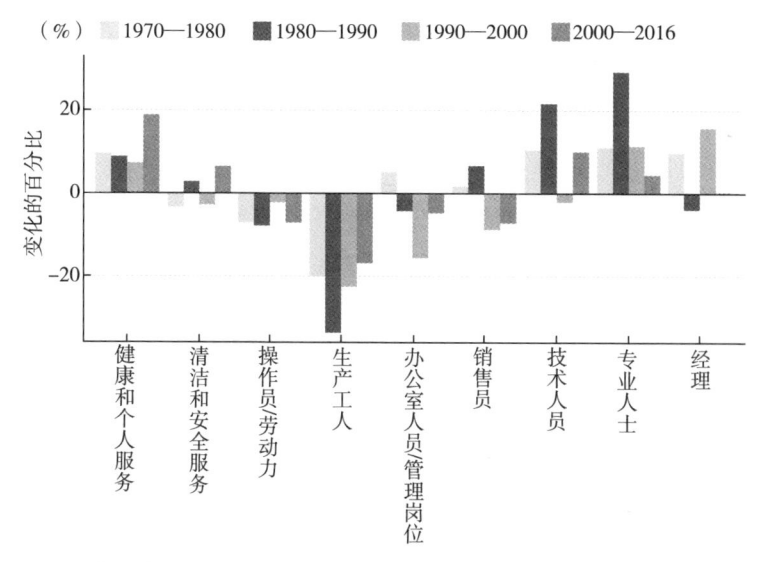

(%) ■ 1970—1980　■ 1980—1990　■ 1990—2000　■ 2000—2016

(b) 美国：劳动年龄人口各种职业的就业份额变化（每10年的百分比变动）

图6.6　英国和美国就业市场的空心化现象（续）

资料来源：(a) Alan Manning, http://blogs.lse.ac.uk/politicsandpolicy/lovely-and-lousy-jobs/；(b) David H. Autor (2019), "Work of the Past, Work of the Future," Richard T. Ely lecture, AEA Annual Meeting (January), https://economics.mit.edu/files/16560。

最近有证据表明，对于就业市场的两极分化现象，全球化的作用比技术更重要。当然就全球供应链而言，全球化本身就是由技术推动的。与中国等低收入和中等收入国家的贸易对经合组织成员国的制造业产生了重要的影响，进一步降低了对普通技能工人的需求（专栏6.3）。

专栏6.3　中国的冲击

经济学家大卫·奥托尔（David Autor）、大卫·多恩（David Dorn）和戈登·汉森（Gordon Hanson）将20世纪90年代中期中国大规模进入世界制造业贸易作为一个自然实验，试图说明美国某些地区的制造业在就业和收入方面发生的巨大变化。他们的研究没有考虑贸易带来的其他好处，比如消费者支付的价格更低，而且其结论至少到现在为止还没有被其他国家的数据证实。从另一角度看，如果经合组织成员国从从事制造业的中低收入国家（尤其是中国）的进口大幅增长，我们很难想象这对空心化现象没有产生任何影响。近期的研究表明，贸易和技术冲击仍将继续使许多原本薪酬不错的工作收入前景变得暗淡，而随着时间的推移，大学毕业生的工资溢价增加了。下图显示了美国的相关数据，这一现象在所有发达经济体中都很普遍。

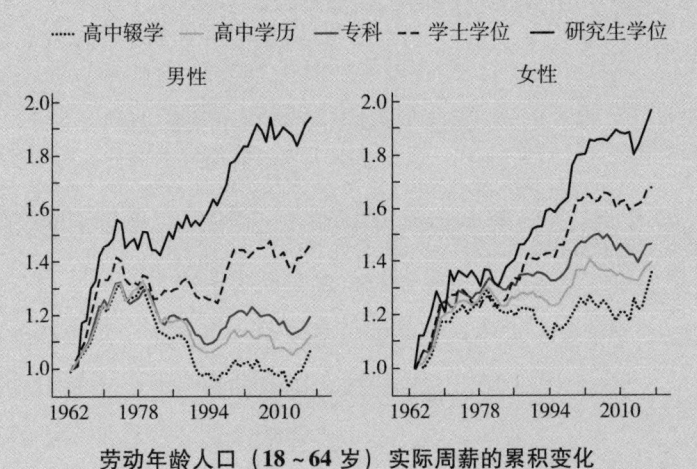

劳动年龄人口（18~64岁）实际周薪的累积变化

资料来源：David Autor (2019), Richard T. Ely lecture, AEA Annual Meeting (January), https://economics.mit.edu/files/16560。

David H. Autor, David Dorn, and Gordon H. Hanson (2016), "The China Shock: Learning from Labor-Market Adjustment to Large Changes in Trade," *Annual Review of Economics* 8: 205-240.

考虑到国际贸易和技术进步产生的普遍影响，不平等加剧的规模正如不平等程度一样，在国家之间存在巨大差异。这类差异也同样需要解释。解释收入分配的状况必须考虑制度和政治方面的差异，包括工会的存在和力量、最低工资水平、社会规范对高薪的接受程度、不同经济体中金融或技术等薪酬极高行业的地位，以及影响技能供给的教育和培训体系的差异。

上述因素可能都起到一定的作用。强大的工会显然有助于维持其成员的收入，尽管有时会牺牲非成员的利益，使他们更有可能失业或收入更低。在 20 世纪 60 年代和 70 年代，社会无法接受高管薪酬数百倍于平均收入。但是在所有的企业部门，优先考虑股东价值以及与股权期权计划相关联的业绩激励的出现，有利于高管薪酬飙升的正当化。在某些经济部门，高薪可能反映了一些个人在监管不足或具有显著市场影响力的市场中攫取垄断租金的能力。如第二章所述，大量研究越来越关注某些经济部门中竞争弱化的现象。最后，技能的供给也会影响收入分配。一些国家在教育和培训方面比其他国家做得更好，为人们提供技术进步以后仍然需要的技能，而不是任由其被技术取代。

不平等真的是一个问题吗？

所有社会都会采取一定的措施来减少贫困，而按照定义，这会增加低收入人群的收入从而影响收入分配。然而，不同国家采取的方法有极大区别，并且人们对于是否需要采取全民基本收入等新政策仍存在激烈的争论，尽管这些新政策通常来自旧有的理念。至于影响收入分配的政策思路，各国之间差异甚至更大，因为不同选民似乎对社会顶层收入大幅增加的容忍程度也有所不同。正如上文提出的，不平等程度的急剧上升发生在 20 世纪 80 年代，但是只在最近，这一问题才成为备受关注的政策议题。皮凯蒂的《21世纪资本论》无疑激发了政策领域前所未有的讨论。这场争论在美国最为激烈。美国的不平等极其严重，并且还在加剧。此外，美国事实上还存在减税的政治压力，而这将进一步提高顶层1%或10%人群的收入份额。不过，美国可以被视作一个特例，其他经合组织成员国的收入不平等并没有那么严重（图6.7）。

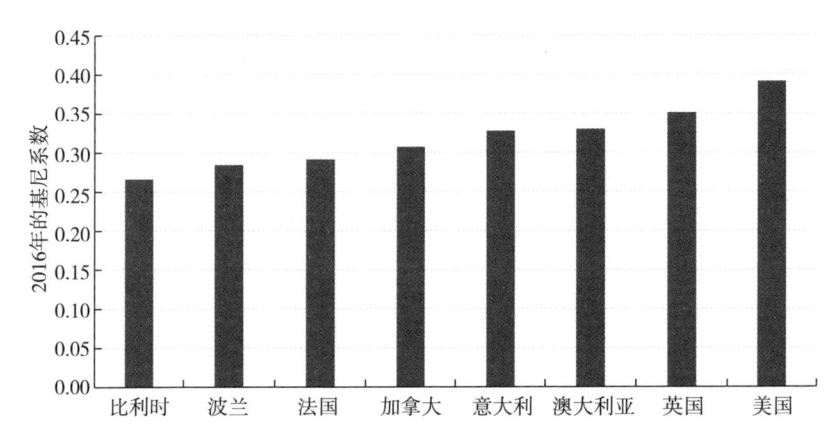

图6.7 以基尼系数衡量的部分经合组织国家2016年不平等状况
（0 = 完全平等；1 = 极度不平等）

资料来源：OECD。

那么，如果承认减贫很重要，政府是否应该以影响收入分配为目标呢？

人类和其他动物确实有追求公平的强烈本能，但很多不平等现象并没有困扰我们。例如，如果有人中了彩票，并不被认为是不公平的。生活中许多影响收入的其他结果和决策也和彩票的性质差不多。具备某种天赋纯粹靠运气。决定去戏剧学校还是写小说的这类职业选择也有点像买彩票，因为之后生活贫困的概率很高，而成为名利兼得的明星的概率很低。职业运动员、歌剧演员、作家和音乐家都是如此。很少有人会嫉妒网球明星维纳斯（Venus）和塞雷娜·威廉姆斯（Serena Williams）姐妹、J. K. 罗琳（J. K. Rowling）或英国演员本尼迪克特·康伯巴奇（Benedict Cumberbatch）的收入，即便他们的成绩是运气和努力工作的共同结果。我们通常也不会妒忌那些经过多年训练和辛勤工作而获得高收入的人。外科医生的收入非常高，这是因为医学训练的回报很高，但很少有人认为这是令人无法容忍的。成功的企业家通常需要极为努力地工作才能获得高收入。人们倾向于羡慕而不是嫉妒他们。总而言之，除了正常的累进所得税以外，即对超过一定标准的收入部分征收更高的税率，很少有人呼吁出台政策以惩罚那些对其财富或收入受之无愧的富人。

然而，另一方面，有些人似乎不配得到他们的高收入，或者至少不应该像他们实际得到的那么多。这种情况就容易引发争议。对许多人来说，公司高管或金融交易员的薪酬似乎远远超出了合理范围。成为一名成功的 CEO 确实需要一些技巧和努力，但那肯定不会高达企业员工平均水平的 400 倍。

经济学家有时会强调不平等与效率之间在理论上的权衡关系，他们认为致富的可能性会激励人们努力工作，而累进所得税或其他调节再分配的税收会损害效率，因为它们会使高收入者不再努力工作，并抑制某些投资。然而，有些人提出了相反的观点，认为极端不平等会阻碍低收入者付出更多的努力，因为他们不相信自己会从中受益。从各国的经验看，收入不平等程度与经济增长率之间没有很强的相关性。

1962 年，米尔顿·弗里德曼（Milton Friedman）列出了一份清单以说明收入不平等的合理性，并强烈反对政府通过税收和支出进行再分配的行为。这一清单有助于理解对上述应得和不应得高收入的直观感受。以下是这份清单及一些相关评论：

- 高技能、难度大、危险的工作或者需要接受多年训练的工作，比如外科医师或海上石油钻探工人的工作，应该得到更高的薪酬。（尽管必须承认，很多人从事艰苦的工作但薪酬很少，而一些具备高技能的人并没有获得高薪，如芭蕾舞演员或护士。）
- 承担风险应当有所回报。（企业家发财致富理所应当。）
- 继承的财富纯粹是运气问题。但天赋也是如此，我们不会嫉妒那些由于天赋而获得的报酬，比如篮球运动员或者作家的高收入。（这就是生活，我们不应该出于嫉妒而将其诉诸政治。）
- 高收入使人们能够积累财富，以便为创新和投资提供资金，为新创意和慈善事业提供资助。
- 就促进公平而言，自由比专制更重要。
- 实际上，一个社会的资本主义倾向越高，它就越平等。（这一观点在20世纪60年代弗里德曼列出这份清单时是正确的，现在却不是。）
- 政府本身通过对某些职业设置进入壁垒或者制定形成垄断租金的法规，使人们能够获得不合理的高收入（见第二章和第七章）。

弗里德曼也指出社会需要社会正义感才能正常运转，而收入和财富是产权的产物，这一权利是由政府和社会决定的。国家分配产权和国家通过征税、罚款甚至将不纳税的人投入监狱来限制产权，二者在理论上没有任何区别。因此，他也提出了反对过度不平等的有力论据。或许这正是一些西方民主国家现在的状况：不平等现象太严重导致政治上的反弹，并具体表现为某些反建制的政党和政客选票增加。也许这就是皮凯蒂的著作能引起广泛共鸣的原因。

思考不平等本身是不是一个问题的另一个角度是其未来的趋势如何发展。经济学家一致认为，在过去二三十年里，技术对加剧经合组织成员国的不平等发挥的作用最大。许多人相信，未来必然会出现更多的技术变革，这类变革会加剧目前这种受技能水平影响的就业趋势，进而影响今后收入变化的趋势。影响越来越大的自动化和数字技术具有技术偏差（skill biased），与这类技术协同工作需要更强的认知能力，而接受更高等的教育获得的回报也一直在增加，表现为更高的相对收入，即所谓的技能溢价。此外，与未来趋势有关的还有超级明星现象。最大牌的影星总是能比二线明星赚得多得多，远远超过由他们各自天赋决定的合理差距。电影是一种体验性商品，观众一般更倾向于选择他们熟悉的演员。由于数字市场的影响，超级明星效应已经从电影和小说等领域扩展到许多其他就业市场，如专业服务、咨询、非虚构类作家、游戏玩家等。

现在最大的担忧是，下一波自动化浪潮的规模和速度至少与上一波一样大，甚至可能有过之而无不及，因此它可能会进一步加剧不平等，因为相关高级技能的供给似乎总是赶不上需求。虽然不能完全确定，但这种担心确实引发了人们对缓和收入不平等现象的极大关注。如果机器人能够完成所有的工作，人们将如何谋生？尽管最严重的担忧还没有成为现实，但是20世纪八九十年代去工业化的教训之一，就是在政策部署之后，政府未能保护在技术和贸易冲击下失去工作和收入的数百万人。我们当然希望政府在未来能表现得更好，确保未来的经济冲击不会使人们的生活狼狈不堪，社区变得满目疮痍。

政策选择

不用说减少不平等,就是对减少贫困而言,决定付出多少政策努力,永远都是一个政治问题,因为这将不可避免地导致再分配。在某种程度上,所有的选择都涉及依靠国家的终极力量以税收形式拿走某些群体的收入,然后再把它交给其他群体。实际上,所有政府都会进行一定程度的再分配,但有些政府做得更多。

标准的做法是考察税收收入和社会保障开支(或福利支出),并分析这些政策如何影响不同十分位人群的收入分配。

税收

富裕国家的税收占其国民收入的35%~50%,其中约四分之三来自对劳动所得的征税。自20世纪初期以来,这一比例呈现猛烈的上升趋势。大多数国家都征收累进所得税,对更高的收入征收更高的税率,这具有再分配的性质。但是政府也采用许多其他形式的税收,因此计算谁缴纳了多少税并不总是那么简单。对股息和资本利得等资本收入征税就其效果来说通常也是累进的,因为富人往往更有可能拥有这类收入。对消费支出的征税是累退的,如销售税、增值税或烟酒税,因为当人们收入较低时,这类税收在其收入中的占比更高。能源等商品在贫困人群的消费支出中占比很大,其税收的累退性质尤为明显。所有其他税收也都具有某种分配效应,它们最终总要由民众来支付,但很难确定它们落在了谁的头上。例如,更高的公司税可能导致更高的消费价格,也有可能减少股东的股息及员工的工资。因此,在分析分配问题时,这类税收多半会被忽略。

经合组织成员国实行累进所得税制,这通常表现为更高的收入区间适用更高的税率,但它们的税收体系已不再像过去那样具有累进性质。20世纪70年代,英国对收入最高的人群征收的最高边际税率达到98%，其中包括所得税加上对超级富豪征收的附加税，甲壳虫乐队专门为此写了一首名为《收税人》的歌曲，而60年代美国的最高边际税率为91%（图6.8）。与其他经合组织成员国相比，美国最高边际税率的下降更为显著，但这一趋势各国都有呈现。

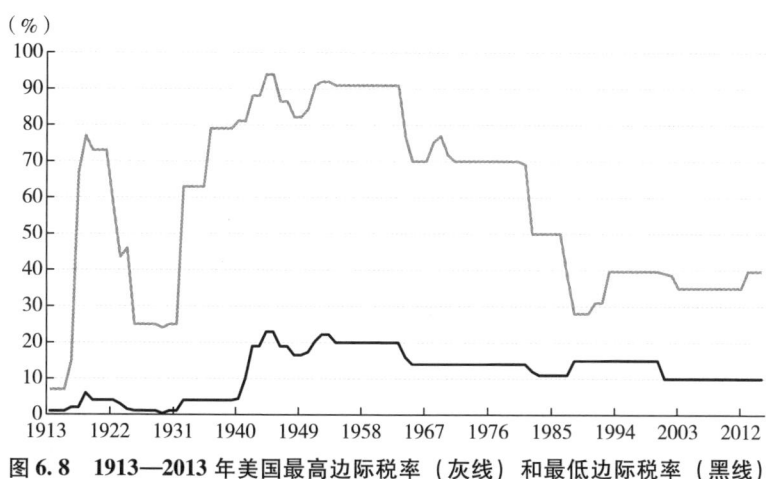

图6.8 1913—2013年美国最高边际税率（灰线）和最低边际税率（黑线）
资料来源：美联储的相关经济数据，https：//fred.stlouisfed.org/series/IITTRHB。

反对征收过分累进的所得税的主要观点认为，它将使人们不再愿意努力工作。如果政府从每一美元额外收入中拿走绝大部分，只留下几美分，假定相应的高水平收入确实需要额外的努力工作，而不仅仅是卖出更多已经制作好的专辑，那么这种反对可能是合理的。但就较低的所得税水平而言，它似乎就不那么合理了。不过，如果过高的税率抑制了工作的热情，进而减少了人们的收入和缴纳的税款，它也有可能会降低政府征缴的税收。

最优税收

那么最优税率是多少呢（专栏6.4）？如果政府的目标是社会福利最大化，这意味着要找到一个税率，它既可以满足社会转移支付，又承认税收可能会影响个人的努力程度。大多数社会福利函数表明，由于收入的边际效用递减，收入再分配会增加社会福利，即穷人拥有额外一美元得到的效用要高于富人损失这一美元减少的效用，不过用于再分配的税收和转移支付会影响对工作以及储蓄和投资的激励。这是典型的平等与效率的权衡取舍。有关最优税收的经济学文献很多。总体而言，这些文献得出的结论是，政府应该向高收入者征收更高的边际所得税率，并为低收入者提供补贴，但针对前一个结论的争论尤其激烈。一些经济学家主张对极高收入者征收的所得税率应当更低，否则会对储蓄和投资产生不利影响。该理论的实证结果取决于对最高收入人群的税率弹性的估计，换句话说，高税率在多大程度上阻碍了人们在工作中付出努力？托马斯·皮凯蒂和他的合作者认为边际税率最高可达 80%，而格里高利·曼昆（Gregory Mankiw）等经济学家则认为，实际上应该降低高收入的边际税率。

专栏6.4　拉弗曲线

税率和政府收入之间的关系有时可以用拉弗曲线（the Laffer curve）表示，该曲线以经济学家阿瑟·拉弗（Arthur Laffer）的名字命名，拉弗在20世纪70年代和80年代倡导低税率并使该曲线广为人知。他相信将美国的所得税税率从当时的普遍水平下调将增加税收收入。拉弗作为一名保守主义者，虽然有时会受到嘲笑，但这条曲线是合乎逻辑的。在税率为零的情况下，税收收入将为零，而在税率为100%的情况下，也是如此，因为如果所有收入都被征走了，那就没有人会工作。然而，根据经验估计，使税收收入最大化的税率约为70%，这高于大多数国家目前普遍采用的最高边际所得税税率。从更广泛的意义上来讲，拉弗曲线呈现了任一税种的税率与征缴的税收之间的关系。根据税种的不同，它可以表现为其他形状而非图中的驼峰状。

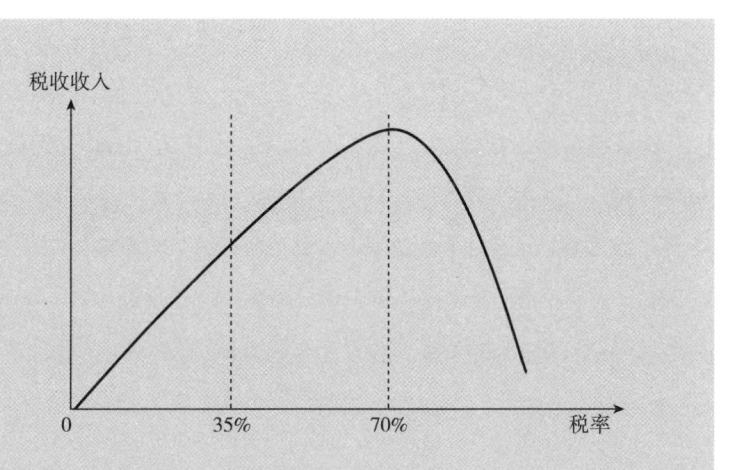

资料来源：Don Fullerton (2008), "Laffer Curve," in *The New Palgrave Dictionary of Economics*, eds. Steven N. Durlauf and Lawrence E. Blume。

　　反对最高税率过高的人进一步辩称，高收入者现在可以在国家之间自由流动，因此，如果一个国家征收的税率过高，其富裕居民就会迁往其他国家。这种现象确实存在。例如，2012 年，法国社会党总统弗朗索瓦·奥朗德（François Hollande）对超出 100 万欧元以上的收入征收 75% 的附加税。一些知名的高收入者的确因此移居国外，比如演员杰拉尔·德帕迪约（Gérard Depardieu）和商人伯纳德·阿尔诺（Bernard Arnault）。很多企业家认为政府不愿意让他们获得与风险相当的回报，纷纷做出了同样的选择。新的附加税只带来了少量的税收，在 2013 年和 2014 年分别为 2.6 亿和 1.6 亿欧元，2015 年则被取消了。收入分布最高的 10% 人群在许多国家都贡献了所得税收入中相当大的比例，因此对最高收入者移民到低税国家的威胁不能掉以轻心。许多经济学家倾向于以财富税取而代之，例如，对昂贵的房产或遗产征税，因为前者无法转移，而后者不会对死者产生负面的激励效应。但是这些想法不仅受到富人的极力反对，有时甚至每个人都不赞成。就拿遗产税来说，人们普遍认为它是不合理的（专栏6.5）。

专栏6.5 什么是公平的税收？

经济学家认为遗产税是更有吸引力的政策，因为它具有再分配的功能，而且不会阻碍工作热情，这一点不像累进所得税。然而在美国和英国，多数选民认为遗产税是不公平的，它在政治上并不受欢迎。

税收公平

认为以下各项税收公平或不公平的英国公民占比

税种	公平	不公平
烟草税	70	17
酒精税	63	21
国民保险	56	21
所得税	55	26
市政税	42	38
增值税	40	39
汽油和柴油税	31	51
英国广播公司许可证费	30	51
航空乘客税	24	46
印花税	21	48
遗产税	22	59

资料来源：YouGov, yougov.com, March 17–18, 2015, https://yougov.co.uk/topics/politics/articles-reports/2015/03/19/inheritance-tax-most-unfair。

社会福利

随着税收在 GDP 中所占比例的上升，政府用于社会转移支付的支出也在上升（表6.2）。社会保障或社会福利是低收入人群收入来源的重要组成部分。这些款项是在特定的情况下发放给人们的，如发给失业人员、幼儿的单亲父母、由于残疾或罹患长期疾病而无法工作或要支付大笔费用的人。政府也实行国家养老金制度，而且这些制度几乎都是以"现收现付制"为基础的，换句话说，是由当期税收而不是累积的投资资金的回报来支付的。在许多国家，养老金制度是不可持续的，因为人口老龄化意味着缴纳税款以支付养老金的工人将越来越少。养老金改革在各国都势在必行，改革的方法是以下措施的某种组合，如削减政府支付的养老金水平、提高缴费水平、上调退休年龄和引入强制性个人储蓄等，但由于养老金领取者是最有可能在选举中投票的年龄群体，因此这些改革在政治上困难重重。

表6.2 经合组织代表性国家政府支出占 GDP 的百分比

GDP 占比（%）	美国 2014	美国 2015	美国 2016	英国 2014	英国 2015	英国 2016	法国 2014	法国 2015	法国 2016	日本 2014	日本 2015	日本 2016
政府总支出	37.9	37.4	37.7	43.0	42.2	41.4	57.0	56.6	56.4	40.3	39.4	39.0
教育	6.1	6.1	6.1	5.0	4.8	4.6	5.5	5.4	5.4	3.6	3.4	3.4
医疗	8.9	9.1	9.2	7.5	7.5	7.6	8.2	8.1	8.1	7.7	7.7	7.6
国家养老金	7.0	7.1	7.2	6.3	6.2	6.2	114.0	13.9	—	9.5	9.3	9.4
收入补助（工作年龄）	0.6	0.6	0.6	3.7	3.5	3.5	3.0	3.0	2.9	1.2	1.2	1.3
社会保障支出	18.8	18.9	18.9	21.9	21.6	21.2	32.2	32.0	32.0	21.9	21.9	21.9

资料来源：经合组织。

社会福利政策涉及一些关键的选择。首先，是否要采取缴费制，即人们缴纳多少费用与他们在需要时得到的补贴应该有关联吗？许多社保体系在 20 世纪是以这种方式启动的。例如，《贝弗里奇报告》认为这是战后英国社保体系应当坚持的原则之一。然而随着时间的推移，这一原则已趋于弱化。其次，在针对特定群体的普惠制与家计调查型福利制度之间，如何进行选择，换句话说，不管其状况如何，支付给每个人的金额都应相同，还是所得补贴应取决于接受者的其他收入和资产？其中存在不可避免的利弊权衡。全民福利确保了社会中的每个人都感觉自己受到了社会安全网的庇护。但是，对于任何给定的保障水平，这样做都意味着福利的成本更高，因为根据定义，它无法聚焦于那些最需要帮助的人。

因此，家计调查更能聚焦于那些确有所需的人，因此是一种成本较低的方法。但是，这种方法是一种由富人向穷人的收入转移，因此有增加富人和穷人之间社会分歧的风险，也可能导致社会救助政策的投票支持率下降。除此之外，它的缺点还在于可能产生贫困陷阱或福利陷阱。如果有人试图放弃基于家计调查的福利，找一份工作自谋生路，他们就将失去原来的社会福利，这些福利通常包括免费或便宜的处方药、住房补贴、食品券等。边际有效税率要考虑低收入人群由接受福利转向工作而失去的收入，因此它可能远远高于公布的边际所得税税率（图 6.9）。边际有效税率的数值可以超过 100%，所以一个人如果找到一份工作，可能他的实际状况反而会变得更糟。此外，家计调查的管理成本很高，而且具有侵犯性。这种管理办法将很快变得极为麻烦，因为它需要考虑人们的生活状况和就业条件等各种复杂性。

更重要的是，大多数社会保障或福利制度已经变得极其复杂，行政成本高昂，并且由于对受益者造成伤害而不受欢迎。随着时间的推移，不同福利项目被引入和修正，边际有效税率已经达到峰值，而且可能产生不止一种福利陷阱。申请社会福利不仅困难，而且常常有辱人格。执行人员很难判断一个人是否具有申请资格，也几乎不可能预见他由接受福利转向工作会产生何种经济后果，因为这个人将会失去各种各样的福利，而且通常要应付一些难以预料的工作成本，如旅行、着装和餐饮等方面的费用。

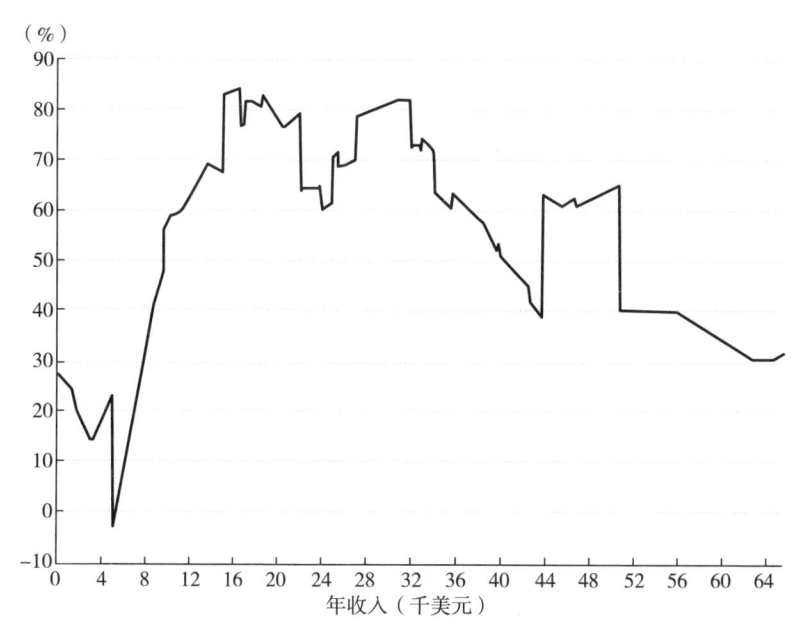

图 6.9　2017 年美国拥有一个孩子的单亲家庭的边际有效税率

资料来源：美国国会预算办公室，https://ftalphaville.ft.com/2017/08/25/2192736/americas-benefits-system-is-backwards/。

这难以令人满意。然而，简化相关流程不仅经常引发政治方面的争议，而且政策简化本身就是一个复杂的过程。2010 年英国政府宣布要建立一个全新的、更简化的普惠福利制度（Universal Credit），但经过七年多的努力却仍以失败告终，还浪费了一个耗资数十亿英镑的大型计算机系统（至少目前来看仍无法使用）。再者，鉴于本章前面所述的社会支出增加以及很多政府希望减少其预算赤字，因此各国政府均面临着由普惠制转向家计调查型福利制度的压力。

然而，普惠福利制度的优势在于它可以让所有公民都从社会福利制度中受益。家计调查涉及的范围越大，也就是说由富人转向穷人的再分配越多，这个体系也就越不可能得到高收入者的支持。但是，采用的家计调查越少，国家在决定每个人的收入水平方面的作用就越大。贝弗里奇最初对福利国家的设想是一种相互保险体系，所有人都向其中存钱，所有人也都能从中按比例地取钱。这一设想不仅看起来很有吸引力，而且有助于解决由于个人无法借助私人保险来抵御各种不幸而产生的市场失灵。在实践中，税收和福利制度在过去几十年里已经偏离了这种缴费框架，因为就为收入最低的公民提供的服务和收入而言，有关的制度目标变得更加宏大，也更加野心勃勃。然而，贝弗里奇认为他的报告中提到的另外一些要素，比如充分且稳定的就业和免费的医疗服务，也传达了必不可少的普惠精神。

税收抵免

美国和英国等一些国家设有面向低收入者的税收抵免制度，这些制度尤其面向需要抚养孩子的人群。这些税收抵免实际上是福利支出，但以工资形式发放，就像负的税收一样，因此会提高实得工资。这样做的目的是为了确保人们有工作的动力，因为传统的福利制度或社会保障的主要缺陷之一就是福利陷阱，即对人们寻找工作以挣得收入有很强的负向激励，使人们更想消极地接受福利。在这方面，税收抵免取得了成功，使许多低收入者的边际有效税率避免出现大幅提高。其缺点在于，这笔钱最终可能成为雇主的补贴，使雇主支付的工资低于他们本来必须支付的水平。正是由于这一原因，1999年英国在美国工资所得税抵扣制的基础上实施工薪家庭税收抵免，同时也引入了法定最低工资。然而，两者的相互作用产生了不同的激励，即一个希望削减支出的政府可能会试图通过提高最低工资来节省税收抵免的成本，而这可能会对就业水平产生不利影响。

全民基本收入

最近流行的一项应对贫困和不平等的建议，实际上是一个古老观念的重现。这就是全民基本收入（UBI），每次人们担心自动化会对工作机会造成什么影响时，这一建议就会获得更多的支持。举例来说，这一观念在20世纪60年代和90年代初都曾流行一时。全民基本收入可以有多种形式，其中最简单的一种是米尔顿·弗里德曼提出的负所得税（图6.10）。收入低于一定阈值的人将获得补偿，而那些收入高于阈值的人要缴纳按比例计算的所得税或累进所得税。弗里德曼的设计避免了高额边际有效税率产生的负向激励效应，但有人也倡议采取其他形式的全民基本收入。在过去的几年里，全民基本收入的观念得到了广泛的讨论和提倡，它的拥护者在不遗余力地宣传，但是这一政策并未在任何国家得以实施，仅在美国、芬兰等国的一些城市里进行过几次小规模的实验。

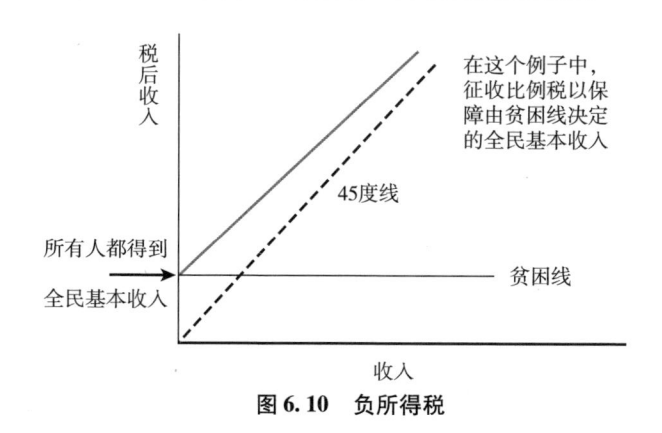

图6.10 负所得税

与任何普惠制一样，这样做的成本将会很高，尽管支持者认为如果能够替代现有复杂的社会保障体系，成本较以前会有所下降。但是，目前还不清楚这种复杂性是否真的会消失，因为要么全民基本收入制度需要借助于家计调查，要么每个人都能不考虑实际需求而获得一笔收入，这将导致任何一种生活水平都会产生极为昂贵的成本。经合组织试图估计某些国家在全国层面建立全民基本收入制度可能需要支付的成本，并考虑了因废弃所有现行福利支出而节省的成本。它的结论是，如果向每个人提供的收入达到现有福利制度提供的水平，税收需要大幅增加。

虽然全民基本收入有很多热情的拥护者，但是这一制度是否更简单或者更受欢迎，我们尚不清楚（专栏6.6）。在2017年的全民公投中，瑞士选民以3∶1的比例否决了在全国范围推行这一制度的提议。除了可能产生的成本，每个人都能够"不劳而获"的想法可能对某些选民不具吸引力。全民基本收入计划对工作激励的影响尚不清楚，因为尽管它可以通过设计以防止边际有效税率出现跃升，但是能够获得一笔没有任何附加条件的收入，这本身就可能产生负向激励作用。

专栏6.6　全民基本收入的实验

2017年1月，芬兰推出了一项全民基本收入试点计划，随机抽取2 000名处于工作年龄的失业人口，向他们每月支付560欧元。即使任何参与者得到了一份工作，他们也仍将继续获得这笔钱。他们没有被要求必须找一份工作。芬兰花费2 000万欧元启动这一试点，目的是检验全民基本收入能否通过改变人们对处于失业状态和找工作这两个选项的激励，来降低国内8%的失业率，比如它或许可以消除一个人从失业转向就业时的收入损失而导致过高的边际有效税率。这项实验还没有测试国内不同的全民基本收入支付水平以及它对其他人群产生的影响。该试验于2018年结束，有关其影响的报告发现参与者因此变得更快乐，但找到工作的可能性却没有因此提高。

创业孵化器YCombinator在2016年启动了一项为期5年的试点计划，为加利福尼亚州奥克兰的100个家庭提供基本收入，每月支付1 000美元至2 000美元不等。这个计划覆盖不同收入水平的人群，其中既有就业者也有失业者。YCombinator表示，由于自动化可能对就业产生影响，开展这样的实验具有重要的意义。

2017年非营利组织GiveDirectly在肯尼亚推出了一个实验项目，涉及6 000人，为期12年。该项目易于管理，因为支付是通过几乎无处不在的移动货币项目MPesa进行的。

在一个已完成的大规模试点项目中，印度中央邦（Madhya Pradesh）的6 000名居民获得了12～18个月的无条件现金支付，并与没有得到基本收入的村民组成的对照组进行一系列社会结果的比较。在收入极低的情况下，实验组在卫生、营养和入学率等诸多方面都有所改善。*

要获知发达经济体正在进行的几个实验的结果，还需要等待一段时间，而且这些结果不太可能是决定性的。但是令全民基本收入的拥护者失望的是，2016年瑞士选民以77%对23%的压倒性多数否决了一项为每位公民提供基本收入的计划，即支付每位成年人2 500瑞士法郎、每位儿童625瑞士法郎。

---

* http：//sewabharat.org/wp－content/uploads/2015/07/Report－on－Unconditional－Cash－Transfer－Pilot－Project－in－Madhya－Pradesh.pdf.

改变由市场决定的收入分配

税收和福利等经典政策工具，以及全民基本收入等较新的提议，都旨在提高低收入人群的收入，或许也试图对实施税收和福利之前的初次收入分配结果进行再分配。初次收入分配也被称为市场分配。另一组替代性的政策工具则旨在改变市场分配本身。工具之一是制定雇主应支付的法定最低工资，以提高低收入者的收入。其他的政策工具包括降低高薪行业的进入壁垒或者实行抑制寻租和过高的最高薪酬等其他措施，以降低高收入；提高低技能劳动者的受教育程度，努力增加更高技能的劳动力市场供给，从而降低高收入，这是因为技术变革的性质导致了对高技能劳动者的高需求。

最低工资

雇主，尤其小企业的雇主，从不喜欢提高最低工资，原因很明显，如果不能把这部分损失转嫁给顾客，他们的成本就会增加，从而挤压其利润。考虑到对雇主的影响，该项政策的明显缺点在于可能会降低就业水平。有关最低工资影响就业的证据引起了激烈的争论，但是总体而言，这些证据表明，如果最低工资的提高幅度足够小，或者实施的速度足够慢，它就不会对就业产生严重的不利影响。实际状况是最重要的，根据当前经济的总体状况、最低工资提高的幅度以及劳动力的特征，提高最低工资可能会产生不同的效果。设定或提高最低工资的"安全"水平，取决于当地劳动力市场供求的紧张程度，以及雇主在边际利润方面有多大的缓冲空间。一些经济学家认为，大幅提高低收入者的工资对雇主是有利的，因为这会激励员工更加努力地工作并提高他们的生产率，也意味着工人有更多的收入可供开销。这种变化会促进经济繁荣、增加需求并最终提高雇主的利润。几乎没有证据能够证明这一良性循环的存在。

截至2019年，最新证据表明，增加最低工资产生的影响取决于增幅，大幅增长更有可能对就业产生负面影响，而小幅增长则有可能产生积极影响。2018年，美国西雅图等一些城市以及一些公司（如亚马逊公司对其英美员工），将薪酬大幅增至一小时15美元，而相比之下美国的法定最低工资为7.25美元，这为研究工资大幅增长对就业产生的影响提供了新机会。

一个明显的影响是，最低工资会导致工资率聚集在这一水平，如图6.11所示的英国相关数据那样。所有那些本来工资会更低的人，或许还有一些本应拿更高工资的人，现在都拿法定最低工资，因此薪酬分布在这一点上会出现峰值。

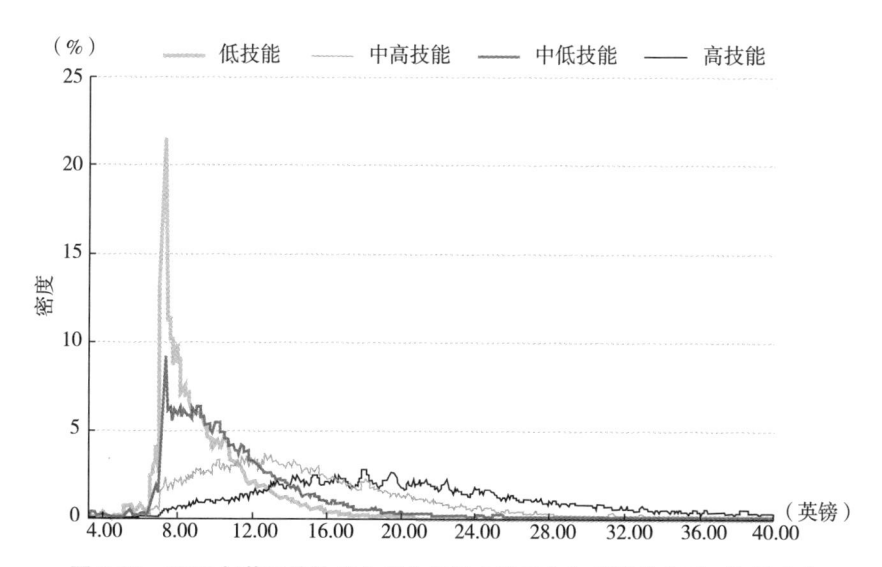

图 6.11　2016 年英国按技能水平分组的全职工人名义税前小时工资的分布
资料来源：Office for National Statistics, https://www.ons.gov.uk/surveys/information-forbusinesses/businesssurveys/annualsurveyofhoursandearningsashe。

解决寻租问题

自20世纪80年代以来，收入分布中最高的10%（或1%、

0.1%）人群的收入大幅增加。图 6.12 显示了美国的情况，它是经合组织成员国中的一个极端案例。一位美国 CEO 的平均薪资已从员工平均薪资的 40 倍左右增至 340 多倍。然而，要弄清楚寻租在多大程度上导致了收入不平等，这并不容易。寻租是一个通用术语，意指利用法规或其他政府政策来消除竞争，以使特定的在位群体获益。律师或金融从业人员持有专业执照，从而限制其他人进入该就业市场；制定使新竞争者极难进入相关市场的法规，从而使利润过高并且全部被高收入者获取；公司法使公司薪酬委员会有可能演变为私人小圈子，从而增加彼此的收入和股票期权。尽管移除这些障碍可以提高经济效率，并且可能减少收入最高群体的所得，但是专业群体和利润丰厚的大公司往往非常善于进行政治动员和游说，进而阻止这种情况发生。可以肯定的是，正如第七章将会谈到的，大量资金被用于游说政府以保护市场势力。

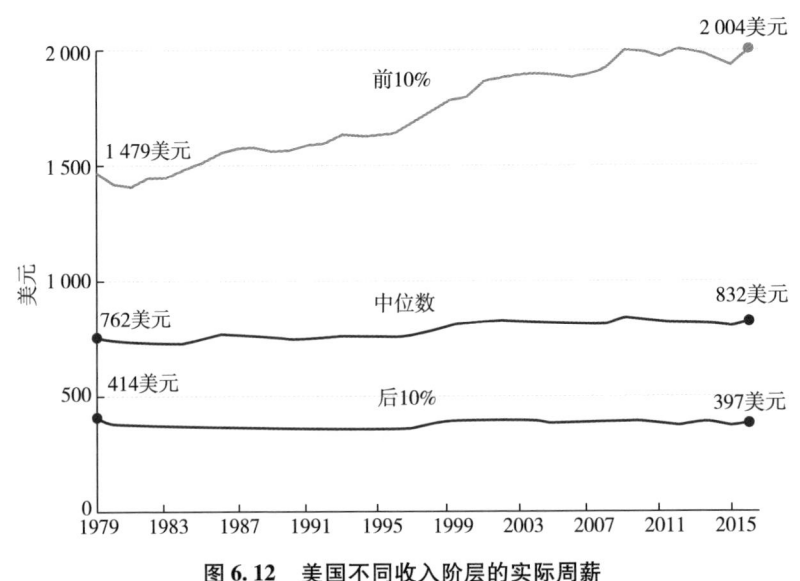

图 6.12　美国不同收入阶层的实际周薪

资料来源：美国劳工统计局。

教育与培训

考虑到上文中谈到的技术对不平等的影响,一个耗时很长同时可能又是最重要的政策选项是增加具备雇主所需技能的工人的供给。19世纪和20世纪初的经验表明,在经历一段显著不平等的时期之后,教育机会和较高技能的扩展有助于促进收入的收敛,尽管速度较为缓慢。不幸的是,尽管教育和经济长期增长之间的联系是显而易见的,但是政府大幅增加教育支出或进行教育改革的经济效益至少要10年才能显现,因此这类政策往往缺乏必要的政治意愿。此外,关于哪种教育方式最有效,以及哪些教育方式能够为后代提供与新技术互补的技能而不易被自动化替代,人们仍缺乏共识。显然,许多国家的教育体系正在耽误儿童和年轻人的成长,所以进行不同的尝试肯定会使问题有所改善。

公共服务支出

在讨论政府如何解决贫困和不平等问题时,一个重要的再分配工具有时会被忽视,即公共服务的供给。免费教育、医疗、地方图书馆、公共交通、体育设施等服务在资金再分配方面的作用通常比人们以为的更加重要。例如,在英国,这类服务的价值超过了现金福利(图6.13),而且由于这类服务对所有人都开放且低收入者使用得更多,因此提供这些服务就收入分配而言具有累进性质。经合组织估计,其成员国在公共服务方面的平均支出相当于使家庭可支配收入增加了29%。低收入家庭的增长幅度相对更大,即收入最低的五分之一群体的家庭收入增长了76%,而收入最高的五分之一家庭只增长了14%(表6.3)。

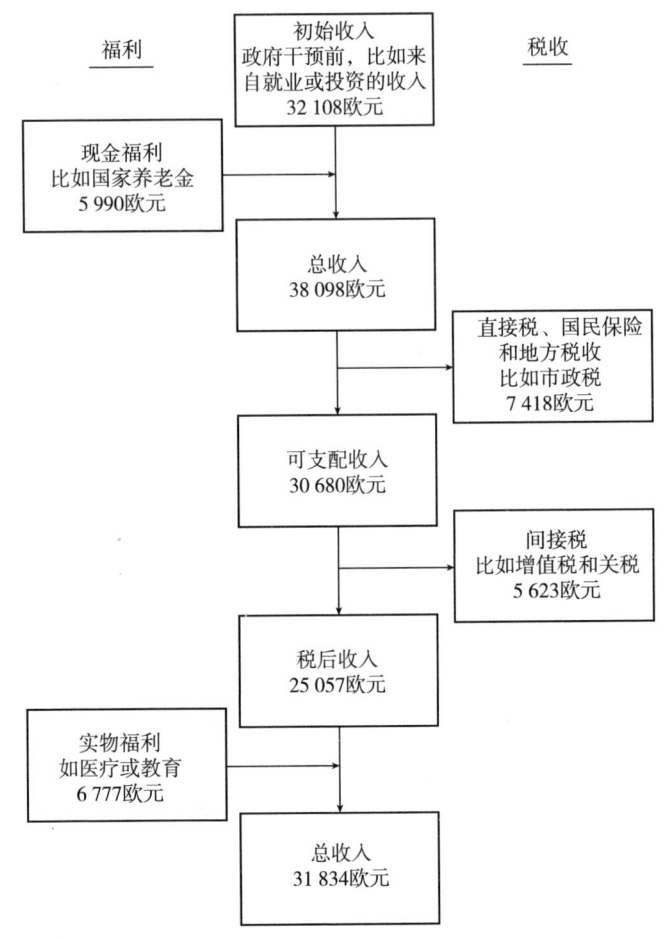

```
福利                    初始收入                     税收
                    政府干预前,比如来
                    自就业或投资的收入
                       32 108欧元

   现金福利
  比如国家养老金  →
   5 990欧元
                         ↓
                        总收入
                      38 098欧元
                                    →    直接税、国民保险
                                          和地方税收
                                          比如市政税
                                          7 418欧元
                         ↓
                       可支配收入
                      30 680欧元
                                    →      间接税
                                         比如增值税和关税
                                          5 623欧元
                         ↓
                       税后收入
                      25 057欧元
   实物福利
   如医疗或教育   →
   6 777欧元
                         ↓
                        总收入
                      31 834欧元
```

图 6.13 2016 年英国通过税收、补贴和服务进行的收入再分配
资料来源：国家统计局。

上述服务的公共供给之所以是如此重要的政策工具，是因为公共服务不仅可以使低收入个体享受医疗、教育和交通等服务，而且所获得的服务与收入更高的人相比，可以有一个合理的比较标准。（当然，公共服务的质量有所差异，这个话题我们将在下一章讨论。）考虑到本章一开始描述的市场失灵，即私人部门对这些公共

表6.3　公共服务福利产生的收入增长效应

	比例（%）					
	Q1	Q2	Q3	Q4	Q5	总计
教育	30.6	18.5	14.2	10.4	5.6	11.8
医疗	34.9	22.2	15.8	11.8	7.2	13.9
公共住房	1.8	0.7	0.4	0.2	0.1	0.4
儿童早期教育及护理	4.5	3.0	2.4	1.5	0.8	1.8
老年护理	4.0	1.9	0.7	0.4	0.2	0.9
总计	75.8	46.4	33.5	24.3	13.7	28.8

注：将收入分配分为五等分，Q1最贫穷，Q5最富有，所取数值为2007年27个经合组织国家的平均值。

资料来源：OECD, http://www.keepeek.com/Digital-Asset-Management/oecd/social-issues-migration-health/the-causes-of-growing-inequalities-in-oecd-countries_9789264119536-en。

品供给不足，即使市场提供这些服务，较为贫穷的人也只能负担得起数量更少或质量更差的服务。诺贝尔经济学奖得主阿玛蒂亚·森（Amartya Sen）令人信服地说明，收入只是人们保持一定生活水平和过上自己想要的生活所需的东西之一，其他能力至少同它一样重要。身心健康、教育、自由和参与公民生活都具有重要意义。政府将支出用于教育、医疗、公共交通或基础设施等公共服务，是让每位公民获得上述能力的重要手段。

公共服务支出从经济角度具有再分配性质，而在与其他来自社会各界的人享用相同的服务时，比如送孩子去同一所学校或者乘坐同一列火车，这在实质上也导致了某种均等化。日常交往可以增进人们相互之间的了解，减少对陌生人的恐惧。近些年来收入不平等加剧产生了某些令人遗憾的影响，即它使不同社会群体彼此隔离，不再有交集。

医疗保健

详细考察所有的公共服务供给超出了本章的范畴，这一领域有大量学术文献，但是其中一种服务特别值得讨论，因为它特别容易引起政治方面的共鸣，而且其特征就是本章一开始提到的重大的市场失灵。这就是医疗保健。我们完全有理由相信，仅靠私人保险市场不可能产生有效率的解决方案，因为一旦涉及人们的健康，必然存在逆向选择和道德风险。世界各国的政策选择有很大区别，但是各国普遍存在的政治分歧以及由于人口老龄化和期望值提高而导致的医疗保健费用不断上涨，意味着医保政策总是一个容易引起争议的问题，而且这方面的政府支出会越来越多（图6.14）。美国和英国代表着政治取向的两个极端，前者主要依靠私人保险市场提供资金，后者的主要资金来源是公共部门，并且国民享受的医疗服务大多是免费的。其他经合组织成员国也通过各种偿付形式向公众提供全民健康保险，包括强制性保险以及私人部门和公共部门的多种供给模式。

英国的国家医疗服务体系

如前文所述，英国的国家医疗服务体系（NHS）是贝弗里奇构想的国家和人民之间契约的基础要素之一。尽管当时这一体系的引入遭到了医学界的强烈反对，但现在英国没有任何制度比它更受到选民的拥护。只有比10%稍多的英国人为获得特定疗程或私人病房而购买额外的私人保险。随着时间的推移，私人公司提供的服务在国家医疗服务体系中的占比也在增加（这一颇有争议的"外包"问题将在下一章讨论）。尽管如此，大多数英国人获得的大部分医疗服务都是免费的，通过一般性税收为之付费，至于处方药、牙科治疗和眼科治疗则只需缴纳与成本相比相对较低的费用。那些领取救济的人、儿童和领取养老金的老人可以免缴这些费用。人们对免费的东西总是会产生过度需求，所以全科医生扮演了守门人的角色，候诊时间可能会拖得很长，还有一个独立的机构负责评估潜在的成本和收益，对一些特定的治疗以及昂贵的药物（控制得尤其严格）实施配给。

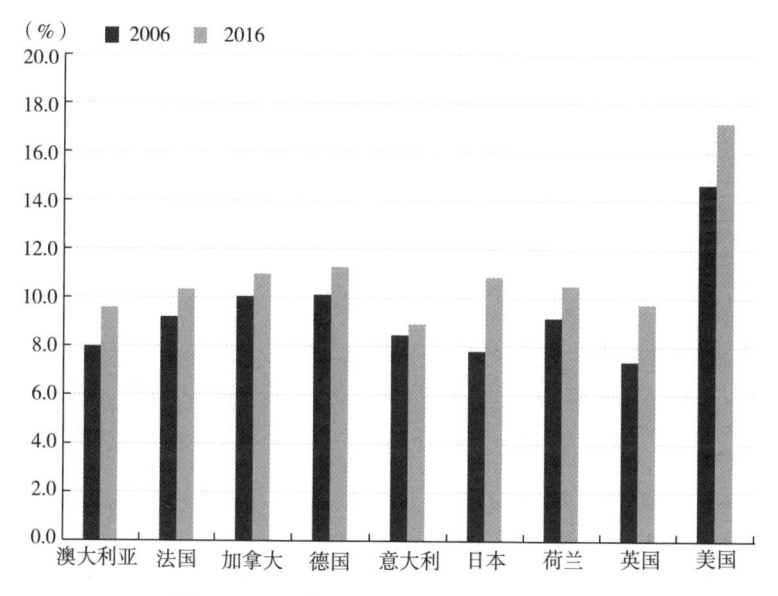

图 6.14　医疗保健总支出占 GDP 的比重

英国的这一体系具有明显的再分配性质。英国是经合组织成员国中唯一一个人们获得的医疗服务不太取决于其个人收入水平的国家。通过一般性税收进行融资的方法以及获取储蓄的持续压力意味着英国国家医疗服务体系在某些方面是非常高效的，比如住院时间或药品价格，因为国家医疗服务体系会与制药公司谈判，并进行大额购买。与其他国家相比，英国人在医疗保健方面的支出要少得多。由此可知，英国在某些方面的医疗质量也无法与其他国家相比。例如，与法国或德国等具有可比性的国家相比，英国的人均床位、全科医生和住院医生以及 CT 或 MRI 扫描仪等医疗设备在数量上都更少一些。每年冬天都会曝出有关医院床位短缺或病患过早出院的新闻报道。尽管如此,对国家医疗服务体系的医院和当地医生的诊所里有时显得简陋和拥挤的候诊室,英国人一边发牢骚,一边还是充满了喜爱之情。美国的英联邦基金会(Commonwealth Fund)对 11 个国家进行比较后得出结论,根据各种标准综合来看,英国国家医疗服务体系是世界上最好的医疗体系,尽管它在医疗保健成效方面位列倒数第二(表 6.4)。

表 6.4 医疗保健体系绩效排名

	澳大利亚	加拿大	法国	德国	荷兰	新西兰	挪威	瑞典	瑞士	英国
总排名	2	9	10	8	3	4	4	6	6	1
治疗过程	2	6	9	8	4	3	10	11	7	1
获取治疗的便利度	4	10	9	2	1	7	5	6	8	3
管理效率	1	6	11	6	9	2	4	5	8	3
公平性	7	9	10	6	2	8	5	3	4	1
医疗成效	1	9	5	8	6	7	3	2	4	10

资料来源:Commonwealth Fund analysis, http://www.commonwealthfund.org/~/media/files/publications/fund-report/2017/jul/schneider_mirror_mirror_2017.pdf#page=5。

然而,目前的情况不会一成不变。由于以下几个原因,医护需求还在稳步上升:人口老龄化;随着医疗技术和药物的进步,人们对治疗的总体预期提高;药品和设备的价格不断上涨,涨幅超过了一般的通货膨胀;健康实际上是一种奢侈品,即人们在健康方面的支出比收入增长得更快。英国国家医疗服务体系的预算已经有所增加,但还是赶不上需求的增长。此外,保守党政府长期以来一直热衷于强化医疗服务供给中的市场因素,一方面是为了通过供给侧竞争提高公共服务的质量，另一方面则是由于理念的原因。

不管哪个政党执政，未来的英国政府必须很快决定要通过以下哪种方式来满足不断增长的需求：

- 扩展医疗服务公共供给，这由一般性税收来支付。
- 让现行服务在可得性和质量方面持续受到侵蚀，以及依靠个人自己购买额外的私人保险或购买国家医疗服务体系中主要依靠配给的理疗等服务。
- 进行一场公开讨论，决定哪些医疗服务应该受到国家医疗服务体系的保护，即只要需要就可以免费获得，哪些服务应该由私人在市场上购买。

因为人们都会变老，对静脉曲张手术、流感疫苗接种、足科手术或白内障切除等一些具有针对性的治疗的需求必然会随之产生。每个人患的病都不一样，不确定的只是患病的时间，以及以很小概率出现的夭亡。因此，与之相关的保险市场的主要问题不是逆向选择，而是储蓄。只要人们意识到他们必须存足够的钱来支付这些治疗费用，其中一些治疗就可以从国家医疗服务体系中移除。然而，考虑到选民热衷于国家医疗服务体系的理念，以及政客通常讨厌谈论或做出艰难的公共抉择，许多英国医疗界的专家遗憾地认为，折中选择是最有可能出现的结果，即以对医疗质量的逐步侵蚀为代价。

尽管英国国家医疗服务体系的前景不明，但大多数英国人认为美国的医疗保健体系糟糕不堪，既不公平，也无效率。实际上，在一些国家医疗服务采取由公共供给和私人供给构成的混合体系，部分由私人保险或私人支付作为补充的欧洲国家里，它们的国民也是这样看待美国医疗保健体系的。当然，各国国民在观念上的不理解是相互的，不过正如最近激烈的政治辩论表明的那样，一些美国人也对自己的医疗保健体系极为不满。

美国的医疗保健体系

在上述对11个可比国家的医疗保健体系进行排名的报告中，英国位列第一，而美国则位列榜尾，其医疗成效和公平性双双垫底。然而，美国在医疗方面的总支出占GDP的比例几乎是英国的两倍，即美国为16.5%而英国不到10%，见图6.14。

美国的医疗服务主要由营利性及非营利性的私人企业提供。就国家资助的医疗保险而言，Medicare覆盖几乎所有65岁以上个人的短期住院、问诊和购买处方药等费用。可见它差不多是普惠性的，尽管人们仍然需要自费支付其他费用，比如住私人疗养院的费用。Medicaid为低收入家庭和残疾人的医疗服务提供有限的资助。但是对于65岁以下的人，大多数医疗保健的费用是由私人保险公司支付的，而大多数美国人通过免税的雇主或雇员保险金或保险费来获得保障。因此，许多人并没有医疗保险。在瑞士、法国和德国等其他国家，人们要么有私人保险资金资助，要么有强制参保的社会保险计划。2014年，15%的美国人既没有医疗保险，也未被联邦医疗保险覆盖，这个数字占总人口的大约七分之一。2010年通过的《平价医疗法案》即"奥巴马医改"（Obamacare）旨在解决这一问题。2015年时，该人群的比例已降至10%。

可见，与其他国家相比，美国体系的成本较高，它的医疗支出占GDP的比例更高，然而以国际标准衡量，它的医疗效果却较差，并且覆盖的收入最低人群也更少。部分原因在于美国医疗保健体系的管理过于复杂。过多的医疗检查和治疗疗程也可能是问题之一，即前文提到的作为市场失灵之一的道德风险问题。与欧洲体系相比，美国体系具有累退性质，低收入者不得不支付同样的价格，而且他们通常对医疗保健的需求更大。实际上，健康状况不佳正是造成人们收入较低的一个重要原因。美国的医疗保健体系可能使一些本想辞去工作的人不得不继续工作，因为他们无法承担失去医疗保险的后果，因此该体系有可能降低劳动力市场的运行效率。最后，与其他经合组织成员国一样，美国也面临着人口老龄化以及由此导致的医疗需求上升，尽管程度较轻。由于人口结构的变化以及技术进步和医疗保健服务成本的上升，医疗保健支出占 GDP 的比例仍将继续提高。

然而，许多美国人强烈反对采取另一种方案，《平价医疗法案》也备受争议。美国人将市场选择视为最重要的原则，美国个人主义的传统也要比欧洲根深蒂固得多。美国国会已经缩小了《平价医疗法案》最初扩大的覆盖范围。截至 2019 年，该政策的结局仍未可知。然而，在本章讨论的情形下，要点在于美国主要靠私有资金支持的医疗体系是累退性质的，而经合组织其他成员国的医疗支出则是累进性质的。就像交通和教育等其他形式的公共服务一样，医疗支出同样面临将资源通过税收体系向低收入人群进行大量转移的问题。

结论

由一位欧洲学者记录的上述讨论表明，在最根本的层面上，历史和政治文化因素在很大程度上形塑了国家与个人之间的关系。为了保障所有民众的生活水平并维持其生活稳定，政府应负起哪些责任？在美国，个人主义和政府不干预的传统要比在欧洲乃至英国强大得多。再者，就社会契约这一层面而言，这里还涉及应将哪些民众包含在内的问题。上一代人中全球移民化浪潮的高涨使一些人提出质疑，即移民是否有资格享受社会保障和公共服务。

本章旨在说明，对于提供最低生活标准或各类可行能力，特别是在不同人群之间重新分配资源，尽管政治抉择是不可避免的，但是政府仍应遵循一些基本的经济效率原则。某些形式的保险只能由政府大规模提供才最有效率，这或者是因为人们应对的风险是总体性的，例如由经济衰退导致的大规模失业，或者是因为逆向选择有可能导致保险市场供给不足。

尽管世界各国的社会保障网极为复杂，但是税后和考虑社会福利因素的收入分配与初始的市场分配相比，降低了不平等的程度。如果没有累进性的税收和福利体系，比如失业救济和国家养老金等，社会中的收入分配将更不平等，贫困程度也会更严重。世界各国保障体系的保障力度各不相同，流向不同群体的福利支出占比也有所不同。福利支出的分配占比有了不同的含义。例如，与许多经合组织成员国相比，英国通过税收抵免给予家庭的补贴占 GDP 的比例更高，但政府总的社会支出严重向退休人员倾斜，历届政府发放的国家养老金越来越多。这意味着与生活在贫困线以下的养老金领取者相比，英国的儿童会面临更大的风险。

目前的福利国家结构在减贫和再分配方面确实取得了一些成就，但几乎没人对此感到满意，而受益者或许是其中最不满意的。税收和社会保障制度在世界各地都会引发政治争议。自第二次世界大战以来，社会支出的规模一直在增加，但贫困并未消失，不平等也在加剧。除了少数情况下为解决外部性实施的庇古式调整，征税导致效率低下，而且，在其他条件相同的情况下，它倾向于降低经济增长速度。社会保障制度也不受选民欢迎。社会福利的结构和覆盖范围可能产生抑制生产效率的效果。尽管很难确定其中的因果关系，对相关证据也有激烈的争论，但大多数西方经济体深受贫困、低教育率、健康状况不良和药物依赖等复杂问题的困扰。尽管这些国家的社会保障体系耗资巨大且至今仍在不断扩张，但依然于事无补。西方现有的制度似乎并不令人满意。它们既不能帮助人们摆脱贫困，也不能帮助他们就业，而且常常损害他们的尊严。政府官员侵入个人的生活及其社会交往,进行家计调查,审查其享受社会福利的资格。然而,简化复杂的结构,这本身就是一项复杂的工作,而且总会产生赢家和输家。全民基本收入简单易行,这当然使它看起来很有吸引力,但我们并没有充分的证据证明它会奏效。

所有国家实际的税收和福利体系以及公共服务的经济效率都远远不能达到教科书里的理想水平。这里存在着一些两难问题,例如如何在普惠福利制与家计调查型福利制度之间做出选择。就社会福利、税收制度和公共服务而言,在大多数国家,体系的复杂性、运转失灵和政治争议成了难以治愈的顽疾。尽管如此,由于以下几点原因,未来几十年可能会发生重大变化,如大多数西方经济体人口结构的变化和急剧老龄化;技术因素的扰动;既复杂又运转失灵的福利体系的极度脆弱;当前动荡的政治环境。这些问题在大量研究文献中都被讨论过,用几本教科书都讲不完。与此同时,鉴于发达国家的复杂经济以及它们各自继承的引发分歧的社会问题,将减贫、收入不平等控制在可接受的水平,以及确保公共服务的平等覆盖,都将对政府的执行能力施加巨大的压力。然而,正如下一章将要讨论的,政府失灵是一种普遍现象。

扩展阅读

作为补充的技术性文献

Anthony Atkinson and Joseph Stiglitz (2015), *Lectures on Public Economics*, revised ed., Princeton University Press.

Nicholas Barr (2012), *Economics of the Welfare State*, 5th ed., Oxford University Press.

Thomas Piketty and Emmanuel Saez (2013), "Optimal Labor Income Taxation," chapter 7 in *Handbook of Public Economics*, *Volume* 5, North – Holland.

经典文献

Kenneth Arrow (1963), "Uncertainty and the Welfare Economics of Medical Care," *American Economic Review* 53 No. 5: 941 –973.

Milton Friedman (1962), "The Distribution of Income," chapter 10 in *Capitalism and Freedom*, University of Chicago Press.

Sherwin Rosen (1981), "The Economics of Superstars," *American Economic Review* 71, No. 5: 845 –858.

贫困与不平等

David H. Autor, David Dorn, and Gordon H. Hanson (2013), "The China Syndrome: Local Labor Market Effects of Import Competition in the United States," *American Economic Review* 103, No. 6: 2121 –2168.

Congressional Budget Office (2011), "Trends in the Distribution of Household Income between 1979 and 2007," US Government Printing Office, http://www.cbo.gov/ftpdocs/124xx/doc12485/10 –25 –HouseholdIncome.pdf.

Michael Foster and Marco Mira D'Ercole (2012), "The OECD Approach to Measuring Income Distribution and Poverty," in *Counting the Poor*, eds. Douglas J. Besharov and Kenneth A. Couch, Oxford University Press.

Claudia Goldin and Laurence Katz (2009), *The Race between Education and Technology*, Belknap Press of Harvard University Press.

Maarten Goos and Alan Manning (2007), "Lousy and Lovely Jobs: The Rising Polarization of the Labor Market," *Review of Economic Studies* 89: 118 –133.

Branko Milanovic (2016), *Global Inequality: A New Approach for the Age of Globalization*, Harvard University Press.

OECD (2011), "Divided We Stand: Why Inequality Keeps Rising," http://www.oecd.org/els/soc/dividedwestand whyinequalitykeepsrising.htm. Thomas Piketty (2014),

Capital in the 21st *Century*, Harvard University Press.

税收

Peter Diamond and Emmanuel Saez (2011), "The Case for a Progressive Tax: From Basic Research to Policy Recommendations," *Journal of Economic Perspectives* 25, No. 4: 165 – 190.

James Mirrlees et al. (2011), *Taxation By Design*, Institute for Fiscal Studies, https://www.ifs.org.uk/publications/5353.

社会保障体系

Lillian Liu (2001), "Foreign Social Security Developments Prior to the Social Security Act," Special Study #8, SSA Historian's Office, https://www.ssa.gov/history/pre1935.html.

OECD Social Spending Database, https://data.oecd.org/socialexp/social-spending.htm.

Nicholas Timmins (2001), *The Five Giants: A Biography of the Welfare State*, HarperCollins.

全民基本收入

OECD (2017), "Basic Income Policy Brief," https://www.oecd.org/social/Basic-Income-Policy-Option-2017.pdf.

Michael Tanner (2015), "The Pros and Cons of a Guaranteed National Income," Cato Institute, http://object.cato.org/sites/cato.org/files/pubs/pdf/pa773.pdf.

最低工资

J. Clemens and M. R. Strain (2018), "The Short-Run Employment Effects of Recent Minimum Wage Changes: Evidence from the American Community Survey,"

Contemporary Economic Policy 36: 711 – 722, doi:10.1111/coep.12279.

David Neumark (2015), "The Effects of Minimum Wages on Employment," Federal Reserve Bank of San Francisco Economic Letter (December), http://www.frbsf.org/economic－research/files/el2015－37.pdf.

OECD (2015), "Focus on Minimum Wages after the Crisis," www.oecd.org/social/Focus－on－minimum－wages－after－the－crisis－2015.pdf.

寻租和高薪

Marianne Bertrand and Sendhil Mullainathan (2001), "Are CEOs Rewarded for Luck? The Ones without Principles Are," *Quarterly Journal of Economics* 116, No. 3: 901 – 932.

Josh Bivens and Lawrence Mishel (2013), "The Pay of Corporate Executives and Financial Professionals as Evidence of Rents in Top 1 Percent Incomes," *Journal of Economic Perspectives* 27, No. 3: 57 – 78.

工作技能

James Bessen (2015), *Learning by Doing*, Yale University Press.

Claudia Goldin and Lawrence Katz (2008), *The Race between Education and Technology*, Belknap Press for Harvard University Press.

公共服务

European Commission (2013), "The Distributional Impact of Public Services in European Countries," Statistical Working Paper, https://ec.europa.eu/eurostat/web/products－statistical－working－papers/－/KS－RA－13－009.

OECD (2017), "Health at a Glance," http://www.oecd.org/health/health－systems/health－at－a－glance－19991312.htm.

第七章　政府失灵

本书一直在探索当市场正常运转或失灵时，公共政策能否纠正不同形式的市场失灵，以及对市场失灵引起的问题是否有非政府的集体解决方案。本章从政府失灵的角度分析市场和国家在经济秩序中的作用。在了解了之前几章所述的不同重点之后，许多经济学家认为政府失灵应该得到与市场失灵相同的甚至更多的关注。实际上，有大量案例证明了政府政策的不足和失败。

本章首先提醒过去几十年来对于政府在经济政策中扮演的角色，人们的态度发生了变化，然后概述公共选择革命，这场革命将经济学的关注点转向了决策者本身的选择并仔细审查其动机。这一领域讨论的监管俘获和集体行动问题，使政策制定有利于行业游说团体或特殊利益集团，而不是一般公众。公共选择理论是对政府政策失灵在思想层面的反思，而且自撒切尔和里根政府开始，也成为对政策失灵的一种政治回应。它起初影响的主要是英美两国，但这种方法在其他地方也得到了发展。本章接着讨论如何回应公共选择理论提出的关于政策制定者动机及其政策执行能力的问题。该理论提出的有关公务人员动机的问题，导致许多国家最近采取了其他方法来提供公共品，例如公共服务中的目标设定、可竞争性以及公私合作。

即使有这些政策创新并且公共选择理论促使人们认识到这些政策困境，政府失灵的例子仍然大量存在。另外，几乎没有迹象表明，在政府的监管范围或者公共服务应该如何提供等方面正在取得共识。各国对关键公共服务采用的方法大相径庭，但共同之处在于，争论往往在政治上倾向于高度极端化。意识形态和信仰，与证据和专业知识一起决定着政府的政策取向。尽管经济学可以为此提供深刻的洞见，但分析和实施公共政策并不是纯粹的技术性事务。

什么是政府，为什么会失灵？

到目前为止，本书使用了一个隐含的假设，即政府是明智且关怀民众的，其目标是通过分析市场失灵并做出恰当的反应，以实现社会福利的最大化。确实，一些决策存在着艰难的权衡，而政策在实践中总是会产生输家和赢家。因此，帕累托改进的范围是有限的，而政策选择需要以社会福利的思想为依据。社会福利这一概念在实践中可以有些含糊不清，但在理论上应是明晰的。找出特定情况下市场失灵的类型，就可以为提高资源配置效率或生产效率提供一些政策思路。

然而，正如前面章节表明的那样，没有一个市场失灵的解决方案能适用于所有时间和任何地点。如果仅仅是为了正确地进行经济分析，那么政府干预经济的范围肯定不会随时间变化出现如此大的起伏，各国的政策也不会出现如此大的差异。相关思潮在不同程度的政府干预与市场主导之间来回摆动，对大萧条或世界大战等重大经济事件做出反应。20世纪70年代的经济危机就是此类重大经济事件，它促使思想界由推崇政府积极管理经济转向选择自由市场。

当时，西方经济体正在经历高通胀和低增长，人们意识到一些公有企业和由公共管理的服务被经理人和工会掌控，服务于他们的自身利益而非为纳税人和公民谋利。尽管这并没有成为普遍现象，但正是这种情绪导致英国的玛格丽特·撒切尔和美国的罗纳德·里根当选，随后又在英国催生了私有化和放松管制浪潮，并传诸各国。

本章将进一步讨论 20 世纪 80 年代经济思想和政治思想的变迁，重点是政府，即何为政府以及政府官员和政客的能力和动机。如第一章所述，无论根据政府支出占 GDP 的比重，还是监管的数量和范围，政府的规模和覆盖的领域一直都在扩大。但是，政府行为和干预的形式已经发生了重大变化。考虑到 2008 年金融危机和当前选民对全球化的强烈反对，思潮可能会再次转向，支持在经济领域进行更有力的政府干预。不过，现在下结论还为时过早。过去几十年的经验表明，有一个教训永远不应忘记，那就是有充分的证据证明政府存在失灵的现象。政府失灵使得有关政府或市场的范围和行为的争论必然会继续，尽管这些概念都十分抽象。

前面各章节已描述了在经历战后的扩张之后，人们对政府的幻想是如何逐渐破灭的。欧洲的国有企业变得僵化，并且受到工会的控制。这些企业的低效显而易见，许多公共服务部门也是如此。例如，英国的国家医疗服务体系在二战后广受欢迎，因为英国人清楚地记得在 20 世纪 30 年代许多个人及其家庭由于疾病而在经济上遭受了毁灭性的打击，而且他们理所应当地仍然热切关注国内的医疗服务。但是到了 20 世纪 70 年代晚期，英国人等待治疗的时间变得很长，医院条件简陋，而且医疗效果不像其他可比较的国家那么理想。造成这一现象的原因是生产者而非消费者的利益占主导地位，以及医疗服务的供给缺乏竞争。

这些问题不能完全归咎于工会力量或管理不善。历史经验为公共选择理论家成功地质疑战后有关大政府的共识铺平了道路,但是就制定政策以应对市场失灵而言,我们仍然面临一些根本性的挑战。

市场效率的源头之一在于,市场利用去分散化信息达到提升福利的结果。中央计划经济最终失败的深层次原因是它无法代替市场信号。为了实施有效的公共政策,政府确实需要大量信息,而在实践中它通常并不掌握这些信息。例如,官员怎么会知道庇古税或补贴是否设定在适当的水平?市场的另一个重要优势在于,它可以不断地根据新信息进行调整,而政策则无法实现这一点。环境可能会改变,一种新技术或许会使看似自然垄断的行业出现竞争,而新的社会规范则会使围绕唯一一位收入提供者而建立的福利国家变得无效。更重要的是,所有政策基于的分析通常没有考虑或无法考虑在政策实施后人们的行为将会如何改变。许多政策的效果适得其反,正是因为它们没有认识到人们会对这些政策做出反应。与之相关的还有纯粹的人的能力问题,即官员是否具备执行政策所需的技能?他们通常是不具备的,从事政策制定工作的人往往是缺乏实践经验的分析师,而从事一线工作的官员则很少参与政策分析。在针对相关议题的政治讨论中,所有焦点都集中在分析层面,而非实践层面。一厢情愿的想法屡见不鲜,尤其是在基础设施项目或国防采购等公共支出领域,从头到尾对成本控制和及时交付过度乐观已让纳税人付出了沉重的代价。

动机则是另一个问题。在有些国家,腐败是实施有效的经济政策的主要障碍,这种现象不仅限于发展中国家。公共选择理论引入的观点产生了深远的影响,即使没有公开的腐败,政客和官员仍会努力扩展自己的利益,而非尽其所能地服务于公共利益,这些利益可能包括官员们的预算规模、所属组织的权力基础或他们的信仰。

正如本章后面所述，自20世纪80年代以来，这一思想影响了为改革公共服务而付诸的努力。

因此，我们可以根据对政府的这些质疑来理解政府失灵。政府失灵产生的原因在于政府由来自不同部门和机构的许多个人组成，而每个人的激励、经验、技能和责任、动机和能力也各不相同。

公共选择理论

激励和动机是公共选择学派的核心元素，该学派将经济分析应用于政治和官僚决策。自20世纪70年代后期以来，它为有关经济政策的思潮由国家取向重新转向市场取向提供了重要的思想基础。公共选择理论家探讨了执行政策的官员和政客的动机。后来因这项研究而获得诺贝尔经济学奖的詹姆斯·布坎南（James Buchanan）写道："经济学家不应再像受雇于仁慈的独裁者那样提供政策建议，他们应该仔细考察决定政治决策的那个结构。"公共选择理论家将个人理性选择的标准经济模型进一步扩展至利己主义，并将它用于分析政治和官僚体系。他们指出，政策制定者有其私人动机，这些动机如同公共利益或责任感一样对他们具有激励作用。因此，公共选择理论是对更早的社会工程思想的有力制衡，后者主导了战后几十年的经济政策。而且，鉴于在20世纪70年代发生的各类经济事件，公共选择理论在思想界和政治实践中都得到了广泛认可。

公共选择学派的奠基性文献来自安东尼·唐斯（Anthony Downs）1957年出版的《民主经济学理论》（*An Economic Theory of Democracy*）与詹姆斯·布坎南和戈登·塔洛克（Gordon Tullock）1962年合著的《同意的计算》（*The Calculus of Consent*）。唐斯将零售商的空间区位模型扩展到选民的政治选择，这一模型最早可追溯到1929年的哈罗德·霍特林（Harold Hotelling），1948年由邓肯·

布莱克（Duncan Black）正式提出。假设两个互相竞争的冰激凌销售商要在海滩上选择他们的摊位位置（图7.1）。同时假设零售商一开始各占一端，各占一半的销售区域。他们每人将获得半数的顾客。但这种状态是不稳定的。每个商人都有动力向中央靠拢，以得到比一半多一点的区域。一旦一方这样做了，另一方就会效仿。最终的结果就是两人紧挨着在中央位置摆摊，并各自占据半个海滩。

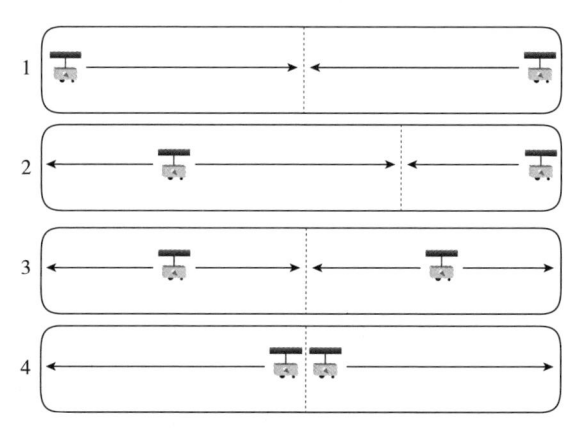

图 7.1　相互竞争的冰激凌销售商瓜分销售市场

唐斯将这一模式应用于对投票的分析，解释了为何声称有不同意识形态的政党似乎最终都处于左右派系的中间位置，试图吸引中间选民。他还认为选民是"理性的无知者"，作为个体没有动力花大量时间分析政策，所以大多数人会根据党派标签做出选择。这种模式似乎非常贴近20世纪60年代以及之后几十年的实际情况，尽管它在今天可能不那么适用了，因为投票模式变得碎片化，许多国家的政坛不像过去那样用简单的左右派系就可以分析。布坎南和塔洛克扩展了将经济学模型应用于政治这一基本观念，更为一般性地分析投票行为，并解释了就某些政策而言，自利集团的联盟是如何形成的。

对这些 20 世纪中期的经济学家来说，政府由拥有自身目标、动机和弱点的个人组成这一洞见当然不是全新的。18 世纪启蒙运动思想家大卫·休谟（David Hume）在其《道德、政治与文学论文集》（*Essays: Moral, Political and Literary*）中提出了同样的问题。他写道："在设计任何政府体系与确定宪法的数种制衡和控制机制时，每个人都应该被认为是一个无赖，在其一切行动中，除了个人利益以外别无选择。由于这种个人私利，我们必须对个人予以管理，尽管人们贪得无厌、野心勃勃，我们也要利用他的这种私利，使之与公众利益相契合。"因此，公职人员有两种基本的模式化的精神气质。他们要么是休谟所讲的"无赖"，不甘心成为服务于公众的公仆，因此政府需要对他们进行监督或以某种方式予以问责；要么是"骑士"，人们基本上可以相信他们的所作所为代表着公众的利益。

监管俘获

公共选择理论提出了官员或政客面临的激励问题，由此推导出的一个关键洞见就是监管俘获。这一术语最初由美国经济学家乔治·施蒂格勒（George Stigler）创造。他追问谁将从监管中受益，以及哪些因素可以解释监管的形式。他对此给出的回答是："监管是由产业掌控的，其设计和运作主要是为了该产业的利益。"在 1971 年发表的一篇开创性论文中，施蒂格勒研究了美国的卡车运输业以及与运输公司有关的监管的发展。许可证制度和对卡车载重的限制被证明与各个州的农业集团和铁路集团的势力是相关的。随着时间的推移，公路货运业务有了巨大的增长，许可证的申请数量随之不断增加，但运输公司变得越来越少，规模也越来越大。在农业游说活动最薄弱、运输更依赖公路而非铁路的地方，卡车运输公司能够利用监管来限制新进入者的竞争，从而建立自己的市场影响力。施蒂格勒的结论是，产业和从业者试图利用政治权力和影响力来限制进入，从而攫取垄断租金。因此，他们付出的努力通常被称为寻租。

其他的例子如下，其中一些已经在第二章中提到过：

- 出租车牌照持有者努力阻止优步和来福车等新进入者在其城市运营，其实在这些新应用出现之前的相当长一段时间里，各地的出租车司机早已在利用城市法规来限制竞争了；
- 不仅律师、医生和会计师的执业许可范围在日益扩大，对于那些受训时间、安全性或技能标准似乎不那么令人有压力的职业，如导游、健身教练、废旧金属回收商、理发师和美甲师等，需要获取执业许可的人数也在日益增加；
- 进口配额或其他进口限制，如卫生或环保标准，限制了来自海外的竞争。这些限制最终会抬高消费者支付的价格，但相比于进口关税，它们不那么引人关注。

当然，这些监管也提供了合理的卫生、安全和环保标准。然而，即使有充分的理由出于对消费者保护而进行监管，监管壁垒仍会限制竞争以及新企业进入某一产业的规模。金融业和制药业都是很好的例子（专栏7.1）。这些产业当然需要监管，但同样可以肯定的是，从业者同样可以利用监管的复杂性为自己谋取利益，这只需雇用一小批游说者和律师按照从业者自身的利益来解释规则，同时使它们变得令新来者难以遵守。

专栏7.1 丹麦银行业中的监管俘获

2018年，有人举报称丹麦银行在爱沙尼亚的分行曾参与洗钱活动，在9年多的时间里，俄罗斯和其他苏联成员国的2 000亿欧元资金经由这家小机构流出。丹麦金融监管局（Financial Supervisory Authority, FSA）因对此丑闻反应迟缓而被指控有监管俘获的嫌疑。尽管该银行的董事长和首席执行官被免职，美国、爱沙尼亚和丹麦均对此事展开刑事调查，但丹麦当时的金融监管局局长表示巨额罚款的传言太夸张了。FSA的前任局长曾出任丹麦银行的财务总监。由此，丹麦商业部长宣布监管者应接受评议，强调在官员需要有银行业从业经验的前提下，"我们如何才能确保金融部门与权力当局之间的关系不至于过分密切"？*

――――――

* Richard Milne (2019), "Denmark Shakes Up Watchdog after Danske Bank Scandal," *Financial Times* (January 2), https://www.ft.com/content/ee686644-0527-11e9-99df-6183d3002ee1.

产业机构和个别公司直接对政府进行游说的巨大规模足以证明监管俘获的重要性，因为通过市场影响力获得的垄断租金必然超过游说活动的成本（表7.1）。总的游说成本很难计算，因为注册的游说者人数并不能反映游说支出的总体规模。这些支出应该覆盖了下至地方政府上到美国联邦政府乃至欧盟委员会的各级政府，还要加上所有的监管机构，以及从所有的媒体公关费用、资助智库进行研究的基金到企业招待或最简单的午餐或咖啡等各种费用。不管确切的数字是多少，这数十亿美元、欧元或英镑最终都是由消费者支付的。由少数大企业主导的产业用于游说的支出往往最多，比如石油和天然气业、银行业和高科技行业（图7.2）。

表7.1　美国的游说费用　　　　　　　　　　　　　　（单位：美元）

2018年受到游说影响的行业排名	
医疗保健	421 531 641
金融/保险/房地产	400 553 390
杂项商业	382 753 390
通信/电子	318 941 742
能源/自然资源	248 760 215
运输	184 375 885
其他	171 644 016
意识形态/单一议题	107 040 342
农业企业	101 155 289
国防	94 121 731
2018年游说费用最高的机构排名	
美国商会	69 125 000
美国房地产经纪协会	53 778 430
美国药品研究与制造商协会	21 821 250
开放社会政策中心	20 590 000
美国企业圆桌会议	17 430 000
蓝十字与蓝盾协会	17 170 126
美国医院协会	17 168 724
Alphabet公司	16 760 000
美国医疗协会	15 542 000
美国电报电话公司	14 669 000

资料来源：Center for Responsive Politics, opensecrets.org/lobby/。

(a)

按类型划分的已注册游说者份额
- 市政 5%
- 智库 7%
- 非政府组织 26%
- 企业和顾问公司 63%

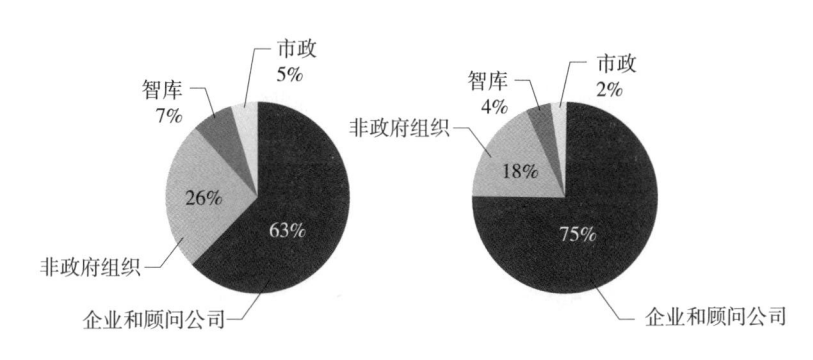

按类型划分的游说会议份额
- 市政 2%
- 智库 4%
- 非政府组织 18%
- 企业和顾问公司 75%

(b)

排名	名称	游说预算	会议	游说者	EP证书
1	微软	4 500 000	17	7	4
2	壳牌	4 500 000	6	7	7
3	埃克森美孚	4 500 000	5	8	5
4	德意志银行	3 962 000	13	8	3
5	陶氏	3 750 000	6	6	3
6	谷歌	3 500 000	29	9	8
7	通用电器	3 250 000	26	9	4
8	西门子	3 230 169	4	14	10
9	华为	3 000 000	7	6	6
10	英国石油	2 500 000	13	3	4
11	法国电力	2 500 000	12	14	7
12	戴姆勒	2 500 000	8	8	5
13	道达尔	2 500 000	1	7	5

图 7.2 2017 年对欧盟委员会和欧盟议会进行游说的相关数据
资料来源：EU Transparency Register。

监管俘获这一术语通常可以有多种解释，但有时它仅指这一现象的某一特定形式，即工业（产业）监管机构与其监管企业之间关系的紧密度。旋转门的现象是不可避免的，曾经在企业或企业雇用的专业顾问公司中工作的人，随后可能会从事监管工作，或者与此相反，以前的监管人员或政策制定者进入私人部门，在他们之前负责监管的企业工作。这种变动不仅是不可避免的，而且只要适度也可能是健康的，因为人们可以由此获得重要的经验，懂得事物在边界的另一侧是如何运作的。这些人会形成共同的观念，而且实际上有时他们的动机正在于获取个人经济利益，这不过是人类的本性。正是由于这一原因，大多数司法机构都设置了与英国"园艺假"相类似的限制，即离开公职的人如果要在私人部门重新找一份工作，必须先赋闲在家一段时间。媒体报道重点关注的原因正在于此，这由此成为一种重要的问责形式。

在采取政策以实现更高的经济效率时，监管与竞争之间需要权衡。监管者通常不认为有必要削弱监管，政客则喜欢在危机面前表现得有所作为，而不是取消某些措施，更别说什么都不做了。因此，监管法规的数量自然呈现只升不降的趋势。例如，当竞争不能起作用时，比如为了对冲不可避免的信息不对称或处于自然垄断的环境时，监管是必要的。但是竞争通常可以带来更高的经济效率。在有可能的情况下要使竞争发挥优先作用，能够承担这一明确职责的监管机构实在太罕见了。

集体行动问题

在 1965 年出版的名著《集体行动的逻辑》(The Logic of Collective Action)中，曼瑟·奥尔森（Mancur Olson）进一步扩展了监管俘获的思想。他指出，一般而言小群体总是比公众整体更容易组织起来并进行游说，从而推动符合他们自身利益的政策或法规。集体行动的问题是指，借他人努力搭便车的行为是很容易实现的。如果我能从一项关于银行投机能力的新规定中受益，我的潜在收益将是我所在社会总收益的 1/67 000 000，而如果不推行这一法规，一家银行的收益将达到数亿英镑。它们有强烈的动机进行游说，而我则有千百个理由消极等待。特殊利益集团通常会在政策辩论中战胜公众利益。

一旦注意到这一点，我们就很容易找出各个领域中集体行动的逻辑。例如，现在在大多数发达经济体中农业只占很小的比例，但农业补贴数额巨大（专栏7.2）。最大的受益者往往是最大的农场主。农业也经常受益于许多国家的生产配额和进口限制政策。代价是农业补贴中纳税人的直接成本，以及相对于取消贸易限制时的价格，消费者支付了更高的食品价格。这些成本由数百万人分担，因此人们很难察觉。欧洲共同农业政策在 2018 年花费了 580 亿欧元用于直接补贴（近年来总开支一直在缩减）。假如没有这些补贴，欧盟的食品价格会更低一些，但是由于很难厘清不同因素的影响究竟有多大，所以价格可以低至多少是有争议的。美国每年的农业现金补贴高达 250 亿美元，据美国政府问责办公室（Government Accountability Office）估计，从 2008 年到 2012 年有 1 060 万美元支付给了农民，目的是让他们不要生产任何东西。

专栏7.2　食品行业的监管俘获和游说

农业游说团体一向以善于说服政府慷慨地对农业提供补贴而臭名远扬。农业补贴开始于二战后，当时粮食安全是一个真正的问题，之后很多年里这项补贴一直在增加，直到2000年以后，随着欧盟和美国开始推行改革计划才有所下降。正如许多经济学家指出的那样，补贴农民的后果是消费者需要为食品支付更高的价格。

美国并不是表现最糟糕的国家，但它仍然因农业扶持政策而形成了数量惊人的产品积压。2018 年美国农业部宣布，由于保证最低价格导致牛奶产量过剩，奶酪库存已达到 13.9 亿磅。根据一项分析，这些库存可以制造出一块体积像美国国会大厦那么大的切达干酪。* 2015 年，美国最高法院裁定"战略葡萄干储备"违宪，直到这时，这一旨在维持葡萄干的最低价格、对低价出售葡萄干的农民进行补偿的政府政策才终于被废除。而自 1949 年到 2015 年，葡萄干管理委员会每年都会设定一个农民必须足额储备的数字，以防止价格降得太低。

其他国家也实施了类似的计划。加拿大设立了旨在提高价格的枫糖浆战略储备，《经济学人》将这一储备计划与石油卡特尔欧佩克相提并论。2012 年枫糖浆仓库成为一起臭名昭著的抢劫案的主角，当时盗贼抢走了其中四分之一的存货。网飞公司推出的电视剧《黑钱》就是以这起抢劫案作为蓝本拍摄的。

经过对共同农业政策进行一系列的改革，欧洲曾经声名狼藉的农产品积压已经有所缓解，但是欧洲黄油的库存据说一度超过了奥地利所有人口的总重量，不过这一说法并没有确切的来源。截至 2019 年，牛肉、牛奶和糖这几种食品的消费价格仍远远高于世界平均水平。**

---

* https://www.vox.com/science-and-health/2018/6/28/17515188/us-cheese-surplus-billion-pounds.

** https://www.ecb.europa.eu/pub/pdf/other/mb200712_focus05.en.pdf?ecdd317c1aee2d0bb3c8e26925f8cb8c.

为何监管俘获如此普遍？

因此，行业游说团体的声音相对集中，而代表公众利益的声音则较为分散。凝聚起来的利益总是会战胜分散化的利益。监管俘获盛行的部分原因是邪恶联盟的形成，即在不同集团之间建立起来的政治联盟或游说联盟。这些集团的利益看似并无交集，但实际上在某些特定的议题上可能趋于一致（专栏7.3）。

> **专栏7.3　邪恶的联盟**
>
> 邪恶联盟的一个例子是美国禁酒运动的推动者和非法酒贩之间的联盟，这一联盟催生了美国从1920年持续生效至1933年的禁酒令。由于道德上的原因，禁酒者希望减少饮酒的人数，而走私犯则希望在限制供给的非法市场上获得更高的利润。如果禁酒游说团体的目的是减少暴力（他们将其归咎于酗酒），那么他们显然失败了。计量经济学证据表明，美国禁酒和禁止使用毒品的运动导致了暴力事件的全面增加，在实施禁酒令的时期亦是如此。[*]
>
> 再来看环保组织和美国东部煤炭生产商之间的联盟。它们都支持美国环境保护署的决定，即要求所有新的发电厂全部采用一种实现清洁排放的洗涤塔。1981年由布鲁斯·阿克曼（Bruce Ackerman）和威廉·哈斯勒（William Hassler）合著的《清洁的空气，肮脏的煤炭》（*Clean Air, Dirty Coal*）一书记录了这段故事。为什么煤炭生产商要加入这一明显的绿色联盟？答案是西部各州开采的煤炭比采自阿巴拉契亚山脉和中西部地区的煤炭更环保，燃烧时排放的二氧化硫更少，因此价格相对更高。无论新电厂购买的是什么煤炭，按要求，他们必须安装

第七章　政府失灵

高科技设备,这会消除西部环保煤炭的竞争优势。只要求新工厂投资于洗涤塔,意味着作为主要污染源的老旧发电厂的寿命得以延长。这些又老又脏的发电厂实际上因不必受制于1970年《清洁空气法》中强制使用清洗设备的条款而受到保护。安装洗涤设备耗资数十亿美元,但对清洁空气只起到了负面的效果。环保署的错误在于,它监管的不是减排的结果,而是减排的方式。如果监管针对的是排放水平而不是使用的燃料和技术,原本可以有效地减少二氧化硫的排放。就经济效率而言,确保所有发电厂都有动力将排放降至最低水平,其实优于强制要求某一特定的环境绩效。基于激励的项目还可以鼓励技术创新。美国环保署引入了可交易的许可证,成功地降低了汽油中氯氟烃和铅的含量。**

环保主义者与伐木业从业者也建立了一个类似的邪恶联盟,推出了2010年的《欧洲木材条例》,该条例因对亚马逊盆地的盗采而限制进口某些木材产品。产业界为了减少来自进口的竞争,选择支持那些关注伐木对环境和社会产生影响的议题。***

---

* Adam Smith and Bruce Yandle (2014), *Bootleggers & Baptists: How Economic Forces and Moral Persuasion Interact to Shape Regulatory Politics*, Cato Institute.

** Jeffrey Miron (1999), "Violence and the US Prohibition of Drugs and Alcohol," NBER Working Paper No. 6950.

*** Metodi Sotirov, Maike Stelter, and Georg Winkel (2017), "The Emergence of the European Union Timber Regulation: How Baptists, Bootleggers, Devil Shifting and Moral Legitimacy Drive Change in the Environmental Governance of Global Timber Trade," *Forest Policy and Economics* 81: 69–81.

邪恶联盟以及监管俘获的盛行还有以下原因：
- 如果放松或废除监管，那些强有力的潜在输家可能要求得到补偿。
- 有能力对抗原来的游说集团的新部门需要时间来组织它们自己的游说活动，比如科技金融初创企业与现有大银行之间的竞争。
- 游说者可能会创造一些工作以保住自己的就业岗位，即使他们当下游说的事项可能已经不符合其客户的利益。
- 人们持有的信念如此强烈，以至于不愿意与现实妥协，就像专栏7.3列举的禁酒运动推动者或者环保主义者。

这些因素加剧了规则数量只升不降的趋势。因此，经济学家提倡在决定是否引入某项监管时，应更广泛地使用成本收益分析。下一章将对此进行讨论。

政策制定者也是普通人

公共选择理论的观点是，官员和政客都是普通人，他们会根据自己的利益对各种激励做出反应，无论这种激励是金钱还是权力等抽象的感受。然而值得注意的是，这些官员和政客在制定政策时常常忘记其他人同样是普通人，也会对因新政策而改变的激励机制做出反应。能提前预判行为变化的政策分析实属凤毛麟角（专栏7.4）。在商品市场上，顾客可以迅速地用脚或钱包投票，企业会随之调整价格或改进商品和服务。政策制定过程涉及协商、说服乃至投票，因此较为缓慢。然而即使在面对政府的监管时，人们也常常会根据自己的选择采取行动，从无视规章制度到以许多创造性的方式绕过规章制度，形式不一而足。任何政策分析如果没有考虑到它影响的那些人可能做出的反应，必然不会有显著效果，甚至可能适得其反。

专栏7.4　未预料到的行为变化

对酒精或烟草等有害物品征收的所谓"罪孽税"，通常被认为是一种利用经济激励来减少消费的手段。这种增加税收收入的方式比其他方法在政治上更容易被接受，至少在某些时候是这样。然而，政策制定者要谨慎地选择征税对象和税率，因为它有可能会产生适得其反的作用。糖最近才被列入有害物品名录中，这样做的目的在于解决日益严重的肥胖问题。英国已经开始对含糖饮料征税。美国很多城市和州也效仿了这一做法。然而，最近一项研究发现，费城于2017年1月开始实施的对含糖饮料的征税不仅没有达到预期的效果，还产生了一些不良后果。*一瓶2升装的汽水税前成本仅稍高于1.50美元，对其征收略高于1美元的税收导致汽水价格大幅上涨30%~40%，而购买量则下降了42%。鉴于人们可以到城市辖区之外价格没有提高的地方购买，总体来看这项政策对消费者卡路里和糖的摄入量没有影响。低收入人群不太可能到城外购买，因此最终被迫支付更高的价格。该市确实获得了更多的税收（7 900万美元），但并未达到预期值（9 200万美元），而且产生的影响是累退性质的，因为低收入人群受到了更严重的打击。

大多数考虑征收新税或改革税制的政府，会估计被征税产品及其替代品的价格和收入弹性，努力将政策出台后人们的不同选择考虑在内。但是，很多例子都表明，很难将人们对政策变化做出的所有可能反应方式涵盖在内。而且，如果一项干预措施促使人们的行为发生了巨大变化，那么历史经验可能并不足以为未来提供正确的指引。

---

* Stephan Seiler, Anna Tuchman, and Song Yao (2019), "The Impact of Soda Taxes: Pass-Through, Tax Avoidance, and Nutritional Effects" (January 9), https://ssrn.com/abstract=3302335 or http://dx.doi.org/10.2139/ssrn.3302335.

人们以某种方式规避监管和税收的例子是很常见的（专栏7.5）。与税收有关的例子尤其普遍，以至于人们专为这一现象发明了一个名词，即避税。它意味着合法地调整某些行为以尽量减少纳税，这与逃税不同，后者是指不缴税的非法行为。简而言之，许多政策旨在规制人们的行为，但是在这些政策得到实施的时候，人们往往试图绕路而行。尽管如此多的政策可能是无效的，甚至是适得其反的，但所有的政策都会带来成本。2006年美国管理和预算办公室认为，在上一个10年中颁布的法规每年耗费400亿至460亿美元的成本，相当于预期总收益的一半。

专栏7.5　适得其反的监管

1974年，为了应对石油输出国组织引发的石油冲击，美国政府出台了汽车限速每小时55英里的规定，以减少汽油的使用。这似乎是完全合理的。然而，与之前的每小时限速相比，现在一段70英里的行程要多花上16分钟。1974年美国的平均工资是每小时4.30美元，因此每增加16分钟的旅行时间，其成本就是1.15美元。每加仑汽油的售价为53美分，将这70英里里程耗费的人工成本换算为汽油，意味着普通工人需要节省2.17加仑汽油才合算。这需要将车速降至更低，从而使一辆普通汽车的燃油效率提高一倍。司机们一般不会这样做，因此他们有强烈的经济动机来逃避新的限速。截至1984年，纽约州的司机83%的驾驶时间处于超速状态。车辆上安装的民用电台数量从1973年的80万台跃升至1977年的1 225万台，因为越来越多的人习惯于警告其他司机前方有汽车超速监视区。接着警方购买了雷达来监控超速司机，而司机为此又去购买雷达探测器。美国国会于1995年废除了联邦政府的限速规定。

第七章　政府失灵

> 英国于1991年迅速通过了《危险犬类法案》,这是针对当年头几个月发生的一系列不同寻常的犬类袭击事件而做出的反应。该法案禁止饲养和拥有4种指定犬种,即斗牛犬、日本斗犬、阿根廷杜高犬和巴西獒犬。这项立法对犬类攻击事件的数量没有产生明显的影响,在任何公园绕上一圈你就会看到一些看起来似乎有攻击性的犬类及其主人。饲养者和主人们只是转而饲养其他品种。
>
> 2018年1月,欧盟禁止零售商在交易中增加信用卡附加费的规定开始生效。以前,许多商店会将商品价格提高3%左右,并以此来支付Visa或万事达等信用卡发卡机构收取的费用。令各国政府惊讶的是,在禁止征收附加费之后,零售商开始收取管理费,而这项费用通常远远高于现在已经构成非法的附加费。各国政府其实不应该感到惊讶,因为零售商总要从某处得到处理成本的补偿。在上述情形下,他们的补偿来自未受监管的收费。一项本应保护消费者的措施,最终却使消费者的处境变得更糟。

原则上,可能出现的行为反应比较容易应对。政策分析师的目标应该是确定可能的反应,并估计它们的规模,如果规模很小,那就没什么好担心的。在评估一项税收变化对政府收入可能产生的影响时,这种方法通常会被采用。税收收入弹性可以估计政府收入受到的影响,并考虑由于税率变化导致的供给特别是需求的调整。通常情况下,这些计算只针对当前的时期,然而在理想情况下,它们应考虑随时间推移发生的变化。短期和长期的税收弹性可能有很大的差异,在各国之间该数值也有明显的差别。不过,各国在这方面的实践各有不同,而且这种方法很少应用于规制各种非货币的行为。

在人们面临风险的情况下，这一类行为调整是很明显的。它又被称为风险补偿（risk compensation）或佩尔茨曼效应。佩尔茨曼的观点是，汽车安全法规，比如强制性的安全带和防碎挡风玻璃，导致人们采取更危险的驾驶行为。他的结论是，这类措施并没有减少受伤的人数，因为人们更倾向于粗心大意开车了。即使司机和乘客的伤亡有可能减少，它们却会导致更多的行人受伤。这是某种形式的道德风险，即人们在自身安全的情况下会做出更加冒险的事。在上述情形中，人们的行为更倾向于冒险，因为他们感觉更安全。心理学研究将这类现象称为风险稳态（risk homeostasis）。大量的实证文献随之涌现，结论各不相同，而最近一项研究得出的结论是风险补偿确实存在，尽管不会经常发生。该研究在结尾处强调，"永远不要假设行为不会改变"。

由此可能得出的一个结论是，如果人们感到不那么安全，他们可能会以一种风险较小的方式行事。这为一些政策设计提供了启发，特别是在交通管理领域。荷兰一些城市率先提出了所谓的"共享空间"概念，取消了道路标识和信号灯，以及分离行人、自行车骑手和驾驶员的标识线。不知道该往哪里开，不知道谁有路权，这让开车的人和行人都很小心。这个主意已被包括伦敦博物馆区最繁忙的一条街道在内的其他地方采纳（图7.3）。然而，现在就认为它是一项成功的政策，可能还为时过早。实际上，伦敦的试验已经失败了。行为调整并不总是那么迅速。瑞典在一夜之间由左侧行驶改为右侧行驶，交通事故和死亡人数有所下降，这与风险明显增加有关。汽车保险索赔数字下降了40%，但在接下来的6周内又恢复到正常水平。死亡率大幅下降，两年后才重回正常水平。

政策的行为反应和风险补偿现象都是不可避免的，这意味着政策制定者对某一察觉到的问题做出回应时应考虑到零选项（zero

第七章 政府失灵

option），即静观其变。在对一个事件或事故做出下意识的反应时迅速想到的政策构想尤其需要经过这样的反思。不幸的是，恰恰在这类情况下，静观其变在政治上很少受到欢迎。即使接下来的行为会限制政策的有效性，选民们也同样不喜欢这一选项。

图 7.3　在伦敦展览路上实施的共享空间概念
资料来源：Richard Keatinge, CC BY-SA 4.0 license。

官员的能力（无能）

大多数负责制定政策的官员都是分析师，对他们分析的各个领域缺乏专业经验。他们通常是经济专业的毕业生，或者拥有其他社会科学和人文学科的学位，又或者可能获得了法律或会计资格证书。土木工程师、地方住房服务的经理或者校长一般很少转行从事行政和政策工作。

当推动大型项目，比如重大的基础设施投资时，官员的实践经验缺乏，是一个特别严重的问题。下一章将讨论在对一些价值数十亿美元（欧元）的投资进行决策时，初始的不确定性有多么巨大。

如果一个项目已在向前推动，一旦项目出了问题或仅仅出现了两期延迟，它很有可能会造成巨大的资金损失。即便如此，为一些延期项目或绝不可能实现预期效益的项目过度投入的案例仍屡见不鲜。

在某种程度上，仅仅指责公共部门的特大失误是不公平的。这种情况也发生在私营部门，但很少受到同样的审查。公共部门的决策并不总是错误的。例如，英国连续几届政府在国民医疗服务体系的中央计算机系统上花费了120亿英镑，该项目于2011年被中止；但是另一方面，伦敦地铁银禧线于1979年按照预算准时开通。2008年投入使用的希思罗机场5号航站楼尽管存在一些小故障，但基本上按计划完成。不幸的是，大型公共项目成本超支相对来说更为普遍（表7.2）。

表7.2 大型工程成本超支

项目	成本超支（%）
埃及苏伊士运河	1 900
苏格兰议会大厦	1 600
澳大利亚悉尼歌剧院	1 400
加拿大蒙特利尔夏季运动会	1 300
英国及法国的协和式超音速飞机	1 100
美国特洛伊和格林菲尔德铁路	900
美国和瑞典的埃克斯卡利伯智能导弹	650
加拿大枪支注册系统	590
美国盐湖城冬季奥运会	560
美国联邦医疗保险处理系统	560
挪威银行总部	440
瑞士富尔卡基线隧道	300
美国韦拉扎诺海峡大桥	280
美国波士顿大开挖干线/隧道项目	220

(续表)

项目	成本超支（%）
美国丹佛国际机场	200
巴拿马运河	200
美国明尼阿波利斯海华沙轻轨线	190
英国亨伯大桥	180
爱尔兰都柏林港隧道	160
加拿大蒙特利尔地铁拉瓦尔延长线	160
丹麦哥本哈根地铁	150
美国波士顿—纽约—华盛顿铁路线	130
丹麦大贝尔特铁路隧道	120
英国伦敦莱姆豪斯公路隧道	110
美国布鲁克林大桥	100
日本上越新干线高速铁路线	100

资料来源：Bent Flyvbjerg, 2014。

这些未能按时交付的案例意味着什么？以悉尼歌剧院为例，它的规划堪称一场臭名昭著的特大灾难，在表7.2所列的事件中排名接近榜首。按照预计，这座歌剧院约耗资700万澳元，从1958年开工建设，至1963年投入使用。但最终它的成本是1.02亿澳元，直到1973年才开放。即便在开放之后，仍暴露出各种问题。作为澳大利亚芭蕾舞团的驻地，该剧场中舞台与观众席如此之近，以至于垫子只能紧贴着舞台下的墙壁排列。放垫子的做法是为了当舞者以跳跃方式退场时，他们可以跳到床垫上并在弹回舞台之前被人抓住。此外，歌剧院的屋顶出现了严重的渗漏，并曾因为返修而长期关闭。然而，在悉尼的每一张明信片上，这座建筑都被当成澳大利亚的象征。没有人认为不应该建造这座剧院。同理，国家必须兴建水坝、桥梁、铁路和机场等基础设施，因此，超支现象的普遍存在并不意味着永远不应该建设基础设施。

因此，应汲取的教训是要确保各国政府有能力制订符合实际情况的成本预算、管理项目、适当地审查合同并监督建筑工程的进展。官员通常缺乏这种有关项目管理的基本的内部知识，认为在建设阶段或在新的基础设施投入运营之后，就可以将一切外包给私营部门。但是这种合同关系充满了信息不对称，承包商比政府这位客户知道得更多。因此，这类代理问题在本书各章节反复出现。这些议题在本章后面论及的更为普遍的公共服务外包中将再次出现。

对于基础设施而言，有一个办法有助于克服这一问题，即通过用户付费或向其收费来为项目融资（专栏7.6）。如果政府机构只是简单地将税金支付给私人承包商，即使是借助于竞争性投标，承包商仍有能力和激励夸大真实成本或在质量上敷衍了事。通过用户付费将收入与项目的使用联系起来，可以激励承包商更好地运营基础设施，并对其进行适当的维护，而传统的公共融资方式则更偏爱高调的新计划，因此聚光灯闪烁的盛大场面胜过枯燥无味的日常维护。用户付费也有助于防范昂贵却无实际用途的"白象项目"，因为承包商有激励回应这类可能的需求。亚当·斯密关于基础设施的观点是，"当一条大路被修建起来，并得到这条大路所承载的商业活动的支持时，只能在商业活动需要的地方修建它……不能仅仅因为恰好通向省督的乡间别墅就修建一条壮观的马路"（《国富论》第五卷第一章第三节）。挑战显然在于以足够的准确性预测用户需求，而当预测被证明过于乐观时，私人承包商很有可能要求重新协商合同条款，公共部门不一定能够将所有风险以及回报转移给私营部门。竞标项目的承包商也有可能为了赢得合同而出价过高，即拍卖中所谓的"赢家诅咒"。无论如何，人们普遍认识到，在合同谈判和监督私人承包商的工程进展时，应该有更多具备实践技能和商业知识的政府官员。

专栏7.6　用户付费

用户付费或向用户收费越来越多地被视为一种手段，不仅可以为参与基础设施项目的私人承包商创造适当的激励，以确保他们按照预算准时交付高质量的成品，而且在政府预算吃紧的情况下，还可以为新的基础设施投资带来亟须的资金。例如，美国联邦政府对交通基础设施的投资，历来都源于向联邦公路信托基金缴纳的燃油税。然而，该基金目前经常出现赤字，而且预计赤字还会增加。因此，美国的一些政策分析师已开始呼吁建立一个大型的公路收费系统，以便驾驶员根据对道路的使用情况按比例直接付费。在许多城市和国家，如伦敦和新加坡，道路收费计划像许多地方的收费高速公路一样，正变得越来越普遍。这样做还有一个额外的好处，即可以减少交通拥堵和污染。这个项目实际上由诺贝尔经济学奖获得者威廉·维克里（William Vickrey）在1969年提出，旨在减少交通堵塞，使人们可以通过付费节省时间。[*]美国俄勒冈州自2006年以来就一直试点大范围的道路使用费计划，在试点结果得到积极评价之后，目前正在就全面铺开进行辩论。[**]

在其他国家，道路收费也变得越来越普遍，向用户收费的方法也被应用于其他领域的基础设施建设。在伦敦，泰晤士水务（Thames Water）供水公司正在修建一条新的超级下水道，即泰晤士潮汐隧道，用水者交纳的水费将被用来支付隧道的建设费用。

用户付费之所以被认为是公平的，是因为人们只在使用后付费，并且所付的费用产生了某种形式的价格信号，这种信号可以提高分配效率，例如，影响人们在搭乘公共汽车和自己开车之间进行选择。它还可以确保有足够的资金用于基础设施的起步资金及维护。用户付费理念是对能源和电信网络付费方法的扩展，在这些服务中客户都是付费的。

---

* William Vickrey（1969），"Congestion Theory and Transport Investment," *American Economic Review* 59，No. 2：251 – 260，*Papers and Proceedings of the Eighty – First Annual Meeting of the American Economic Association*（*May*）.

** https：//www. oregonlegislature. gov/lpro/Publications/Background – Brief – Mileage – Based – Road – Funding – 2018. pdf.

改革公共部门的管理

通过强调政府政策出现系统性失误的方式，公共选择理论家推动了重大的政治变革和政策改变。其中一种表现形式是在第二章中讨论过的国有和国有企业的私有化。除了将公共资产出售给私营部门以外，在公共服务的供给方面也进行了重要的政策创新，其中许多创新都被归入新公共管理（new public management）的范畴。政治学家在20世纪80年代给一系列改革贴上了这一标签，这些改革旨在使不诚实的或自利的官员承担其责任。其基本思想是通过制定恰当的激励措施，使公共部门管理人员和行政人员的行为可以像私营部门的经理人员一样勤勉负责。由此面临的挑战是如何设计这些激励措施以实现问责制，因为公共部门不像市场，不存在必须实现的最低收益率或者竞争。

自20世纪80年代以来，这项改革随着时间一直在演变。它最初的重点是目标设定。随后，改革重点又演变成将公共服务外包给市场，最近则变成了提供足够的信息，确保用户可以进行选择，即使由于市场失灵而不可能建立私人竞争市场，也要形成准市场，从而产生可竞争性。上述每种改革方向都不是完美无缺的。

确定目标

显然，为公共服务确定目标并监控这些目标是否达成，是对官员问责的一种方式。但目标设定很容易造成事与愿违的结果。事后来看，原因很明显，如果人们受到激励去实现某些特定目标，他们的行为就会被扭曲，以确保目标的实现。中央计划经济无法回避这个问题。生产指标全部按照数量、重量和长度等标准被量化。例如，根据生产的收音机总重量为生产者设定目标，这会导致厂家生产重型收音机；以收音机的数量为目标则将导致大批低质量产品。量化目标会使结果产生扭曲，受监管的价格同样如此。英国是较早接受并热衷于公共选择政策的国家，一项研究考察了英国采取目标设定方法的情况。该研究指出："在21世纪的第一个10年，英国政府，特别是英格兰政府建立了一套将目标与阻吓相结合的公共服务治理体系。这种做法与苏联政体有明显的相似之处，后者最初是成功的，但后来还是垮台了。"

目标设定的有效性取决于一些重要但通常不那么明显的假设（专栏7.7）：

- 度量问题并不重要。找出能够非常合理地衡量所提供服务的因素并对它们进行足够准确的度量是可以做到的。但在实践中，情况往往并非如此。由于政府部门或机构设有多重目标，而且这些目标经常界定不清或相互冲突，这一问题变得更加严重。
- 结果的区间并不重要。政府部门设定的目标很少有明确的误差范围。然而，在现实中超过设定的目标可能比没有达到目标要糟糕得多，反之亦然。比如，去急诊室看医生，设定的目标是等候时间 4 个小时，那么等候 7 个小时要比等候 1 个小时更糟糕。同理，大的失误相比于微小的失误可能会造成远为可怕的后果。

- 选择的目标不容易使代理人产生投机行为。换句话说，如果人们知道某一结果将被用来控制他们并对其予以奖励和惩罚，他们就不会改变自己的行为。然而，投机行为经常发生。在实践中经常出现的一种投机行为是，如果根据今年的表现来确定明年的目标，那么人们今年既不会完不成任务，但也绝不会超额完成。实际上，大多数目标设定都容易受到古德哈特定律（Goodhart's law）的影响，即"一旦出于控制目的而施加压力，任何观察到的统计规律都将趋于崩溃"。原因很简单，在激励发生改变时，人们（包括公共部门的官员在内）的行为也会改变。

专栏7.7 英国医疗和教育体系的目标设定

从表面上看，目标设定这一方法取得了一些显著的成功。以英国的医疗体系为例，英联邦的各成员国独立运营各自的医疗服务体系。只有英格兰的医疗系统设定了正式的目标，而苏格兰、威尔士和北爱尔兰则未能做到这一点。在这个天然的实验中，21世纪初期，病人在英格兰的等待时间明显减少，但其他3个成员国没有出现类似的现象。然而有人担心，实现减少等待时间这一目标，可能是以医疗质量的下降为代价的。*

大量例子表明服务效果向设定目标高度集中。例如，英国国家医疗服务体系引入了最长响应时间为 8 分钟的目标，我们可以就此比较之前和之后救护车响应时间的频率分布。一项研究得出的结论是:"仅就救护车服务而言,记录显示超过900个电话在7分59秒内接通,只有少数是在第8分钟接通的……救援人员被分成两组,分别被派给自行车或小汽车。有时要求一名护理人员骑着自行车前往救援并达成目标,但其实他无法将你送到医院。"**

与刚开始使用这一方法的那些年相比,如今英国在公共服务的目标设定上显得更加谨慎,越来越多地强调信息的提供,以使人们能够选择他们的服务提供商。例如,学校排名表根据学生的考试成绩,向未来的家长提供有关学校实力的信息。但是,相应的措施必须不断发展,因为教师和学校很快就能搞清楚如何将每一个向上的因素加入最后的排名表中。对英格兰的学校而言,目标首先被设定为一定比例的学生在16岁参加GCSE考试时应有5门课程成绩为A至C。这导致老师把注意力集中在成绩介于D与C之间的学生身上,以及选择较容易的考试科目。随后,考试科目被限制在学术性更强的科目上,根据学生进步情况计算的"附加"分也被引入该体系。学校排名现在可以提供更丰富的信息,但监控它们也变得越来越复杂。

＊ Health Foundation (2015), "Evidence Scan: The Impact of Performance Targets within the NHS and Internationally," https://www.health.org.uk/sites/default/files/TheImpactOfPerformanceTargets Within TheNHSAndInternationally_0.pdf.

＊＊ Tim Harford (2014), "Underperforming on Performance", https://www.ft.com/content/bf238740-07bd-11e4-8e62-00144feab7de.

外包

由于目标设定面临上述挑战，这种方法被取代了，私营部门越来越多地承包某些公共服务的供给，并且有时要与公共部门的机构竞争。例如，美国和英国有政府外包的私人运营的监狱，瑞典、芬兰和荷兰则有国家资助的私立学校。许多地方当局应承担的公共服务，如废品收集和休闲服务，都完全外包给私人供应商。

在英国，由于中央政府削减了地方政府的预算，外包业务一直在迅速扩张，英格兰尤其如此，这在政治上仍然存在许多争议。如上所述，威尔士、苏格兰和北爱尔兰接受上述任何一种方法的步伐都比英格兰更慢一些，因此英国作为一个整体可以被看作评估此类政策变化效果的绝佳的天然实验场。最近保守党政府付出特别的努力，试图扩大国民医疗服务体系预算中用于私人医疗服务提供者的比例，目的在于通过竞争和选择来提高效率。英国国民医疗服务体系已经将大量资金投向私人供应商，如寻求与文具和办公家具的供应商、药品和医疗设备的供应商合作，再如清洁工、实验室人员和一些医疗程序提供者的薪酬外包服务。这些例子大多没有引起任何争议。反对意见主要涉及由私营部门提供医疗服务，鉴于英国国民医疗服务体系在英国人心目中的特殊地位，这一点特别容易引起政治争论。

将医院的清洁工作外包节省了大量资金，这主要是因为成功的私人竞标者支付的工资较低，但它很可能是一个错误的决定。医院里的被感染人数一直在增加。清洁人员不再接受高级护士的直接监督，可能在一定程度上能够解释这一现象。因为就医院的环境来说，人们很难仅仅通过观察就知道器物表面是否足够清洁，而关注医疗效果的医务人员又不参与清洁过程。这凸显了有关外包的一个重要问题，无论是私人部门还是公共部门都有涉及。当委托人将工作外包给代理人，并且其中有明显的信息不对称时，这种状况就会发生。委托人（公共机构）无法以即时方式监督代理人的行为和结果。另一方面，许多常规的医疗程序，如治疗静脉曲张或不受信息不对称问题影响的测试，可以安心地外包给私人服务提供商，因为委托人知道服务的质量和效果可以被监督和强制实施。

将监狱的运营外包给私人公司也面临同样的问题。私营监狱在美国最为普遍，它们的表现似乎不尽人意。学术研究表明，曾被关押在私营监狱的罪犯更有可能再次犯罪。即使刑期相同，被送往私营监狱的囚犯往往会比送往公立监狱被监禁的时间更长，而且更有可能在监狱中遭受暴力。利润动机促使私营监狱提供商以尽可能长的时间关押更多的罪犯（有些合同甚至规定囚犯的最低数量），并通过减少员工数量、为囚犯提供更少的培训等措施来削减成本。美国正打算逐步淘汰私营监狱。

由于作为委托人的国家机构无法监督作为代理人的监狱企业提供的服务质量，所以存在固有的委托代理问题（专栏7.8）。国家和私人供应商之间的合同是不完备的，因为它很难列明所有的法律细节，以明确私人供应商需要采取哪些行动以实现期望的结果，比如良好的培训、低再犯罪率等。信息不对称是不可避免的，因为没有一种检查制度能够确知所提供的服务质量是否一直良好，而私人企业却有很强的激励来削减成本，增加利润。医院的地板虽然看上去很干净，但实际上可能布满了细菌，而一所监狱也很可能不会为囚犯提供培训，或者为其恢复正常生活给予支持。

专栏7.8 委托代理问题

委托代理问题在经济中普遍存在，归根结底经济增长是一个交换问题，即由他人提供你所需的服务或产品。有大量学术文献讨论这一问题。*一个例子是代理人代表作为委托人的所有者（股东）对企业进行管理。纳税人可以被看作委托人，而政府官员是其代理人，反过来，当公共机构将服务外包给其他供应商时，它们就成了委托人。在提供的服务质量最难监测的一些领域，出现的问题最为臭名昭著，例如国防合同和软件系统。在实际投入使用之前，无法了解这类服务的质量。为此，美国的帕卡德委员会（Packard Commission）建议军方应始终与两家装备生产商签订合同，但这样做的成本可能很高，而且如果这影响到生产商对未来为政府工作的预期，就可能会对他们产生不利的激励。

---

* David E. M. Sappington (1991), "Incentives in Principal – Agent Relationships", *Journal of Economic Perspectives* 5, No. 2: 45–66.

除了委托代理和信息不对称问题外，还有几个原因可能使外包无法实现有效的结果。一是合同的不完备，即合同不可能详尽地列出所有可能发生的偶然事件，特别是在复杂的公共服务涉及许多利益相关者时。此外，一个现实因素是负责采购的公职人员通常缺乏相关的商业经验，往往资历较浅，没有多少运用自己判断力的自主权，而且一般被要求接受成本最低的竞标。外包的确可以改善公共服务的效果，但是只有能够签订较为完备的合同，并且以直接和及时的方式监控结果时，它才最有可能取得成功。

可竞争性

公共服务改革的最新进展是通过引入某种形式的竞争，使用户有所选择，从而提高效率。在这种公共服务的背景下，我们使用的术语不是竞争而是可竞争性。

政府希望公民得到充分的信息和权力，能够像购买私人物品和服务那样选购公共服务。公共服务需要面对竞争，虽然不能盈利，但它们的预算应该在准市场中与人们的选择挂钩。

可竞争性采取的形式之一是将早期的目标设定转化为更详细、更复杂的目标以及排名表或序列。专栏7.7介绍的案例，涉及公布学校"增加值"的信息，即他们的学生取得了多少进步，因此，鉴于不同学校的学生来自不同的背景并且其社会和经济优势程度不同，这在理论上对此是一种修正。原则上家长可以根据一系列标准来审视详细信息，考查学生在各个备选学校中表现如何，但解读细节是一件非常棘手的事，可能只有非常积极的父母才会这样做。类似地，政府可以要求医院公布各种手术的成功率等信息，甚至可以细化到单个医生的层面，但有批评者认为，这样一来外科医生可能就不愿收治高难度或高风险的病例，因为他们担心这些数据可能会让未来的病人望而却步。

实现可竞争性可以采用不同的模式，从允许选择公共服务提供商，到为个人在教育或医疗等由税收资助的服务方面的支出提供税收抵免，再到为用户提供某种服务的代金券，使他在选择任何供应商时都能用券支付，从而实现对市场的模拟。代金券可以是普惠性的，也可以仅限于来自贫困家庭的儿童，美国的许多州政府就选择了后一种做法。

试图在公共服务领域复制消费者在私人市场上做选择产生的那种影响，从而提高绩效，这一想法和所有其他类型的改革一样，也是富有争议的。反对者认为，私立学校挑选的是资质最佳、家庭最优裕的学生，而这些计划从公共部门拿走了资金，只留下最弱势的学生。教育券的想法最初由自由市场最有名的拥护者米尔顿·弗里德曼在 1955 年提出，他创立了 EdChoice 项目的前身，该项目旨在呼吁推动教育券计划等择校方案。现在美国有 15 个州提供教育券计划。提供更多选择的想法仍然与保守主义的政治观念密切相关。

教育领域的数据可以展现不同国家提供公共服务的多种模式。在经合组织的富裕国家中，平均 84% 的学生就读于公立学校，12% 的学生就读于由政府资助的私立学校，4% 的学生就读于自筹资金的私立学校。然而，该数据在各国之间存在着巨大的差异（图7.4）。

经合组织考察了所有成员国并得出结论，择校正变得越来越普遍，尽管方式各有不同，而且学生平均成绩和成绩的不平等状况也有很大差异。计划的设计和管理是关键问题，比如有多少资金来自政府，私人供应商提供哪些东西，以及如果他们获得公共资金，要如何对其进行问责。特别值得关注的是，如果政府为私立学校提供的资金比例较高，而私立学校也相应地承担责任，学生的成绩就不会有太大差异。经合组织在研究中得出的结论是，仅仅依靠市场并不能给所有学生带来良好的结果，适当的管理是必需的。如果能够做到这一点，那么择校乃至学校之间的竞争将会产生有益的结果。

改革的效果如何？

最初由公共选择革命引发的关于如何组织公共服务的争论还远远没有结束。上述委托代理关系中存在的信息不对称和激励问题并非无足轻重。

公共选择理论家提出的要点之一是，必须考虑政府雇员、官员

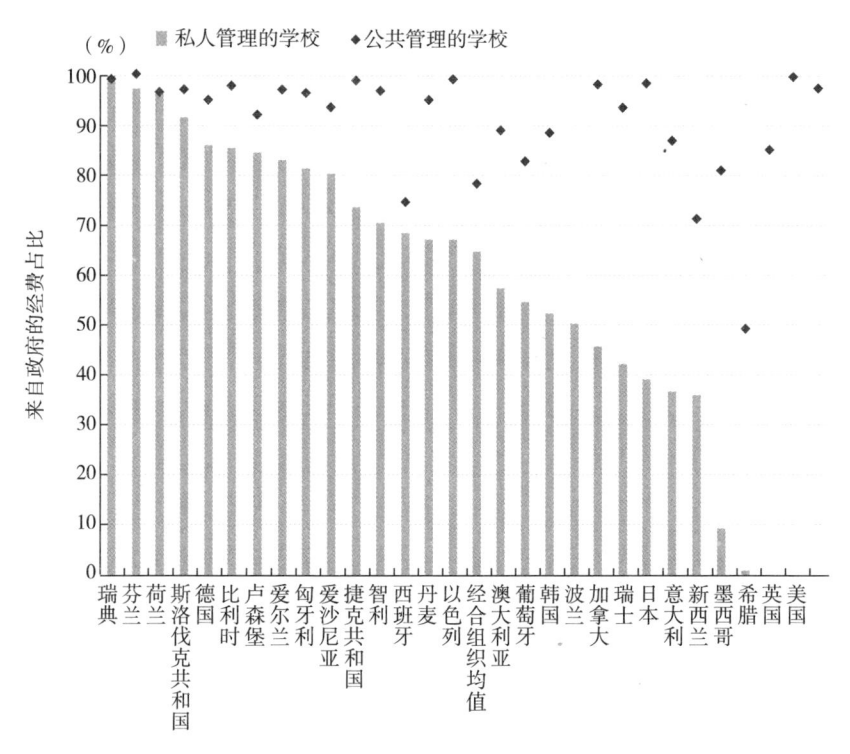

图 7.4 2009 年经合组织国家学校经费来源

注：根据私立学校经费中来自政府的比例，各国按降序排列。

资料来源：OECD, "Public and Private Schools: How Management and Funding Relate to Their Socioeconomic Profile," 2012。

或政治家的个人动机，就像考虑私营部门的利润动机一样。这一命题肯定是有效的。在大多数经合组织成员国里，尽管明显的腐败相对较少，但监管俘获的现象也很容易被发现。

然而，从 20 世纪 70 年代由政府提供的公共服务转向目标设定和可竞争性等方法，这一进步一直都存在争议。具体的担心在于，如果你假定人们都是无赖，这会驱使他们做无赖之事。假定公共部门雇员具有自利的动机，这是否会导致他们丧失所谓的内在动机（intrinsic motivation）或公共服务意识？这两种动机可以共存吗？

公共精神显然是存在的，但如果认为公共部门的每一位工作人员内心都有使命感，那就太天真了。然而，公共选择方法没有为公共服务精神或内在动机留下任何余地。许多在公共部门工作的人可能喜欢有保障的工作和体面的养老金，不过他们也有帮助他人的动机。有时，人们会提出质疑，认为从目标设定到准市场改革实际上将内在动机排除在外，并将它声称的私人动机置于主导地位。有人进一步指出，如果一个人的行业地位和职业生涯取决于设定的目标和排名表，那么，如果这二者并未得到很好的衡量，他为什么还要费尽心力去真正提升服务的成效呢？

正如私有化一样，对于本章所述的各种公共服务改革，英国一直都是最早尝试的国家之一。如前所述，英国将权力下放给各个独立的成员国——英格兰、威尔士、苏格兰和北爱尔兰，这一天然实验可以很好地检验类似情形下不同公共服务的供给模式。英格兰实施改革的程度远远超出其他国家。英国经济学家做了大量实证研究，对结果进行评估。毫不奇怪，答案也是喜忧参半。但总的来说，英格兰采用的目标设定和排名表、选择和可竞争性等方法带来了更好的结果，至少对于可以度量的指标是这样。在经合组织国际学生评估项目的权威排名中，英格兰的学校表现要好于威尔士。如果比较医疗效果而不只是考虑削减成本，那么英格兰医院的表现优于英国其他地方的医院。然而，由于组织细节起到了重要的作用，因此证据有好有坏。这场辩论不可避免地掺杂了政治因素。因此，下一章将对经济决策者提出一个重要问题，即政策决策是不是技术性的，还是最终总会变成一种政治选择？证据和经济专业知识应该在其中扮演什么角色？

另一种视角

在理想的世界中,政策选择是客观和公正的。政策制定者在充分考虑民主偏好和少数群体权利的情况下,应该有能力评估相关的证据,并选择使社会福利最大化的行动路线。然而正如本章强调的,这是一项困难的任务,远甚于前几章基于市场失灵视角提出的问题。根本问题或许在于,哪一种评估政策选择的视角是正确的。谁的社会福利应考虑在内?由谁来计算它?决策者知道什么,他们的动机又是什么?其他人会如何回应他们的决定?

也许,从自上而下的角度考察社会福利问题天然具有缺陷,因为市场失灵和政府失灵的原因是类似的。外部性意味着价格发出的信号对社会收益和社会成本有误导性。市场并没有将它们内部化到价格中。但是政府同样不掌握计算这些成本和收益所需的信息。信息不对称导致私人保险存在问题,而政府保险也不能消除道德风险和逆向选择问题。后者或许只意味着人们在社会福利方面弄虚作假,而不是对保险公司撒谎。

第四章讨论了一些既非市场也非国家的机构,作为社会为了一般利益进行决策时选择不同方法的案例。共同体以自下而上的方式自行组织了这些机构。

弗里德里希·哈耶克将市场本身视为一种社会自组织形式。市场是一种社会制度,就像第四章谈到的缅因州捕捞龙虾的制度安排一样。差异在于产权分配、信息传递过程以及对人们行为的监督。实际上,经济制度丰富多样,多姿多彩,而不仅仅限于市场和国家。没有人能够设计人类社会,更没有一个所谓仁慈的社会规划者能够计算出如何才能实现资源配置和生产效率的最大化。

这种自下而上的视角逐渐在经济学领域站稳了脚跟,其形式是基于个体行动者的计算机模型，该模型能够模拟由数百万个体同时做出不同决策的经济现实。现代化的计算能力使我们可以采取这种方法解决经济政策问题。以较小的规模看，这种方法至少可以追溯到 1971 年，对于为什么社区看上去很容易划分出不同的种族隔离区，托马斯·谢林（Thomas Schelling）给出了强有力的解释。他简单地假设每个人都有一个适度的偏好，希望附近住的都是相似的人。假设有三分之一的邻居来自同一族群。从一个随机分布开始，个体一步一步地移动，只需有限的几步，社区就可以实现全部的隔离（图 7.5）。谢林的模型是一个强大的模型，尽管现实当然更加复杂。它的在线版本允许访问者更改参数，以考察何时可能出现其他的结果。发人深省的是，人们只要表达出一点点靠近自己群体成员的偏好，而且一旦一个地区形成了隔离，整个社区就不再可能混合到一起。不过令人鼓舞的是，如果人们在偏好相似的同时也接受一点点的差异，那么隔离就不会出现。

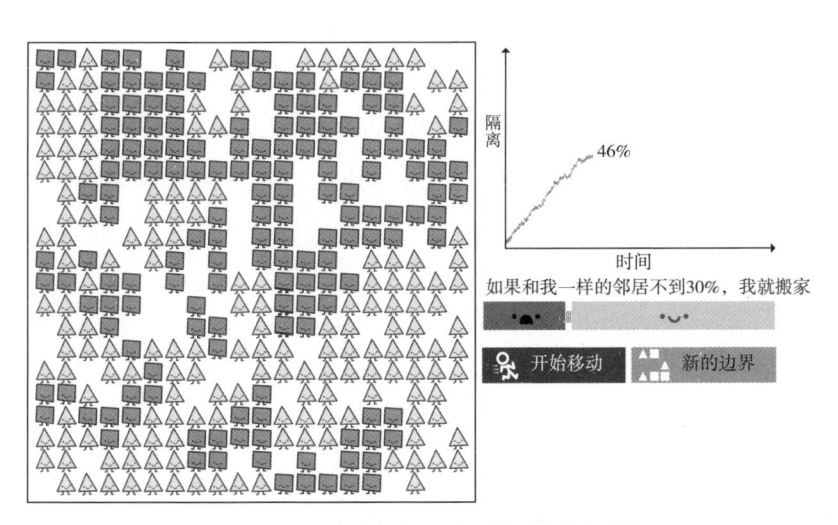

图 7.5 多边形的寓言：谢林模型的在线案例

资料来源：www.ncase.me/polygons。

第七章 政府失灵 303

谢林的洞见在于，在给定的决策背景下，简单的行为规则可以产生惊人的结果。因此，认真设计决策背景有助于获得理想的结果。他以交通信号灯为例来说明。几乎每个人都遵守"红色＝停止"的规则，因为这样做符合他们自己的利益；如果不服从，他们就要冒死亡或受伤的风险。政策中自我监管的倾向越浓厚，政策的效果就越好。值得注意的是，规则的设计并不是唯一重要的事情。印度和英国的交通规则以及信号灯的设置非常相似，但是在印度城市的交叉路口，交通一片混乱，很少有人遵守信号灯的指示。这说明了社会规范和第四章讨论的那些事项的重要性。

制定公共政策的另一条思路是，通过塑造人们做出选择的环境，从政府拥有的协调个人决策的权力这一角度思考政府的作用，而不是把政府视为社会工程师，对环境进行分析并试图通过税收或监管来强制推行特定的行为。基于行动者的建模是一种方法，另一种方法是明确地从博弈论的角度考察政策制定者和公众。接下来的挑战就是建立一个将个人选择统一起来的框架，然后找到最有可能产生有效率结果的政策。虽然这肯定不容易，但或许值得一试，因为每天都有政府干预失败的新案例，鉴于人们通过改变自身的行为而回避干预，这些干预不仅未能达到预期目标，甚至只能获得适得其反的结果。

结论

尽管有其政治偏向，但公共选择理论提出的观点是令人信服的，即政策制定者必然面临激励问题。当委托人难以监督代理人的行为并追究其责任时，激励问题最为严重。政府失灵和市场失灵应被视为同一枚硬币的两面。这两种失灵都来自社会组织不可避免地产生信息不对称、规模经济和外部性，毕竟选择和决策都是由不完美的人而非理想化的经济人做出的。

本章试图说明政府失灵恰恰是因为在市场失灵的背景下，政府被要求提供服务或实施监管。市场失灵和政府失灵都源于信息不对称、规模报酬递增、外部性以及人们通过偏好和社会规范相互影响，并不是完全理性的经济人。当基本的福利定理的任何一个假设条件不成立时，集体行动就很难组织起来。现实几乎总是如此，因为这些定理的假设条件基本上忽略了社会互动和利益冲突，并将社会视为个体的简单加总。如果政策问题很容易解决，那么政治对手之间或者不同时代和不同地区就不会出现那么多的政策分歧。

然而，这并不是说我们要对政策问题感到绝望。主张减少政府干预、扩大市场机制的最简化的政策方法，完全基于下述假设，即人们作为独立的个体采取行动，其选择对他人影响甚微。如果你接受这一假设，换句话说，假设外部性、规模收益递增乃至公共品都极为罕见等等，那么你必然会得出集体行动是不必要的这一循环论点。但实际上，实证经济学的工具为政策问题提供了大量洞见，这正是下一章的主题。

扩展阅读

作为补充的技术性文献

Sanford Grossman and Oliver Hart (1983), "An Analysis of the Principal – Agent Problem," *Econometrica* 51: 7 – 46.

Oliver Hart, Andrei Shleifer, and Robert W. Vishny (1997), "The Proper Scope of Government: Theory and an Application to Prisons," *Quarterly Journal of Economics* 112, No. 4:1127 – 1161.

Jean – Jacques Laffont and Jean Tirole (1993), A *Theory of Incentives in Procurement and Regulation*, MIT Press.

Jean Tirole (1986), "Hierarchies and Bureaucracies: On the Role of Collusion in Organizations," *Journal of Law, Economics, and Organization* 2, No. 2 (October): 181 –214.

经典文献

James Buchanan and Gordon Tullock (1962), *The Calculus of Consent*, University of Michigan Press.

Mancur Olson (1971), *The Logic of Collective Action*, Harvard University Press.

George J. Stigler (1971), "The Theory of Economic Regulation," *Bell Journal of Economics and Management Science* 2 (Spring): 3 –21.

公共选择、集体行动与新公共管理

James Buchanan (1986), Nobel Prize lecture, http://www.nobelprize.org/nobel_prizes/economic-sciences/laureates/1986/buchanan-lecture.html.

Julian Le Grand (1997), "Knights, knaves or pawns," *Journal of Social Policy* 26, No. 2: 149 –169, eprints.lse.ac.uk/3120/1/Knights,_Knaves_or_Pawns.pdf.

D. Mueller (1976), "Public Choice: A Survey," *Journal of Economic Literature* 14, No. 2: 395 –433.

Sam Peltzman (1975), "The Effects of Automobile Safety Regulation," *Journal of Political Economy* 83, No. 4: 677 –725.

Leon Robertson (1977), "A Critical Analysis of Peltzman's 'The Effects of Automobile Safety Regulation,' { ~? ~ thinspace}" *Journal of Economic Issues* 11, No. 3: 587 –600.

监管俘获与公共部门的能力

Ernesto Dal Bo (2006), "Regulatory Capture: A Review," *Oxford Review of*

Economic Policy 22, No. 2: 203 – 225.

Bent Flyvbjerg (2014), "What You Should Know about Megaprojects and Why," *Project Management Journal* 45, No. 2: 6 – 19.

Anthony King and Ivor Crewe (2013), *The Blunders of Our Governments*, Oneworld.

目标设定、外包与可竞争性

Gwyn Bevan and Christopher Hood (2006), "What's Measured Is What Matters: Targets and Gaming in the English Public Health Care System," *Public Administration* 84, No. 3: 517 – 538.

Gwyn Bevan and Deborah Wilson (2013), "Does 'Naming and Shaming' Work for Schools and Hospitals? Lessons from Natural Experiments Following Devolution in England and Wales," *Public Money & Management* 33, No. 4.

Chris Cook (2015), "New Public Management in English Schools," http://www.bbc.co.uk/news/uk-politics-31094670.

Eduardo Engel, Ronald D. Fischer, and Alexander Galetovic (2014), *The Economics of Public-Private Partnerships: A Basic Guide*, Cambridge University Press.

Tim Harford (2014), "Underperforming on Performance," http://timharford.com/2014/07/underperforming-on-performance/.

Steven Kelman (1987), "Public Choice and Public Spirit," *Public Affairs* (Spring), http://www.nationalaffairs.com/public_interest/detail/public-choice-and-public-spirit.

OECD (2017), "School Choice and School Vouchers: An OECD Perspective," http://www.oecd.org/edu/School-choice-and-school-vouchers-an-OECD-perspective.pdf.

其他方法

Kaushik Basu (2017), *The Republic of Beliefs: A New Approach to Law and Economics*, Princeton University Press.

David Colander and Roland Kupers (2014), *Complexity and the Art of Public Policy: Solving Society's Problems from the Bottom Up*, Princeton University Press.

第八章　证据与经济政策

上一章论及的政府失灵表明，无论支持公共政策的分析看起来多么有说服力，这些政策的实施都会遇到各种困难。因此，一个显而易见的问题就是，政策分析在实践中的实际执行情况如何？各国政府是否从历史上或其他国家的成败得失中汲取教训，并在制定新政策时加以应用？最后一章讨论有关政策评估与评价的重要议题：前者是指为了决定是否执行某项政策，政策分析事先应该解决哪些实际问题；后者是指事后的回顾，即具体干预措施的效果如何？对上述两者而言，关键都在于它能否针对经济问题给出大致客观的答案。还有一些难题需要解答，比如政策选择应该如何反映不确定性、不同的信念以及偏好？政策选择是否具有自我实现的可能性？

本章讨论了政策经济学家可以采用的常见工具。事后进行政策评价的主要方法是利用与结果相关的观察到的数据进行计量经济学分析。尽管学术研究人员和一些智库中的经济学家做了大量的政策评价工作，但针对政府政策的评价却出人意料地少之又少。在前瞻性地考虑是否需要引入一项政策改变时，最重要的工具之一是成本收益分析，它已经发展成为政策评估的一种主要方法。这一方法早已被公共建设工程师所熟知并使用，但它在经济政策中的广泛应用最初是由一些重大的环境灾害推动的，现在至少有一部分国家将它用于大量的经济政策分析。本章还讨论了遴选政策的其他新技术，特别是近年来实证经济学中重要的方法创新。

考虑政府行动可能带来的好处和代价，这当然是可取的，但总是存在一种危险，要么过于机械地应用现有的工具，要么没有重视这些工具的使用，而只是将它们作为政治选择的点缀。成本收益分析既有理论上的局限性，在实际应用中也是如此，这些都在本章中有所论及。本章最后谈到了政治经济方面的挑战，以及为何决策者可能不愿意以一种更系统化的方式从政府失灵中汲取教训。

对经济和社会政策进行评估对研究者而言是一个蓬勃发展的产业。大型数据库的更多使用和计量经济学的发展推动了应用经济学的复兴。与此同时，政府和官员很少在事后对具体的经济政策进行评价，预先进行政策评估的情况也不多见。这并非因为官员没有意识到大量政策评估的存在或者对此不感兴趣，而是因为政府不希望自己的工作过早接受评价，如果一项政策最终被证明是失败的，将会使政府陷入政治困境。如果给出的证据或分析与政客们持有的坚定信念或者先前的承诺相悖，这会令他们感到尴尬或者在政治上付出惨痛代价，因此他们通常不愿意据此改变自己的政策。更重要的是，尽管经济评估和评价在许多国家已经逐渐普及，但我们目前还不清楚这种趋势是否会继续。因为在强烈的党派政治背景下，一些政客和评论员习惯于贬低专家和证据的作用。然而，如果让更多政策真正以证据为基础，而不是任由政客用量身定制的"证据"来支持他们偏好的政策，就节省的资金和获得的成效而言，纳税人和公民获得的服务将会改善很多。

有两种利用证据的方式：一是在政策出台前，分析可能产生的影响；二是在政策实施之后，评价政策是否达到了目的以及是否产生了意想不到的后果。这两种方法应结合使用，因为过去的证据是思考未来的关键因素之一。但是，二者是有区别的，而且分别被称为政策评价（针对过去）和政策评估（针对未来）。学者和智库的研究人员采用经济学家可以利用的计量经济学工具对政策效果进行了广泛的评价，本书各章均有涉及。鉴于本书不是一本计量经济学教科书，本章主要讨论的是政策评估，即以用证据说话的态度，全面考察某项拟议中的政策是否会增加经济福利。

关于政策评价的说明

如上所述，政府自身对以往政策的评估太少。英国国家审计署作为代表纳税人的监督机构所做的一份报告发现，政府各部门极少对政策进行评价。在经该报告详细考察的34项研究中，只有14项研究有充足的证据证明政策发挥了有用的影响。英国政府各部门在对新政策进行"影响力评估"时，按规定必须参考过去的政策评价，但只有15%的影响力评估参考了过去的证据。由美国政府问责办公室于2017年给出的一份类似报告发现，只有五分之二的政府管理人员知道对过去5年执行的一些政策所做的某些评价。英国建立了多个"找出有效政策"（What Works）的研究中心，负责评价医疗卫生、教育、刑事司法、早期干预、老年护理、地区经济增长和幸福感等具体政策领域。这些研究正在慢慢地积累大量的证据，因此以往对各类政策效果的认识不会随着政府更迭而被遗忘。但另一方面，一些资深政客却喜欢贬低专家，尤其是经济学家。同样地，没有迹象表明证据在有关的政治决策中发挥了更大作用。

英国做的并不是特别糟糕，相反，经合组织认为就基于证据制定政策而言，英国政府比大多数国家做得更好。罗伯特·哈恩（Robert Hahn）和保罗·泰特洛克（Paul Tetlock）研究了美国政府对拟议中的新法规所产生影响的考察记录，他们写道："政府对法规所做的经济分析的质量似乎远未达到必要的水准……随着时间的推移，美国法规分析的质量似乎变化不大。"这种情况可能正在发生变化，因为在2019年初，美国一项基于证据制定政策的基础法案签署生效，不过其效果如何仍有待观察。

政府不评价过去的政策，意味着大多数评价是由学术界进行的。经济学家可以利用的最有力的工具之一就是严谨的计量经济学评价。在过去二三十年中，因果推断技术和可获得的大规模微观数据库都取得了巨大进步。大数据现在也开始崭露头角，尽管人们对它在多大程度上可以被用于因果推断仍有争议。大数据主要被用于确定相关性和模式识别。在社会和经济政策的许多领域，从幼儿扶助与教育到养老金，从犯罪到医疗保健，从移民到能源政策，对已有政策干预有效性的研究正在激增。最近的一项研究发现，目前学术期刊中超过四分之三的文章涉及实证研究，涵盖与政策相关的广泛问题。计算机革命、随之而来的数据可用性以及计量经济学技术的巨大进步，使这种向实证研究的转向成为可能。

根据定义，计量经济学估算需要数据，并涉及对以往经验的考察，但只要背景足够相似，实证结果就可以给未来政策可能产生的影响提供有用的信息。人们更加关注的是，如果过于看重计量经济学的结论并超过它本身所能承载的程度，就会带来一些风险。为了避免计量结果产生的误导，以下三个问题我们需要仔细考虑：

- **统计显著性**。经济学家过于机械地依赖估计的回归系数是否具有统计上的显著性。这一显著性通常设置在5%的水平。考虑到样本的可变性，对回归系数等于它在零假设中的值的可能性（不可能性），这种统计显著性有其正式含义。这是一种精度测试，受观察样本变化的影响很大。根据发表学术论文的惯例，即论文要报告具有统计显著性的回归结果，许多研究人员有意无意地调整了模型设定和估计方法，以获得统计显著性。斯蒂芬·齐利亚克（Stephen Ziliak）和迪尔德里·麦克洛斯基（Deirdre McCloskey）称之为"统计显著性崇拜"，它会扭曲结果，使经济学家忽视那些没有超过5%这一统计显著性门槛但经济意义显著的结果。

- **因果关系**。每个学过统计学的人都知道，相关性并不意味着因果关系。不幸的是，在经济学中变量之间有许多相互影响的反馈循环，因此因果关系很难识别。最常用的识别因果关系的计量经济学方法是工具变量（IV）技术。例如，一个人挣多少钱取决于他受教育的时间，而教育的选择又取决于不同学历的人能挣多少钱。要估计教育对收入的影响，必须找到一种"工具变量"，它与受教育年限密切相关，但与回归中的任何其他变量无关。很难找到适当的工具变量。在上面的例子中，教育成本，比如学费或助学贷款的成本或许可以成为这样的工具。最近的一篇论文指出，投入大量精力用于工具变量估算是一种浪费，而且结果可能更糟，这些估算常常显示出错误的显著性，并且对数据中的异常值非常敏感。

- **功效**。另一项最近的研究考察了大量的实证论文，发现许多论文缺乏检验功效。功效是一个技术性的统计概念，指的是一种真实效应被识别出来而不存在的效应将不会被识别的可能性。换句话说，如果统计功效高，漏报（false negatives）和错报（false positives）的风险都很小。计量经济学的研究甚至不太考察其结果的检验功效。这项研究得出的结论是，"这些实证经济学文献中报告的效应有近80%被夸大。通常情况下这些效应被夸大了2倍，但在三分之一的文献中其效应被夸大了4倍或者更多"。

从社会福利的角度看，实证经济学的正确比发表更重要，但学者们面临的主要激励是尽可能多地发表研究成果。正像心理学等其他科学领域乃至统计学本身一样，经济学界正在对实证结果的有效性和科学知识的地位进行有益的反思。

不过，还是要冒昧地说，良好的计量经济学证据是最好的标准，它使人们广泛地了解在何种情况下哪些政府政策是有效的，哪些政策是无效的。本章的扩展阅读列出了一些关于政策评价的参考文献。

正确把握评估的基本原理

制定和实施任何公共政策的第一步，或许也是极为明显的一步，就是对它进行恰当的通盘考虑。官员和服务于政府的经济学家通常擅长理论性的经济学分析；尽管这一点很重要，但如第七章所述，这种通盘考虑还应更多地关注实施过程中遇到的实际问题。

我们的目的是提高经济效率，因此有必要搞清楚哪些政策干预可以实现社会净收益的最大化。它不是简单地考虑市场失灵以及政府如何采取行动以纠正市场失灵，而是要比较市场失灵和政府失灵的可能性与成本，以及政府是否应当采取行动。正如本书试图表明的那样，市场和政府往往会在相同的背景下失灵，因为在信息不对称或外部性等背景下，集体行动总是会面临巨大的挑战。在理想情况下，效率评估还应考虑不确定性、交易成本、认知成本和可能的行为反应。它还涉及为所有相关人员创造激励,包括公共部门的官员以及私人部门中的个人和企业。

任何政策干预都会产生更广泛的、难以预料的后果。历史上政府曾推出过很多要么无效,要么适得其反的政策,而且为此付出的代价往往没有被认真考量。成本包括以下几个部分:政策的直接财务成本,其中包括管理、监控和执行等成本;机会成本,即公共部门如果将精力和资金用于其他用途会产生什么结果;以及效率成本,即在次优情况下,监管或税收会改变私人部门的利润最大化或效用最大化行为。官员没有理由不努力思考政府行动可能导致怎样的失败,以及不采取行动或者零选项是否比采取某些行动更可取。这是他们的工作,尽管说服一个想要"有所作为"的政客什么都不做可能很困难。在许多国家,这正是大多数制定政策的官员努力要做的,正如迈克尔·刘易斯(Michael Lewis)在《第五种风险》(*Fifth Risk*)一书中描述的令人鼓舞的公共服务案例那样。

所有的公共政策都会制造赢家和输家。因此,初步评估还应包括对分配的考虑,以及拟议的政策是否需要其他的辅助措施,以抵消不良的分配后果。是否真的要推行一项会使一些人遭受重大损失的政策,归根结底总会牵扯政治,而且几乎总是会有输家。不过,对公平问题的思考以及政策对分配的影响,经济学家不能袖手旁观一言不发。

接下来需要考虑的因素是政策提案的政治可行性。鼓吹一些永远都不会发生的事情是没有意义的。政治算计是政客的事,但是审查一项政策基本的合理性对官员的公信力来说至关重要。如果政治决策者不关心对其偏好的政策理念不利的经济证据,经济顾问往往会感到不安。但随着政治越来越趋于派系化和意识形态化,这种情况今后还会频繁出现。

本章接下来的部分要考察一些实际问题，比如好的证据由哪些要素构成？在实践中如何计算一项政策未来的成本和收益？如何确定政策评估的约束条件，为此需要做哪些假设？实验方法在公共政策领域发挥什么作用？评估过去和现在政策得出的证据应如何为新政策的决策提供信息？

成本收益分析

受雇于政府的经济学家分析潜在政策的常用工具就是成本收益分析，有时也被称为收益成本分析。但不幸的是，对这一工具的了解远远不及对计量经济学的了解。

成本收益分析在生活中无处不在，尽管通常看上去并不明显。由于每个决定都包含某个选择，或像著名诗人罗伯特·弗罗斯特（Robert Frost）所说的未选之路，我们无时无刻不在进行有关成本收益的评估。一家小企业是否应该购置一台新机器，或者不用销售额来评估这笔投资是否风险太大？地方政府应该投资于升级道路，还是选择提升学校服务？你是否应该冒着被车撞到的危险穿过马路去商店？

成本收益分析的出现要追溯到19世纪法国公共建设工程师朱尔斯·杜普伊特（Jules Dupuit）。他在1848年明确提出这一理念，即对于运河和桥梁等交通设施的公共投资应该实现效用的最大化。20世纪初最重要的经济学家之一阿尔弗雷德·马歇尔（Alfred Marshall）将这一方法规范化。1936年的《美国联邦航海法案》（US Federal Navigation Act）进一步推动了成本收益分析在运输业的应用，该法案要求公共资助项目的收益必须超过成本，美国陆军工程兵团为此发展出一套开展此类评估的技术。经济学家借鉴了工程师们的成果，将其发展为成本收益分析的现代模式。

最近在公共政策方面，成本收益分析技术的应用远远超出了基础设施项目的范围，这可以追溯到美国历史上最严重的环境灾难之一，即 1989 年 3 月 24 日埃克森—瓦尔迪兹号油轮在阿拉斯加未经开发的威廉王子湾泄漏了 1 000 多万加仑的石油。涉及法律诉讼的赔偿问题促使人们再次关注对成本和收益的经验评估。尤其应当关注的是，鉴于不存在与美景和健康的海鸟有关的市场而且外部性可能极为严重，如何估计环境收益和损失的具体数字？由于意识到对这一问题缺乏共识，美国国家海洋与大气管理局成立了由著名经济学家组成的委员会，考察应当如何改进相关的技术。该委员会由诺贝尔奖得主肯尼斯·阿罗（Kenneth Arrow）和罗伯特·索洛（Robert Solow）担任主席。他们在 1993 年的报告中得出结论称，如果谨慎行事，一种基于调查的方法可以比较这种情形下的成本和收益。这种方法就是下文所述的条件估值法（contingent valuation）。

很多有关成本收益分析的思考以环境经济学和环境政策为背景相继出现。这一方法还进一步扩展到环境保护以外的对其他领域的监管。一些政府现在要求基础设施项目等大型投资必须先通过成本收益分析。英国财政部要求所有重大的政府支出提案都必须采用成本收益分析，并在其绿皮书中列出了应使用的分析技术。美国联邦政府要求运用成本收益分析来制定重要的法规。成本收益分析被广泛应用于政府行动和相关政策，涉及运输工程、医疗支出、新药物审批、环境保护和安全法规等领域。

理论很简单，但实践当然比较复杂。成本收益分析法的步骤如下：

- 确定相关的政策选项。引入新的规定，还是一切保持不变？建一座新桥，还是继续使用拥挤的旧桥？
- 确定相关范围。政策是全国性的，还是地方性的？它是否考虑环境方面或社会方面的外部性？

- 为评估设定相关的时间范围。对于消费者安全法规,这个时间段可能是5~10年;有关幼儿教育的提案应为20年;桥梁需要50年;气候变化的相关政策则需要一两代人的时间。
- 预测该时间段内的所有相关变量,比如学生人数、可能出现的车流增长、消费者在相关项目上的支出、能源需求等。这些预测可能又导致对其他变量的预测,比如收入增长、人口等。
- 使用这些数据来预测相关时段内该提案产生的经济收益和成本。除了其他需要考虑的因素以外,还可能需要:
◎ 确定价格以计算具体数值。通常使用的是市场价格,除非该领域明显存在重要的外部性,比如环境政策。
◎ 记住要将相关的机会成本计算在内。
- 使用适当的贴现率以计算未来价值的净现值(NPV),从而对选定期间内的未来成本和收益进行贴现。
- 鉴于存在不确定性和假设条件,要通过改变关键变量和假设条件进行敏感性分析。

上述每一步都涉及判断和选择。

设定成本收益分析的范围

前三个步骤都与分析范围有关。在实践中进行成本收益分析面临的一个关键挑战就是上述第一步提到的相关性。政策实施的范围是什么?在考虑成本和收益时,包括时间范围在内的相关界限在哪里?这一切都取决于人们的判断。

时间范围的选择应该取决于收益和成本何时可能会下降,特别是当大部分成本已经预先发生时投资项目的收益。时间单位是用月份还是用年度,需要予以明确,而时间路径也非常重要,例如,成本是否发生在项目的早期阶段而收益却在很久之后才会产生？如果以今天的货币来衡量其价值，这将影响对一定时期内净收益的计算。时间范围的选择没有硬性的理论可以遵循，而是明显取决于具体背景。

关于在何处设定评估的分析界限，同样缺少硬性的理论。例如，在考虑一份道路升级的提案时，修建和维护该条道路的成本相对明了，而且同样明确的是，居住在附近的人因为这条道路将变得更加繁忙和嘈杂，也要付出一些成本。但是该评估是否应将某些机会成本也包括在内？由于道路扩宽，计划中的住房开发是否会无法实施？一旦道路升级改造，邻近的购物中心的营业额是否会因人流减少而受到影响？再者，它是否需要考虑环境成本，因为人们可以更方便地使用汽车而不是乘火车？同理，收益应该包括因道路拥堵减少而为人们节省下来的时间。那么，在道路升级以后，它连接的两个城镇之间的经济活动可能会更加活跃，这是否也应计算在内？邻近道路由此减少的车流噪声又如何处理呢？正如竞争政策（第二章）等政策选择的许多其他领域一样，选择适当的反事实情形有着重要的意义。

这些问题凸显了所有成本收益分析面临的一个问题：尽管它通常表现为技术层面的操作，并且在实施时确实需要高度的技术性，但最终的结果必然涉及分配，即政治选择。评估总是涉及赢家和输家，并为他们带来收益和损失。然而成本收益分析又是公共政策中常用的工具，被视为一种客观的技术评价。但是在计算每一美元或每一英镑的损失和收益时，这里都隐含着有关分配的判断。这就是为什么一些有争议的项目被认为是政治性的，而不是经济性的或技术性的，因为这些项目使一部分人承担了巨大成本，他们安静的花园或许会紧挨一条新修的主干道。仅仅依靠帕累托效率的概念对实际的成本收益分析评估毫无帮助。

有的人可能会说，实施成本收益分析的范围应相对狭窄，否则相关的因素将无穷无尽。然而，在历史上的重大项目中有很多例子，如果采用传统的适用性狭窄的成本收益分析，它们根本不会得到实施。许多西方经济体现在仍在使用50年或100年前建造的基础设施，其中有些甚至是维多利亚时代的，比如伦敦地铁和巴黎地铁。例如，在一场霍乱和1858年未经处理的污水排到泰晤士河而导致大恶臭之后，市政工程师约瑟夫·巴泽尔杰特（Joseph Bazalgette）自1860年开始修建伦敦的排污系统。这是一项规模浩大的建造工程，包括沿着河岸修筑堤坝，以及在伦敦及其周围修建约2.25万千米的地下隧道（图8.1）。从1863年这一工程网络建成算起，它到现在已经用了150年，直到最近这一系统才开始进行历史上的第一次升级。按照现在的价值计算，这一工程的成本相当于2 000亿英镑。对于这样的项目，只有一份相关范围或时间范围极有远见的评估，才能使它克服成本收益分析的限制。但这并不意味着这些项目永远不应被实施。如果没有维多利亚时代的远见，现代世界会是什么样子呢？

如果正在评估的项目或法规可能导致人们的动机和行为发生重大变化，那么面临的挑战在各个方面都会更大，因为这使预测未来的成本和收益，尤其是预测收益变得非常困难。实施成本收益分析的公式只在考虑边际上的增量变化时才是准确的，因为它是一个更复杂公式的线性近似，只有在审视对当前位置的微小偏离时才有效。如果未来涉及非线性变化（意味着变化可能是巨大的）或不连续变化（意味着阶段性变化），实际的净收益可能与成本收益分析计算出来的结果截然不同。这尤其是环境评估面临的一个问题，例如，当存在可能的临界点时，某一物种的数量低于其生态上可生存的种群水平，或者全球温度小幅上升导致地球气候发生重大变化，都可能使相关的评估出现问题。这也是在评估明显会改变人们行为的大型基础设施项目时需要考虑的一个因素。

图 8.1　巴泽尔杰特的远见：建造耐用 150 年的工程
摄影：Otto Herschan/Getty。

成本收益分析公式

成本收益分析的决策规则可以用几种等价的方式来表示。一种是计算净现值（NPV），其中净现值等于相关时间范围内的收益减去成本之和，每个期限都由贴现因子 $1/(1+r)^t$ 调整，此处 r 是贴现率：

$$\text{NPV} = \sum_{t=0}^{T} \frac{B_t - C_t}{(1+r)^t}$$

其中 B_t 是 t 时期的收益，C_t 是 t 时期的成本，公式可以表示为一个单独的初始成本 C_0，即在时期 0 时没有收益。然后，决策规则是询问净现值是否大于零，或者根据项目的净现值对其排序。

第八章　证据与经济政策

另一种等价表示方法是考察收益成本比率（BCR），也就是说，将未来的收益和成本进行贴现，以获得收益和成本的净现值。比率大于 1 意味着收益大于成本。

$$\mathrm{BCR} = \frac{\sum_{t=0}^{T} B_t/(1+r)^t}{\sum_{t=0}^{T} C_t/(1+r)^t} \geqslant 1$$

第三种选择是使用上面的净现值公式，并使它等于零，从而计算内部收益率（IRR），即净现值为零时的贴现率。企业经常在进行投资决策时采用这种方法，只有在内部收益率超过设定的阈值时企业才进行投资。理论上，这一阈值与企业筹集资金的成本有关，原则上应该等于资金的加权平均成本，但实践中通常是一个设定的数值，比如 5% 或 8%。

现值公式也可以变形，得出成本和收益的年化值，从而将变化的数字流转换为恒定的数字流。如果未来可能的收益存在某种不确定性或争议，或者为了比较两种预期生命周期不同的投资或项目，因此只能从成本角度来评估其成本收益，那么上述成本收益的年化值形式就特别适用。如果在第 0 期没有初始成本，成本公式表述如下：

$$年化成本 = 成本的净现值 * \frac{r(1+r)^t}{(1+r)^t - 1}$$

年化收益公式与此相似。

以上是计算一个项目在未来一段时间内净收益的等价方法。由于计算涉及未来，因此利率或贴现率的选择就是一个重要因素。

贴现率的选择

成本收益分析的结果通常对所选贴现率的实际数值非常敏感。试想一个项目潜在的净收益在今年和明年都是 1 美元。按 4% 的贴现率计算，两年的总净现值为1.96美元，按10%的贴现率计算，则只有1.91美元，即第一种情况下总净现值为1+1/1.04美元，第二种情况下为1+1/1.10美元。这看起来差别不大，但复利的威力意味着使用不同贴现率的净收益估值之间的差距会迅速扩大。5年后，10%贴现率的净现值为4.17美元，而4%贴现率的净现值为4.62美元。根据贴现率的选择，长期估值有很大的差异。此外，考量的未来期限越远，成本和收益预测的不确定性也就越大。因此，如果考虑不确定性产生的溢价，这会使估值出现更大的差异。

估值对不同贴现率的敏感性意味着需要进一步讨论如何选择适当的贴现率。贴现率的选择部分取决于具体情形。金融市场上的利率并不适大多数公共部门的情形，特别是需要考虑税收问题，因为私人投资者获得的收益很可能还要缴税。一般来说，由于以下几个方面的原因，公共部门应该选择较低的贴现率。公共部门或非营利组织被认为比私人投资者更有耐心，或者可以接受的时间跨度会更长。选择的贴现率应反映投资所需资金的机会成本。公共部门的项目还需要考虑其他一些因素。一是经济是否在增长，因为如果人们未来的状况可以得到极大改善，那么对于一项未来使其受益的投资，较为贫穷的纳税人可能希望现在就得到更好的补偿。我们可能还想要考虑我们是否更关心自己，而不是我们的后代。

有时成本收益分析使用的是长期无风险资产的利率，如政府债券利率。然而一般来说，政府成本收益分析特别是在涉及环境政策等长期问题时选择的理想利率是基于弗兰克·拉姆齐（Frank Ramsey）1928年提出的社会贴现率公式，即所谓的拉姆齐规则。这一规则可以表述如下：

$$r_t = \delta + \eta * g_t$$

其中，δ 是纯粹的社会时间偏好率，这个数值越低，代表社会对现在投资的资金在未来获得回报越有耐心。η 是消费的边际效用弹性，衡量在不同时期、不同地区或不同状态时，效用随着消费增加而下降的速度，这一数值越低代表边际效用下降得越慢。g_t 是在 t 期的人均消费增长率，衡量在未来一段时间将有多少额外的消费。

由于可以观察到的市场利率并没有考虑代际问题，未来的几代人在当前的政策决策中没有发言权，更长的时间期限意味着更大的不确定性等原因，我们需要一种不同于任何私人利率的社会贴现率。社会贴现率公式源自拉姆齐有关长期最优经济增长的研究成果，它直观地表现了一种最优利率，在该利率下实现的储蓄和投资可以使一个社会的长期产出最大化。这一最优利率取决于消费的增长、额外消费带来的效用增加量以及当代人对子孙后代福利水平的关心程度。

然而，实际数值的选择却引发了极大的争议。例如，δ 有明确的道德含义，即我们是否认为未来的人比我们自己"价值"更低？如果我们坚信未来的人应该和现在的人一样被赋予同样的道德权重，那么这一数值应该被设置为零或者至少数值应该非常小。一些经济学家喜欢采用"描述的"方法，由观察到的行为推断 δ 的数值。

g_t 取决于对未来增长的预测，因为如果人们在未来由于经济增长而变得更为富有，那么未来的净收益就可以适当地以更大的幅度贴现，毕竟他们将一直享受比现在更高的消费水平。有时我们可以合理地假设一个与最近数年间的平均增长率相近的数字，例如 0.02，即年均增长率为 2%。但在某些情况下，未来可能发生变化。例如，在讨论气候变化以及采取何种措施以适应或缓解气候变化时，一些环保主义者认为未来的增长率将会为零或者为负，因为我们现在对环境问题的漠视可能产生灾难性后果。

η 项根据边际效用对未来额外的消费单位进行调整。这里似乎可以合理地假设额外消费的边际效用是递减的，但很难知道这一数字应该是多少。如果 $\eta = 1$，那么收入增加1%对每个人来说价值都是一样的，不管他们生活在哪个时期，也不管其收入水平如何。有时社会贴现率公式的数值被设定为某一"安全"的市场利率，以便在每个因素都有争议的情况下，得到其中某一个因素的估计值。

在实践中，不同的经济学家和政府使用不同的社会贴现率。基于以下对拉姆齐规则的校准，英国建议对时间期限在30年内的项目计算净现值时的贴现率为3.5%：

$$\delta = 1.5\%，g = 2.0\%，且 \eta = 1$$

对于期限在30年以上的，建议贴现率有所下调：31~75年的为3%，76~125年的为2.5%，126~200年的为2%，201~300年的为1.5%，301年以上的为1%。法国自2005年《莱贝格报告》（rapport Lebègue）开始，对期限在30年以内的项目，根据 $\delta = 0\%$、$g = 2\%$ 和 $\eta = 2$，选择的贴现率为4%，对于更长的时间期限，使用的贴现率为2%。在美国，环境保护署建议使用2%~3%的贴现率，但在测试结果时使用7%，而国会管理和预算办公室（Office for Management and Budget）建议使用7%的贴现率，在测试时则使用3%。显然关于贴现率并没有所谓的共识，考虑到成本收益分析对选择的贴现率极为敏感，唯一可行的方法是使用一系列贴现率进行敏感性测试（专栏8.1）。不过，考虑到近10年来政府债务的利率如此之低，使用拉姆齐公式得出的数值有时要高于政府实际支付的借款利率。

专栏8.1

在讨论环境议题时,对于如何选择贴现率,分歧最为尖锐。这种分歧在有关2006年的《斯特恩报告》(Stern Review)的争论中得到了体现。该报告是英国财政部一份具有里程碑意义的文件,名为《气候变化的经济学》(*Economics of Climate Change*)。它主张社会贴现率为1.4%,即$\delta = 0.1\%$、$g = 1.3\%$、$\eta = 1$。较低的社会贴现率会使环境破坏的未来净成本大得多,相应地,现在采取行动以避免损失的净收益也要大得多。其他一些经济学家对如此低的贴现率提出了质疑。威廉·诺德豪斯(William Nordhaus)建议$\delta = 1.5\%$、$\eta = 2$,在对未来增长的预测相同的情况下,由此得出的数值是《斯特恩报告》的两倍多。

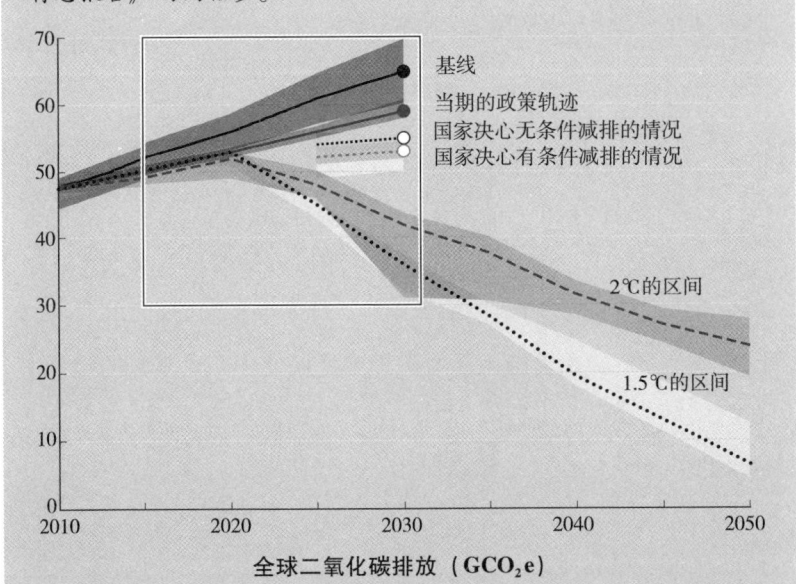

全球二氧化碳排放(GCO₂e)

注:图中显示了基线预测中的排放量区间、继续现行政策的排放量区间、"国家决心减排"(国家做出保证)时的排放量区间,以及限制气温上升所需要的排放量区间。

资料来源:UNEP 2018 Global Emissions Report。

帕萨·达斯古普塔（Partha Dasgupta）建议，η 应高达 4，以反映对收入不平等（包括随时间变化出现的不平等）的更大关注。此时即使 δ 较低，社会贴现率也会比斯特恩建议的要高得多。1.4% 而非 6% 的社会贴现率将使未来 100 年内气候破坏的贴现值增加 6 倍。** 由于预测经济和自然变量涉及的不确定性，比如二氧化碳和其他温室气体的浓度，在气候变化的背景下有关估算变得更加困难。经济学家和气候学家通过利用方程组，即综合评估模型（integrated assessment models），试图刻画多个相关经济变量和气候变量之间复杂的关系和反馈。*** 这类模型有好几种，它们的首字母缩写形式分别是 DICE、PAGE（《斯特恩报告》采用的模型）和 FUND。更复杂的模型试图整合更多的趋势不太确定的影响因素，比如技术创新和社会偏好的变化。即便如此，所有的模型都承认，为了将全球气温升高控制在 2℃ 以内，从现在开始二氧化碳排放量必须迅速减少。

---

* https://webarchive.nationalaarchives.gov.uk/20100407172811tf/http://www.hm‑treasury.gov.uk/sternreviewreport.htm.

** Partha Dasgupta (2006), "Comments on the Stern Review's Economics of Climate Change," Cambridge University Working Paper, http://www.econ.cam.ac.uk/peoplefiles/emeritus/pd10000/publications/stern07.pdf.

*** John Weyant (2017), "Some Contributions of Integrated Assessment Models of Global Climate Change," *Review of Environmental Economics and Policy* 11, No.1(Winter): 115–137, https://doi.org/10.1093/reep/rew018.

贴现公式的选择

净现值公式使用了标准的指数贴现,这意味着人们对现在拥有 100 美元、一年后拥有 110 美元和两年后拥有 121 美元,没有不同的感受。每往后延迟一段时间,未来净收益的价值就会按照固定比例下降。有一些证据表明(第五章),人们发现采取双曲贴现更直观,因为在实践中,相对于标准公式的表达,许多人对近期的牺牲更不耐烦,但是在未来则显得更有耐心。如上所述,政府的官方程序经常使用贴现率的阶梯函数形式,时间期限越长,使用的贴现率越小,即在某种程度上接受了上述观点。在评估期限长达 200 年或 400 年时,比如估计二氧化碳排放造成的边际损害,选择的贴现公式不同会造成巨大的差别。采用标准公式,未来净收益的现值会在短时间内降至较低的数值,而如果使用双曲贴现公式(并选择适当的参数值),或者考虑随时间增加的不确定性和对选择恰当的贴现率存在的分歧,又或者对那些给予更多关注的人的意见赋予更高的权重,由此产生的调整都会使较远期限的净成本和净收益具有更大的权重。图 8.2 说明了选择不同的公式可能产生的差别。

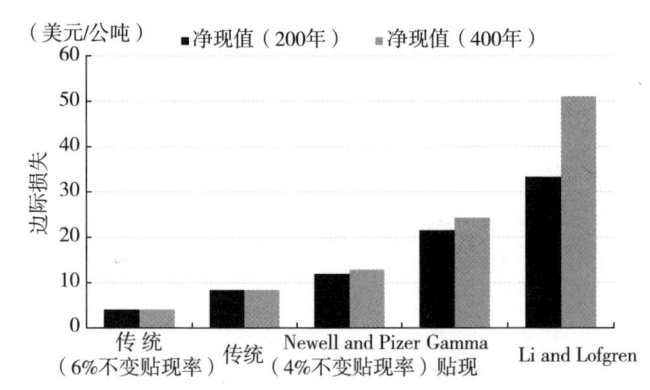

图 8.2 使用不同贴现率和贴现方法估算的每吨二氧化碳排放的边际损失
资料来源:David Pearce et al. (2003),"Valuing the Future: Recent Advances in Social Discounting," *World Economics* 4, no. 2 (April/June): 136。

前两组柱状图比较了较高的和较低的贴现率，结果表明，如果采用标准贴现法，对后200年净现值的估值没有影响。与标准公式相比，其他贴现方法都使估计值有所增加，并使更远期未来的权重有不同程度的增加。

在成本收益分析法中引入非线性因素

在某些情况下，由于选择不同的贴现率和公式而产生的差异非常重要，而且这种差异可能是以不对称的形式表现出来的。例如，考虑一项保护生态系统的投资并考察其长期的成本和收益，如果超过某一临界点某一物种的进一步灭绝可能会导致生态系统崩溃，这种可能性会使人们倾向于过度谨慎，并错误地使用较低的贴现率。因此，多少有些反直觉的是，倾向于更谨慎反而会造成更激进的行动。相反，在考虑一个期限超过10年的道路改善计划时，如果选择了"错误"的贴现率，比如对投资净收益赋予的权重太大或太小，由此产生的风险可能是对称的。

如前所述，成本收益分析公式是对一个更复杂的非线性公式的线性近似，因此只有在考虑边际上的变化时，估值才有可能接近真实的净收益。然而，最重要的是采用一些结构化方法来评估重大的政策变化或投资项目，而不是边际变化产生的影响。环境经济学家对评估非线性、非边际变化特别感兴趣，例如在临近临界点时损失可能发生的加速变化。他们还表明，标准的成本收益分析方法可能在理论和实践上产生严重的误导。毫无疑问，考虑可能的非线性、非边际变化要比日常公共政策中使用的线性方法更为复杂，但是，在相关的情形下，这种方法应该在重大的基础设施项目和环境评估中得到更广泛的应用。

评估未来的成本和收益：显示性偏好和陈述性偏好

在理想情况下，成本收益分析所需的对未来成本和收益的估计可通过计量经济学的方法来实现，例如根据以往价格和数量的观察值来估计需求函数和供给函数。又比如，若要预测一条新建铁路线未来的客运量，可以根据现有铁路网络和使用情况以及收入或就业等与经济模型相关的其他变量，通过计量经济学方法估计其需求弹性。在一个相对简单的案例中，过去的经验似乎为未来提供了有用的指引，但是研究者仍需谨慎行事，因为这里可能会掺杂一些不必要的因素。例如，在评估公共交通投资的净收益时，使用工资率来评估更快通勤带来的时间节省，这似乎是不言自明的。然而，在生产效率更高的地方工资率会更高，这也许只是因为那里公共交通基础设施的状况好于其他地方。由于所谓的"马太效应"（出自《马太福音》中《塔兰特币寓言》，25:29），这种差异将随着时间的推移不断增加。通过使用全国平均工资率而不是当地的工资率，这一问题就可以得到解决。

不幸的是，成本收益分析经常被应用于很难预测未来收益或成本的情形。当涉及环境收益和成本时，这一困难尤其明显，因为许多自然资源都是免费的，而且即使可以获得市场价格，这些市场价格也很难反映大量的外部性。同理，在评估文化或娱乐设施的价值时，例如评估历史遗迹或城镇社区精神的价值，我们有时也需要用到成本收益分析。政策制定者应该如何评估这类无价值物品的价值？当决策者想要评估一项新规给数字公司带来的压力，以衡量它是否会导致数字公司取消一项服务价格为零的数字产品时，也会引发类似的问题。

如果无法获取直接相关的数据，有以下两种方法可以利用，即显示性偏好（revealed preference）和陈述性偏好（stated preference），后者又称条件估值（contingent valuation）。这些方法的目的是，由于外部性或决策具有非价格性质，当市场价格不够有效或不能提供充分的信息时，推导出人们愿意为某种便利或舒适支付的成本，即支付意愿（WTP, willingness to pay），或者为此愿意接受的损失，即受偿意愿（WTA, willingness to accept）。

显示性偏好方法

考察一下人们在使用一件商品或一种娱乐设施时所做的实际选择，是估计成本和收益的一种有吸引力的方法。例如，估算人们对当地自然保护区等资源的估价，可以考察由此产生的旅行费用（比如那里有多少游客，他们到景区的路有多远），以及游客支付的门票费用。该资源的价值必然超过旅游的总成本和门票价格，否则人们就不会费心前往。如果在进入国家公园或博物馆时有人曾问你邮政编码或邮政区码，这可能是在收集数据以进行经济计量估算。

对相关成本的直接观察有时并不可行，这时我们有另外一种显示偏好的重要方法，即享乐估值法（hedonic valuation），它是一种间接的方法。这种方法要利用受所研究的问题影响的其他商品的市场价格。例如，环境舒适（附近有公园）或不舒适（源自公路或飞机的噪声、污染）会和房屋质量及其他社区特征等因素一起对房价产生影响。职业危险也和其他因素一起影响工资，比如暴露在有毒的环境下。多元回归技术可以根据市场价格受到的影响，估计这些因素产生的价值。房价和工资率是最常用的市场价格。另一种可能的方法是考虑防御性支出（专栏 8.2）。除了成本收益分析以外，享乐估值回归也被用于其他类型的公共政策评估，下文将对此做进一步的讨论。

专栏8.2 防御性支出

有时防御性或规避性支出可以构成经验估计的基础。例如，通过考察购买瓶装水、空气净化器或者口罩的支出，我们可以估算人们为了避免污染而愿意支付的价格。1987年，在宾夕法尼亚州南部佩尔卡西（Perkasie）附近的地下水中检测到三氯乙烯泄漏，上述方法被用来估计这次泄露的成本。当地人在超过80周的时间里，每周要花费100万美元用于瓶装水、水处理系统、将水烧开和其他保护措施。* 类似的方法被用于估计中国城市空气污染的成本。如果这些城市空气质量较好的时间增加10天，相应的口罩开支将减少1.87亿美元，而减少严重污染的价值至少可以与之相当。**

---

* C. Abdalla, B. Roach, and D. Epp (1992), "Valuing Environmental Quality Changes Using Averting Expenditures: An Application to Groundwater Contamination," *Land Economics* 68, No. 2: 163–169.

** Junjie Zhang and Quan Mu (2017), "Air Pollution and Defensive Expenditures: Evidence from Particulate - Filtering Facemasks" (July 20), http://dx.doi.org/10.2139/ssrn.2518032.

陈述性偏好的方法

陈述性偏好或者条件价值的评估方法是从调查或调查表中得出估计值（专栏8.3）。尽管成本收益分析法最早可以追溯到19世纪，但1989年3月24日埃克森·瓦尔迪兹号油轮泄漏事故将大约1 100万加仑原油从船上倾泻至未被开发的阿拉斯加海湾，这才是推动条件价值评估法发展的主因。现在这一方法已得到了广泛使用。事故产生了一些直接的成本，比如渔民生计受到的影响，但大部分成本显然是环境损失，而且同样明显的是，还会有大量诉讼向石油公司要求赔偿。如何对这些赔偿要求进行评估？美国国家海洋和大气署的经济学家组成专家小组，考虑了如何进行这类评估。

该专家小组于1993年报告了其调查结果，指出条件估值法有以下缺点。

- **框架偏差**：答案取决于问题的确切表述，以及支付意愿和受偿意愿之间的差异。
- **策略性偏差**：受访者可能会给出虚假的评价，夸大对保护生态的支付意愿，瞒报其对促进开发的支付意愿。
- **信息偏差**：如果受访者不了解背景信息或者对此缺乏经验，他们给出的评价就没有多少参考价值。
- **假想偏差**：受访者实际上不必支付成本，因此他们可能不会仔细考虑自己的答案。例如，对环境问题的调查往往倾向于高估物种保护的价值，但为此直接承担成本的其实是建筑公司。

专栏8.3　条件估值的基本要素

支付意愿或受偿意愿有时被认为包含以下三个基本要素。

使用价值：由于使用这一资源，你当下能够获得的价值。

备选价值：由于可以选择未来使用这一资源，你由此获得的价值，这与金融市场上的期权价值类似。

不使用的价值：由多种因素组成，比如遗赠价值（意识到可将其留给子孙后代而获得的价值）；存在价值或固有价值（你为意识到该价值存在而给出的估价）；纯粹的利他价值（你为他人能够使用该价值而给出的估价）。

由于在推导并解释支付意愿和受偿意愿的估值时遇到的这些挑战，一些经济学家对条件估值方法非常不满意，尤其是考虑到由此得到的估值大得令人难以置信。然而，这些方法还是得到了广泛应用，尤其是在环境经济学中（专栏8.4）。相当多的学术文献正在致力于探讨如何克服这些缺陷。阿罗小组的报告列举了条件估值需要遵守的一些准则：

- 调查访谈必须给出对相应议题的准确概括。
- 调查访谈应该当面进行，而不是通过电话。但该报告发布时互联网尚未得到广泛使用。
- 提问应尽可能明确和具体，并以实际价格的形式表示。
- 调查者应该提醒受访者，在一件东西上花更多的钱，在其他地方能花的钱就会更少。

专栏8.4

　　条件估值法在实践中的一个早期例子是1992年的一项研究，该研究考察人们对保护美国西北沿太平洋地区的北部斑点猫头鹰的支付意愿。* 由于木材的出售，这种猫头鹰的栖息地受到威胁。要调查的问题是某些林区是否应为此退出商业使用。一份调查表被邮寄给全国1 000个家庭，询问受访者是否愿意缴更多的税和支付更高的价格以实施这项保护政策。该调查得到的结论是，保护猫头鹰的收益超过了成本，两者之比至少是3∶1，甚至可能高达43∶1。不过需要注意的是，这一全国人口的样本仅涉及收益问题，而无法采伐木材的成本则落在林业公司身上。此后，许多条件估值研究都以濒危物种为主题。最近的文献综述发现，超过100项研究主要针对美国和其他富裕经济体，通常考察的都是"有魅力"的物种,即主要是哺乳动物。** 估值区间很宽泛,并与所在地和物种有关。此外,该综述还得出结论:"支付意愿一般与较高的收入、较高的教育水平、较低的年龄以及更强烈的环保态度正相关。"换句话说,这一工具并不是完全中性的。

---

* D. Hagen, J. Vincent, P. Welle (1992), "Benefits of Preserving Old Growth Forests and the Spotted Owl," *Contemporary Policy Issues* 10, No. 1: 13–26.

** Ram Pandit et al. (2015), "A Review of Non-market Valuation Studies of Threatened Species and Ecological Communities," Department of the Environment, Canberra, Australia.

然而,这些建议可能会使实施条件估值的成本变得非常高,因此在实践中很少能够全部予以遵循,特别是面对面的访谈这一条。之后的文献考虑了如何确保激励相容,也就是说,估值通过对偏差进行检验,用不同的证据来源对结果进行校准,并仔细设计调查方案和样本抽样,以反映人们的真实偏好。

以一种更结构化的方式设计问卷的一种常见方法是所谓的选择实验(专栏8.5)。这种基于调查的方法不会直接询问人们的支付意愿或受偿意愿。相反,受访者被置于一组假设的情境中,并被要求在备选方案中做出选择,这些备选项要尽可能具体,并为受访人所熟知。然后,研究人员可以比较人们对不同商品组合或结果组合的选择,从而得出边际支付意愿。

专栏8.5 选择实验

1983年的一项研究让受访者对大型卡车柴油尾气和运输成本的

不同组合进行选择,即气味浓则成本低,气味淡则成本高。*潜在的支付意愿表明,为免受尾气困扰,每户每年的花费大约为75美元。相比之下,要控制卡车尾气排放,每户每年的成本仅为3.60美元(当然这些成本将首先由卡车运输公司承担)。

最近的一项研究也采用了类似的方法。该研究尝试考察当人们无须为使用某些数字商品,例如社交媒体、在线地图和电子邮件支付明确的费用时,他们给予这些商品的估值。**这一实验让人们在不同的商品组合之间进行选择,其中包括电视和早餐麦片等非数字商品,然后发现这类商品的损失受偿意愿的中位数范围从即时通信服务的每年155美元到搜索引擎的每年17530美元不等。虽然这些具体数字可能看上去太高了,但对于测度这类免费商品的价值来说,条件估值法仍然是为数不多的几种方法之一。

---

* Thomas J. Lareau and Douglas A. Rae (1989), "Valuing WTP for Diesel Odor Reductions: An Application of Contingent Ranking Technique," *Southern Economic Journal* 55, No. 3: 728–742.

** Erik Brynjolfsson, Felix Eggers, and Avinash Gannamaneni (2018), "Using Massive Online Choice Experiments to Estimate Changes in Well Being," NBER Working Paper No. 24514, https://www.nber.org/papers/w24514.

条件估值虽然被广泛使用,但其缺陷提出了一个问题:"有数字一定比没有数字更好吗?"这是彼得·戴蒙德(Peter Diamond)和杰里·豪斯曼(Jerry Hausman)讨论该方法局限性的一篇经典文献的标题。它得出的初步结论是,有数字确实比没有数字更好,但这一数字必须被谨慎使用。成本收益分析是政策经济学家常用的工具,有几种方法可以用于估算成本和收益(表8.1)。但是在进行政治决策时，尤其是以条件估值法计算相应数值时，应当特别注意使用这种方法的局限性，但是实际情况并非如此。

最后，值得注意的是，有时数据的极度匮乏意味着不得不使用更简单的经验方法。收益转移是指将一项研究得出的估计结果简单地应用到另一种情景并由此获得的收益。这种方法既便宜又简单，但要求两种情景要足够相似。如果一个项目无论如何都要实行，而任务是找到以最低成本开展这一项目的方法，就可以使用成本收益法。

表 8.1 成本收益分析可选估值方法的归纳

方法	基础	评述
估计供需函数	观察到的价格和数量变化	需要准确的数据和计量经济学技术；忽略了外部性
显示性偏好方法		
享乐价格	市场价格（如房价、工资）	需要市场数据和相关特征的数据。假定价格反映了相关的特性
直接成本	旅行时间、距离、机会成本	需要重要的数据。关注的是平均水平，而不是人与人之间的差异
陈述性偏好方法		
条件估值	对支付意愿或受偿意愿的调查	回答调查问卷时存在偏差
选择实验	根据调查数据对边际支付意愿或受偿意愿进行估计	问卷调查更加复杂

生命统计价值

从环境政策到基础设施投资，再到行政监管，成本收益分析可被应用于各种不同的情形。在前两种情形中，这一方法的应用要更加普遍，但它在行政监管中的应用也变得日益流行。例如，美国历届政府都增加了对新法规进行成本收益分析的要求，共和党政府这样做，是因为他们相信监管中存在太多的繁文缛节；民主党政府这样做，则是因为他们相信有些收益往往被低估，比如由于未来的环境或安全而获得的收益。然而，在将成本收益分析应用于行政监管时，一个特别棘手的问题是如何对人的生命进行估值。人的生命当然是无价的，但这一结论既无助于解决投资和医疗支出之间的资金分配问题，也无助于通过权衡监管负担和由此避免的伤亡来评估拟议中的安全法规。与其他领域的成本收益分析一样，该方程成本一侧的计算相对简单，但收益取决于对支付该成本而得到挽救的生命的估价。这样的计算或许会让人不舒服，但不考虑这个问题只会使有关的计算变得隐晦难解，而不是趋于明朗。

这里使用的概念被遗憾地命名为生命统计价值（value of a statistical life，VSL）。它表示由死亡风险的微小变化导致的个人支付意愿的变化。

$$VSL = \Delta WTP / \Delta risk$$

例如，假设一项拟议中的安全法规将把某一活动的死亡风险从每年十万分之一下降至二十万分之一。如果平均而言，人们愿意为降低这一风险每年多支付 5 美元，那么：

$$VSL = 5 \div \left(\frac{1}{200000}\right) = 100 \text{ 万（美元）}$$

应当注意的是，这与你为防止某类死亡而支付的费用是不同的。它是一个边际概念，使用的是对风险微小变化的度量。

公式中的支付意愿有时可以使用享乐工资研究来估计，该类研究通过比较有不同死亡率的职业的市场工资率（控制包括个人特征在内的所有其他影响因素），衡量人们对风险变化的估值。尽管这种方法并不完美，但我们完全有理由相信，陈述性偏好法将会得出偏高的估计值。即便如此，以往使用工资研究对生命统计价值的估值也得出了很高的数字：英国为140万~500万美元，日本为1 000万美元，韩国为70万~90万美元，美国为350万美元（以上所有数据均以1995年美元计算）。

由于几方面的原因，生命统计价值这一概念受到了批评。一些批评者认为，在某些估算生命统计价值的情形中，人们拥有绝对的权利，例如呼吸清洁空气的绝对权利。再者，在本例中由于未能控制交通尾气而死亡的人遭受了无限大的损失，政府无法对此进行补偿。因此，有人会说，对此予以量化是不道德的。而反方的观点是，生命会遇到许多风险，在可用资源有限的前提下，如果不使用成本收益分析和生命统计价值法以尽力挽救或延长生命，那才是不道德的。

在这种情况下，推动成本收益分析的一种替代方法是使用微生命和微死亡的概念。微生命是成年人寿命的百万分之一，即大约半小时，微死亡是百万分之一的突然死亡风险。微死亡的数值是用统计的突然死亡人数除以总人口数得到的。在英国，突然死亡风险的平均值是每年320个微死亡。以微小的单位来表示生命统计价值，似乎使这些概念更容易被人们接受。不同活动的风险可以用它的微死亡值或微生命的损失来比较。两者的区别在于微死亡不可累加，但是因选择吸烟等生活方式而导致的微生命损失是可以累加的。英国卓越健康和保健研究所（NICE）是一家对医疗干预和药物使用进行成本收益分析的机构。它认为英国国家医疗服务体系可以用最高3万英镑的费用将一个人的寿命延长一年（1.75万微生命），由此估计微生命的价值约为1.70英镑。纵观大量的极限运动，比如高空跳伞或马拉松赛跑，人们似乎经常愿意冒高达10个微死亡的风险，但是定点跳伞是个例外，平均每跳一次会增加430个微死亡的风险，或者说每2 300次跳伞就会有一人死亡。

公共价值

成本收益分析显然涉及大量的判断和假设，特别是当成本收益分析是对某一投资或某一监管措施进行评估，而这一投资或监管可能会显著改变人们的行为或者引发非线性或阶梯变化时，又或者当它涉及一些本质上难以估价的特征时，比如环境或文化因素。这就提出了一个显而易见的问题：与其将技术性的成本收益分析计算中的判断模糊化，为什么不使它更明确呢？

实现该目标的工具之一就是公共价值这一概念。它与成本收益分析的相似之处在于，要系统地比较成本和收益，不同之处则在于前者没有试图将所有收益囊括在一个单一的货币数字中。相反，它分别评估成本和收益的不同方面，并权衡成本和收益在与之相关的不同群体之间的分配。美国和英国的许多公共机构在涉及地方政府、公共治安、艺术和创意部门、建筑和文化遗产等事务中都使用了公共价值方法。在进行一些修改后，公共价值评估会按照与成本收益分析相同的方法来计算成本，但是将从以下多个方面来考察收益：

- 有多少人会受益？
- 他们的实际感受如何？
- 该提案是否可能实现其目标或产生预期的效果？

尽管不一定是以货币价值的形式，但这些问题的部分答案通常可以用数字的形式给出。另外一部分答案只能是定性的或跳跃性的。关键是要有合理的论证，这样一来即使其他人不同意这个判断，也可以理解最终的决策是如何形成的。在公共价值评估中，决策的透明度至关重要，因为在未来存在不确定性并且不同的个人或团体存在利益冲突的情况下，这为决策提供了正当性。公共价值的概念在20世纪90年代和21世纪初最为流行，现在它的热度正在衰减，尽管公共机构仍在使用这一方法（专栏8.6）。公共价值计算的概念可能是"数字暴政"的牺牲品，所谓"数字暴政"就是指纯粹的数字或货币计算看起来更科学，而实际情况并非如此。公共价值方法实际上是成本收益分析的一种形式，它承认这一分析技术的局限性，但同时也为政策决策提供了某些分析结构。

> **专栏8.6　公共价值的实际案例**
>
> 　　英国广播公司信托基金（BBC Trust）是2006年至2017年管理英国广播公司的机构，在使用公共价值方法方面堪称一代先驱。* 这家机构使用正规的公共价值测试来批准英国广播公司的新服务或重大变革。例如，新服务应考虑以下公共价值要素：
> - 覆盖范围。在给定时间段内该服务的预计使用情况，例如，平均每周至少使用一次服务的成年人的数量或百分比。
> - 品质和独特性。该服务所提供内容的品质或可能存在的技术问题，以及该服务与其他现有或拟议中的服务有多大区别。
> - 效果。该服务的用户作为消费者和公民可以从中获得的益处，例如，民主制度的良好运转，或不同社区之间的相互理解和尊重。
> - 以货币计算的成本和价值。提供该项新服务在财务上的影响，或者不提供这项服务在财务上的影响。
>
> 　　上述每项测试都要经过公开咨询，并发布中期和最终报告。
>
> ――――――――
> * D. Coyle and C. Woolard (2010), "Public Value in Practice: Restoring the Ethos of Public Service," BBC Trust. http://downloads.bbc.co.uk/bbctrust/assets/files/pdf/regulatoryframework/pvt/publicvaluepractice.pdf.

随机对照实验和政策实验

人们对经济政策有效性的证据越来越感兴趣，一个可能的原因是随机对照实验（randomized control trials，RCTs）的使用。尽管医学和许多自然科学很早就开始使用这一方法，但它对于经济学和其他社会科学来说却是一种相对较新的技术，其使用可追溯至21世纪初。随机对照实验最初起源于对低收入经济体的研究，目前一些国家开展了数以百计的实验项目，旨在评估具体的政策干预。接受评估的政策试图解决减少疟疾发病率、提高入学率和鼓励父母为子女接种疫苗等问题的困难。随机对照实验的数量一直在迅速增加。它正越来越多地被应用于高收入经济体，以及曾被视为禁区的治安和教育等议题。这类实验的规模越来越大，其中一项实验在半数的法国城市展开，而另一项实验是在人口与德国相仿的印度安得拉邦进行的。美国经济学会现在运作着一个经济学随机对照实验的注册系统，其网址是 https://www.socialscienceregistry.org/。

随机对照实验最初在发展中国家迅速扩展开来，其原因是各国政府以及盖茨基金会等非政府机构作为捐助者越来越坚持要获得经验证据，以证明其资金得到了合理使用（专栏8.7）。富裕经济体缺少这种来自捐赠者的压力，因此随机对照实验在那里的使用尽管有缓慢增加，但相比之下程度有限，而且经常被饰以政策试点的伪装。纳税人肯定想知道他们的钱是否得到了很好的运用，政客却不太愿意让他们的政策承诺经受实验的检验。对于试点，政客既可以欣然接受也可以予以否定，因此不会冒很大风险。所以，试点的提法受到欢迎，从而得以探索经济政策中的政治经济学。企业也开始越来越多地采用随机对照实验，通常是为了检验不同的行为假设（如第五章所述）。数字企业称之为A/B检验。这一现象可能会促使人们在公共政策中更多地使用该技术。有迹象表明，这种情况正在发生。麻省理工学院将随机对照实验应用于发展经济学的研究，并在北美设立了一家办公机构，即阿卜杜勒·拉蒂夫·贾米尔贫困行动实验室（J-PAL）。多个国家政府中的新行为经济学机构也热衷于使用随机对照实验，第五章也有论及。

> **专栏8.7　实践中的随机对照试验**
>
> 　　随机对照实验在经济学领域的应用发展得如此之快，它的实践者由此获得了一个名字：随机实验家（randomistas）。这一趋势始于对发展中国家政策的研究，这些研究通常是一些援助项目。许多政策领域都有涉及，但是其中的重点是医疗、教育和融资渠道，这反映了许多捐助者特别关注的事项。一项健康随机对照实验关注贫血问题。亚洲和非洲40%的儿童身体发育和认知发展受到贫血问题的影响。在印度德里的对照组中，患病人数的占比更高，69%的学龄前儿童患有贫血，30%感染了肠道寄生虫。超过2 300名儿童被随机分配到3个对照组中的一组，被要求服用维生素A和铁补充剂以及在不同时间接受阶段性的驱虫治疗。这一对照组中的孩子们体重有所增加并且上学的次数更多。*
>
> 　　教育是随机对照实验大量介入的另一个政策领域。例如在肯尼亚西部，小学辍学率很高，而且女孩的辍学率高于男孩。学校收取学费，书本和学习用品也需要花钱。一个实验项目随机邀请127所学校中的64所参与，并为在官方考试中排名最高的15%的六年级女生提供奖学金。这些奖学金提高了女孩（包括那些没有获得奖学金的女孩）的考试分数，而且也提高了男孩的考试分数，尽管他们没有资格获得奖学金，成绩提高的幅度也略小一些。这个项目只对一个街区的学生出勤率产生了影响，不过教师的出勤率显著提高。**

目前，有些随机对照实验迅速扩展至发达经济体。举一个曾经上了报纸头条的例子，5 000 份简历被随机分配某个名字，有些名字听起来像是黑人的，另一些听起来则像是白人的。这些简历被用于申请波士顿和芝加哥公开招聘的 1 300 个销售岗位或管理岗位。每个雇主都收到了两份高质量和低质量的简历。应聘成功的评判标准是应聘者接到邀请面试的电话或电子邮件。该研究得出的结论为："那些名字听起来像白人的简历比名字听起来像黑人的简历收到的回电多 50%。"但是，地区差异相当明显，例如，位于芝加哥黑人聚居区的雇主对黑人的歧视要少一些。根据研究人员的估计，一个白人名字对回电数量的影响，大致等于增加 8 年工作经验。[***]

---

[*] Gustavo Bobonis, Edward Miguel, and Charu Puri – Sharma(2006), "Anemia and School Participation," *Journal of Human Resources* 41, No. 4: 692–721.

[**] Michael Kremer, Edward Miguel, and Rebecca Thornton(2009), "Incentives to Learn," *Review of Economics and Statistics* 91, No. 3: 537–556.

[***] Marianne Bertrand and Sendhil Mullainathan(2004), "Are Emily and Greg More Employable Than Lakisha and Jamal? A Field Experiment on Labor Market Discrimination," *American Economic Review* 94, No. 4: 991–1013.

有关指南请见 http://www.povertyactionlab.org/evaluations。

与其他评估方法相比，随机对照实验有以下优点：
- 它们克服了缺乏数据的问题，因为它们可以生成自己的数据，而缺少数据是困扰其他方法的一个难题。
- 通过比较不同组别的不同处理方法，它们可以评估政策的微小差别。
- 如果设计得当，它们可以缓解一些意识形态方面的冲突。
- 在对政策提案做出重大且难以逆转的承诺之前，它们可以通过试点计划的形式进行小规模的试验。

毋庸讳言，这一方法也有其缺点。随机对照实验产生的结果是否可以大面积或全面推广，有很大的争议。在德里进行的一项关于如何提高儿童疫苗接种率的小型试验，对于希望在巴尔的摩增加疫苗使用的政策制定者而言，是否能够提供有用的信息？虽然，这确实是一个问题，但是这是假设由其他方法产生的证据更具一般性，比如经济计量学，而情况可能并非总是如此。

有关随机对照实验设计的问题和由此引发的道德伦理问题显然更为重要。对这一方法的应用过于迫切，以至于并非所有研究人员都能够细心地设计真正的随机实验。例如，如果人们被告知他们正在参加一项实验，这可能会改变他们的行为，而这一点需要在设计中有所考虑。在理想状况下，人们根本不应该知道自己在参与实验。随机实验的设计还需要将正在检验的政策产生的影响真正分离出来，这需要很高的技巧。医学界为临床试验建立了严格的伦理准则，政策随机对照实验也应如此。大学和专业机构对任何涉及人类的研究都有相应的伦理规范，但并不是所有的随机对照实验都由学者实施。政策界同样需要一套共有的管理随机对照实验的伦理准则。

经济政策也可以借鉴医学领域的科克伦系统评价（Cochrane reviews）。这是一种元研究方法，系统地调查和归纳不同疗法中所有的有效证据。很多政策领域已经进行了大量的实证研究、难以尽数的成本收益分析（尽管极少数分析是事后的评价），来自随机对照实验的成果也在迅速增长。经济学必须研究如何从过去的政策得失中汲取教训，这样未来的决策者就更有可能做出有助于提高社会经济福利的决策。

结论

本章的主题是政策经济学最重要的实践内容之一，即如何评估经济政策可能产生的效果以及在实践中已经取得的成效。然而，许多后来在公共服务部门工作的经济学专业的毕业生在取得经济学学位时，常常忽视这方面的内容，因此不得不在工作中学习这些技巧。在应用计量经济学、享乐回归或成本收益分析时，显然需要具备比本章介绍的内容更多的技术。本章的目的是强调必须确保政策卓有成效，并且着重指出目前可用的经济分析技术的一些局限。有数字确实比没有好，政府参考专家的意见也比忽视有关的证据强。但同样重要的是，回应政策挑战或解决政策问题，绝不能仅靠数字，这其中必然涉及人的判断。

既然有证据，就涉及是否使用以及如何使用证据的问题。本章论及的技术显然需要判断，而且受到不确定性的制约。有坚定政治信念的人很容易忽视或否认对其不利的证据。凯恩斯曾经写道："政府最痛恨的莫过于消息灵通，因为这使做出决定的过程变得远为复杂和困难。"在政客看来，经济学家或许只是他们在权衡政策决定时需要考虑的众多声音之一。经济学家倡导经济效率，而政客脑子里想的还有其他潜在的政策目标。从另一方面看，经济学家或者其政治观点得到某些经济证据支持的人，有时显得对经验评估过于自信。

现在很难讲什么是"事实"。同样地，现在也是有所发现的绝佳时机，因为我们有能力获取更多的数据，进行更多的学科交叉，并拥有解释和提供证据的创新性工具。本书的目的是为经济学在公共政策中的应用提供一个范例。我做这件事时，既是热情洋溢的，因为经济学确实为一个社会如何最好地利用现有资源提供了独特的洞见；也是谦虚谨慎的，因为社会组织要充分考虑复杂的背景、相互冲突的利益以及知识的不确定性，这殊非易事。简单的答案可能是错误的，复杂的答案则没有吸引力。但是，这是我们今天面临的最重要和最激动人心的挑战之一，因为许多国家都在经历严重的挫折。我希望读者能有所启发，并勇于实践本书所提出的一些观念和主张。

扩展阅读

作为补充的技术性文献

Matthew D. Adler and Eric A. Posner (1999), "Rethinking Cost – Benefit Analysis," University of Chicago Law School, John M. Olin Law & Economics Working Paper No. 72 (April).

Joshua Angrist and Steffen Pischke (2015), *Mastering Metrics*, Princeton University Press.

Simon Dietz and Cameron Hepburn (2013), "Benefit – Cost Analysis of Non – marginal Climate and Energy Projects, *Energy Economics* 40: 61 – 71.

Christian Gollier (2013), *Pricing the Planet's Future*, Princeton University Press.

Jiehan Guo et al. (2006), "Discounting and the Social Cost of Carbon: A Closer Look at Uncertainty," *Environmental Science & Policy* 9: 205 – 216.

经典文献

Robert K. Merton (1968), "The Matthew Effect in Science," *Science* 159, No. 3810: 56 – 63.

Frank Ramsey (1928), "A Mathematical Theory of Saving," *Economic Journal* 38,

No. 152: 543 – 559.

成本收益分析

Kenneth Arrow et al. (2012), "How Should Benefits and Costs Be Discounted in an Intergenerational Context?" Resources for the Future, http://www. rff. org/files/ sharepoint/WorkImages/Download/ RFF – DP – 12 – 53. pdf.

Peter A. Diamond and Jerry A. Hausman (1994), "Contingent Valuation: Is Some Number Better Than No Number?," *Journal of Economic Perspectives.* 8, No. 4 (Autumn): 45 – 64.

Daniel Fujiwara and Ross Campbell (2011), "Valuation Techniques for Social Cost Benefit Analysis: A Discussion of the Current Issues," HM Treasury, UK Department of Work and Pensions (July), https://www. gov. uk/government/uploads/system/ uploads/attachment_data /file/209107/greenbook_valuationtechniques. pdf.

Jerry Hausman (2012), "Contingent Valuation: From Dubious to Hopeless," *Journal of Economic Perspectives* 26, No. 4: 43 – 56.

HM Treasury (2018), *The Green Book: Central Government Guidance on Appraisal and Evaluation*, https://assets. publishing. service. gov. uk/government/uploads/ system/uploads/attachment_data/file/685903/The_Green_Book. pdf.

John A. List, Paramita Sinha, and Michael H. Taylor (2006), "Using Choice Experiments to Value Non – market Goods and Services: Evidence from Field Experiments," B. E. *Journal of Economic Analysis and Policy* 5, No. 2.

David Pearce et al. (2003), "Valuing the Future: Recent Advances in Social Discounting," *World Economics* 4, No. 2 (Apr/Jun): 121 –141.

US Environmental Protection Agency, "Guidelines for Preparing Economic Analyses" (chapter on discounting), https://yosemite. epa. gov/ee/epa/eerm. nsf/vwan/ee – 0568 – 06. pdf/ $ file/ee – 0568 – 06. pdf.

政策评估

Robert W. Hahn (2019), "Building on Foundations for Evidence - Based Policy," Science 364, No. 6440: 534 - 535.

Robert W. Hahn and Paul C. Tetlock (2008), "Has Economic Analysis Improved Regulatory Decisions?," Journal of Economic Perspectives 22, No. 1: 67 - 84, https://www.aeaweb.org/articles?id=10.1257/jep.22.1.67.

Dieter Helm and Colin Mayer (2016), "Infrastructure: Why It Is Under - provided and Badly Managed," Oxford Review of Economic Policy 32, No. 3: 343 - 359.

Catherine L. Kling, Daniel J. Phaneuf, and Jinhua Zhao (2012), "From Exxon to BP: Has Some Number Become Better Than No Number?," Journal of Economic Perspectives 26, No. 4: 3 - 26.

Sally Sadoff (2014), "The Role of Experimentation in Education Policy," Oxford Review of Economic Policy 30, No. 4: 597 - 620.

Cass Sunstein (2018), The Cost - Benefit Revolution, MIT Press.

随机对照实验和实验方法

Abhijit Banerjee and Esther Duflo (2009), "The Experimental Approach to Development Economics," Annual Review of Economics 1, No. 1: 151 - 178.

Abhijit Banerjee and Esther Duflo (2011), Poor Economics, PublicAffairs.

Angus Deaton and Nancy Cartwright (2018), "Understanding and Misunderstanding Randomized Controlled Trials," Social Science & Medicine, 210: 2 - 21.

John A. List (2011), "Why Economists Should Conduct Field Experiments and 14 Tips for Pulling One Off," Journal of Economic Perspectives 25 (3): 3 - 16.

致　谢

本书基于我在 2014—2015 学年以及 2017—2018 学年在曼彻斯特大学经济系一门课程的教学内容，我衷心感谢该系的各位同人，特别是马丁·安德鲁斯（Martyn Andrews）、彼得·巴克斯（Peter Backus）、拉尔夫·贝克尔（Ralf Becker）、雷切尔·格里菲斯（Rachel Griffith）、埃德·曼德森（Ed Manderson）和丹·里格比（Dan Rigby），同时也向本课程的研究生助教鲍勃·辛德尔（Bob Hindle）、卡哈尔·莫兰（Cahal Moran）和莫森·维西（Mohsen Veisi）致谢。感谢这四年间选修了"经济学—20431"这门课程的所有同学，你们提出的问题令我深思，对课程的反馈使我受益，你们对经济学和公共服务使命的热情则让我深受鼓舞。我要感谢剑桥大学各位同人，特别是托克·艾德（Toke Aidt）、卡罗莱纳·阿尔维斯（Carolina Alves）、丹尼斯·格鲁比（Dennis Grube）、弗拉维奥·托克斯维德（Flavio Toxvaerd），尤其是迈克尔·肯尼（Michael Kenny），感谢你们的认可和支持，以及让我在公共政策这门硕士课程上讲授这些问题。特别感谢唐·罗斯（Don Ross）和亚历克斯·泰泰尔博伊姆（Alex Teytelboym）对本书部分内容的评论。作为

CORE Economics 项目的参与者之一，我从中受益匪浅。特别感谢山姆·鲍尔斯（Sam Bowles）和温迪·卡林（Wendy Carlin）提供的洞见，他们巧妙地展示了经济学的精妙、严谨，以及与新一代的关联。

多年来，我参与了英国很多领域的公共政策，在英国竞争委员会、英国广播公司信托基金、移民咨询委员会、自然资本委员会、工业战略委员会和理事会以及数字竞争专家小组一起共事的许多经济学家和官员向我分享了他们的洞见，这些经历让我受益匪浅。凯特·巴克尔（Kate Barker）、贾吉特·查达（Jagjit Chada）、约翰·芬格尔顿（John Fingleton）、杰森·弗曼（Jason Furman）、安迪·霍尔丹（Andy Haldane）、乔纳森·哈斯克尔（Jonathan Haskel）、迪特尔·赫尔姆（Dieter Helm）、大卫·梅特卡夫（David Metcalf）、格斯·奥唐纳（Gus O'donnell）和戴夫·拉姆斯登（Dave Ramsden）以及其他专家使我受益良多。

我还特别想提一下彼得·辛克莱（Peter Sinclair），他是第一个教我经济学的人，当时正值20世纪70年代末，我还是牛津大学布雷齐诺斯学院一名懵懂的初学者。彼得是一位聪明睿智、学识渊博的经济学家，也是一位富有天赋、令人鼓舞的教师。他帮助许多杰出的经济学家开启了他们的职业生涯。在这本书中，我努力像他那样清晰地阐述，并寻找有趣而生动的案例将理论应用于现实生活，尽管结果可能并不尽如人意。已故的英国竞争委员会主席保罗·戈洛斯基（Paul Geroski），是另一位激励我从事政策研究的人，与他共事就像是每天都在上应用经济学的大师课。

我要特别感谢剑桥大学班尼特公共政策研究所的朱莉娅·沃德温（Julia Wdowin）。感谢她不遗余力地协助我的研究。我还要感谢普林斯顿大学出版社团队的所有人，特别是莎拉·卡罗（Sarah

Caro），她为本书的出版提供了热情的帮助。

像以往一样，我要特别感谢我的丈夫罗里·赛兰·琼斯（Rory Cellan-Jones），他容忍我在假期和所有空闲时间里都在写作这本书。当然还要感谢我的爱犬"卷心菜"，在带她散步时我总是能潜心思考。

爱犬"卷心菜"
罗里·赛兰·琼斯摄

附　录　消费者剩余和支付意愿/受偿意愿

第二章讨论了消费者剩余的概念。这是消费者愿意为某一商品支付超过其实际价格的部分。第八章讨论的支付意愿和受偿意愿与消费者剩余这一概念相关，因此可以与经济福利联系在一起。

考虑一下两种商品之间相对价格的变化，这会改变预算约束的斜率，比如一个人可以用一个菠萝换取多少椰子。在图 A.1 中，随着预算约束由实线移向反映新价格的虚线，x 轴表示的菠萝变得更加昂贵。

补偿变化是指对某一相对价格的变化，个人愿意接受的补偿金额，即当价格变动使其选择 B 点时，使其继续处于与 A 点相交的无差异曲线上的收入金额，这等于按照新价格计算的 Y_1 与 Y_0 之间的差额。

等价变化是指个人为避免价格的变动而愿意支付的金额，即如果价格发生变动，使其处于与 B 点相交的无差异曲线上的收入金额，这等于按照原来价格计算的 Y_1 与 Y_0 之间的差额。

下面这些图显示了个人的无差异曲线。当把个人的效用加总起来时，由等价变化或补偿变化导致的收益或损失就是对消费者剩余的度量，即需求曲线超过市场价格的部分（参见第二章）。两者之所以不同，是因为它们是以不同的相对价格衡量的。这一点在第一章提到过，即从赢家和输家的角度评估政策变化，两者是有所区别的。你站在谁的立场上，或者说用哪一种相对价格来评估这种变化，决定了对福利收益的度量。

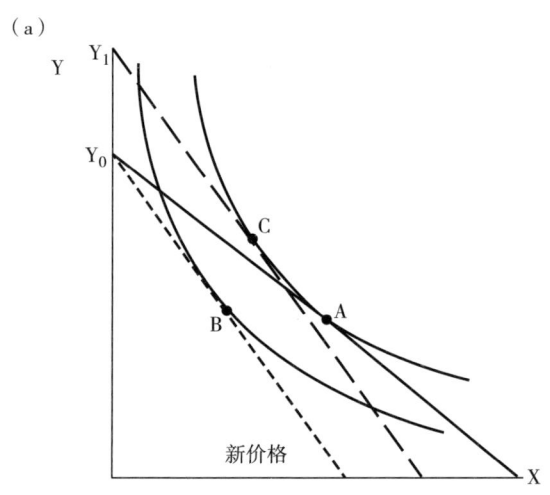

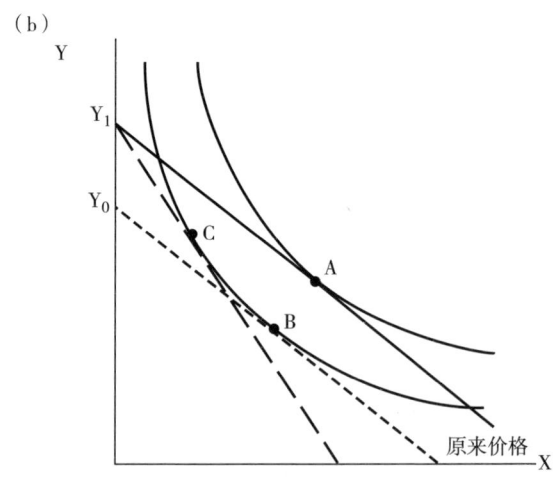

图 A.1　补偿变化和等价变化

补偿变动和等价变动中提到的变化，与第八章讨论的支付意愿和受偿意愿有关，他们之间的关系可以表述如下：

- 补偿变动的正向变化，代表一个人为了得到因所处状况变化而增加的效用所愿意支付的最大金额。等价变动的负向变化，代表一个人为了阻止效用下降的变化而愿意付出的最大代价。
- 补偿变动的负向变化，代表要让人们愿意接受效用下降的变化所需要的最低补偿。等价变动的正向变化，代表要使人们放弃增加效用的改变所需要的最低补偿。

支付意愿和受偿意愿也可以根据收入的变化或某种非市场商品数量的变化而非价格的变化来评估。选择使用哪一个标准取决于产权的分配：如果有人真的被问到放弃某一物品需要给他们多少补偿，并且他们对该物品拥有产权，那么，在这种情况下就应该是"受偿意愿"。

对某物的支付意愿通常略低于因补偿其短缺或损失而产生的受偿意愿，这并不奇怪，因为这两种意愿是按照不同的相对价格进行评估的：没有变化的和发生变化的。就收入而言，人们心目中能承受的支付价格自然要低于他希望获得的赔偿。实际上，这两者之间的差距可能比人们预期的要大。有人认为这反映了框架效应的负向影响和正向影响（第五章）。有证据表明，对于非市场商品或公共品，两者的差别更大。例如，穿过农村风景区的新道路与城市地区的住房开发相比，前者的受偿意愿与支付意愿之间的差额要更大一些。当我们要讨论的商品或便利设施没有相近的替代品时，两者之间的差异往往趋于增加。

术语表

逆向选择（Adverse selection）：一种由信息不对称导致的市场配置扭曲。买方或卖方拥有更多关于交易的预期价值的信息，但他们没有披露这些信息，从而使风险增加。

配置效率（Allocative efficiency）：指生产出来的最后一单位每种产品或服务给消费者带来的边际收益等于其供给的边际成本，即生产的产出水平等于其边际成本，并满足消费者的偏好。

收益成本比（BCR，Benefit-cost ratio）：用于成本收益分析的指标；如果大于1，则预期收益超过预期成本。

选择架构（Choice architecture）：对备选方案处于其中的框架、布局和设计的认知，会对个人决策产生影响。

俱乐部商品（Club goods）：具有排他性但本质上不具有竞争性的商品。

集体行动问题（Collective action problem）：个体之间存在利益冲突和搭便车的动机，使人们放弃了为达成共同目标或获得公共品而合作的好处。

补偿变化（Compensating variation）：在商品或服务的价格发

生变动之后，为使消费者恢复到初始效用水平，收入所需改变的数额。

竞争政策（Competition policy）：确保新企业进入、改善市场运行、鼓励创新以及提高单个市场效率的政策，其最终目的是增进消费者福利。与之有关的政策行动包括反托拉斯和卡特尔、市场自由化、国家援助控制和兼并控制等。

集中率（Concentration ratios）：市场上最大的企业（如前5名）的总收入占市场总收入的比例。

行为规制（Conduct regulation）：监管者和监管机构为实现期望的或预期的行为而实施的规制。

可竞争性（Contestability）：新供应商进入某一市场的容易程度。

契约线（Contract curve）：由市场参与者之间进行互惠交易的各点连成的曲线，反映了不同的资源初始分配状态。

创造性破坏（Creative destruction）：熊彼特发明的术语，指市场经济中创新企业诞生和低效企业消亡的动态过程。

无谓损失（Deadweight loss）：当市场存在不完全竞争时，经济效率的绝对损失。

延迟接受（Deferred acceptance）：一种有效匹配供给和需求的算法，应用于就业市场或约会市场等场景。

埃奇沃斯盒状图（Edgeworth box）：一种分析工具，表示在两个实体之间分配两种商品的各种可能性。

进入壁垒（Entry barriers）：使新企业难以进入特定市场的各种障碍，包括执业条件、监管、固定成本或启动成本、技能短缺以及获取原材料的渠道等。

包络（Envelopment）：数字化市场经常采用的策略，指一个

术语表　　357

平台以已有客户为基础来扩展超越其旧有业务的新业务。

平等（Equity）：公平。

等价变化（Equivalent variation）：假定商品或服务的价格出现变化，消费者为达到新的效用水平需要改变的收入数额。

外部性（Externality）：生产或消费活动给第三方带来的收益或成本。

搭便车（Free riding）：从公共品中获益，但不需为此支付费用。

一般均衡（General equilibrium）：构成经济的所有市场同时实现均衡。

享乐价值（Hedonic valuation）：一个将价格与所售商品的内在特征联系起来的模型。

赫芬达尔－赫希曼指数（Herfindahl－Hirschman index）：测度某一特定行业市场集中度，或衡量该行业企业之间竞争程度的指标。

启发性（Heuristics）：心理学中所谓的"启发式评估"。

激励相容（Incentive compatibility）：每个个体面临的激励与其他人的激励都相容的状况。

无差异曲线（Indifference curve）：由图上显示两种商品的不同数量组合的点构成的曲线，消费者从每种组合中获得的效用是没有差别的。

信息不对称（Information asymmetries）：交易或合同中的一方比参与其中的另一方拥有更多或更好的信息。

创新租金（Innovation rents）：公司通过产品或服务的创新获得的更高利润，通常受到专利的保护。

内部收益率（IRR，Internal rate of return）：以一项投资项目

产生的净现值来计算的预期收益率,通常与某一阈值相比较。

内在动机(Intrinsic motivation):经济决策的非经济动机,例如公共服务或利他主义。

等产量曲线(Isoquants):该曲线上的点代表能获得相同产出数量的多种投入组合。

土地价值税(Land value tax):在进行任何建筑或改良之前,对土地价值征收的一种税。

边际替代率(MRS,Marginal rate of substitution):消费者愿意放弃一定数量的一种商品以换取一单位另一种商品的比率。

边际技术替代率(MRTS,Marginal rate of technical substitution):在保持产出水平不变的情况下,一种投入可以由另一种投入来替代的比率。

市场界定(Market definition):根据生产或需求方面哪些商品或服务可以相互替代来界定市场的边界,制定竞争政策时被用于评估哪些企业可以相互有效竞争。

市场设计(Market design):用于重新设计交易规则或支持交易的基础设施的工具或算法,以便为现实生活中出现的问题提供实用的解决方案。

市场失灵(Market failure):一种自由市场配置资源效率低下的情况,产生的原因可能是负外部性、垄断或公共品供给不足。市场失灵会导致社会总体福利受损。

微生命(Microlives):一种度量单位,指30分钟的预期寿命。

微死亡(Micromorts):一种度量单位,指有百万分之一的概率突然死亡的风险。

垄断租金(Monopoly rent):由于拥有市场影响力,以及以高于竞争价格和低于竞争产量的条件进行生产,从而获得超过正常水平的利润。

道德风险（Moral hazard）：一种改变行为的倾向，即某一个人或团体一旦确定自己无须承担错误决策的代价，就会以风险更高的方式行事。

自然垄断（Natural monopoly）：垄断的一种类型，此时某一特定行业中只有一家企业，却最有效率。自然垄断一般出现在固定成本或启动成本极高、使用的原材料或技术独一无二等条件下。

净现值（NPV，Net present value）：根据利率将未来的成本或收益折算成当下的价值。

网络效应（Network effects）：某种商品或服务每额外增加一个用户，其他用户从该商品或服务中获得的收益就会有所增加。

职业许可（Occupational licensing）：政府对能够从事某一职业的人数进行管制的一种方式，这会限制执照的数量，并在希望从事这些特定职业的人之间分配这些执照。

帕累托有效率（Pareto efficient）：一种经济状态，此时资源配置状况如果不以至少一个人状况变坏为条件，就不可能让任何一个人的状况变好。

帕累托改进（Pareto improvement）：对资源的重新配置可以使得至少一个人的状况变得更好，并且没有任何其他人变得更糟。

局部均衡（Partial equilibrium）：将经济体中某一特定部分与其他部分隔离，并确定其中的价格和数量。

高峰负荷（Peak loading）：一段持续的时间内，此时对某一产品或服务的需求显著高于其他时间更为正常的需求水平。

地位性商品（Positional goods）：由于相对稀缺而价格高昂的商品，它揭示了与消费者的相对社会地位有关的信息。

需求价格弹性（Price elasticity of demand）：衡量需求如何对

某一特定产品的价格变化做出反应的指标。

价格无弹性（Price inelastic）：相对而言，消费者的需求对某种商品或服务的价格变化缺乏反应，通常是指对电力等必需品的需求。

流程创新（Process innovation）：一种新的或改良的生产方法或交付方法，旨在提高企业的效率。

产品创新（Product innovation）：新的或经提升过的商品或服务进入市场的过程。

产品组合效率（Product mix efficiency）：经济中位于生产可能性边界上且能最好地反映消费者偏好的商品与服务组合。

生产可能性边界（Production possibility frontier）：在一个只有两种商品或服务的经济中，在所有可用资源都得到有效利用的情况下，能实现最大可能产出的所有组合。

生产效率（Productive efficiency）：经济体中所有商品和服务都以最低成本生产的一种状态。此时，增加任何一种特定的商品或服务的产出，都必须以减少另一种商品或服务的产出为代价。

投射偏差（Projection bias）：可观察到的人类认知的一种特征，即假设人们的口味和偏好保持不变，而不是随着时间的推移而改变。

前景理论（Prospect theory）：一组关于人们如何在风险和不确定性的情况下，从备选方案中做出选择的规则，涉及参考点、风险规避以及收益与损失之间的不对称偏好。

公共品（Public good）：具有非竞争性和非排他性的商品。也就是说，无法排除任何个人对该商品的使用，某一个人的使用也不会减少另一个人从消费该商品中获得的收益。

监管套利（Regulatory arbitrage）：为合法规避成本高昂的监

管寻找方法。

监管资产基准（RAB，Regulatory asset base）：公共事业企业拥有的资产，其定价和回报率或二者中的任一种要接受监管。

监管俘获（Regulatory capture）：为了受监管行业的利益而进行的监管。

寻租（Rent seeking）：个人或企业追逐超出成本的收益，但并不同时增进社会的经济福利。

显示性偏好（Revealed preference）：由实际行为揭示的消费者偏好，而不是自称或陈述的偏好。

风险补偿（Risk compensation）：根据在特定情况下感知到的风险程度的不同，人们有改变行为的倾向。感知的风险越低，人们的行为就越不那么谨慎。

社会资本（Social capital）：通过信任和减少搭便车行为，为经济交易提供广泛基础的制度和社会关系。

社会贴现率（Social discount rate）：旨在从社会角度将未来的成本和收益折现为现值的利率，特别适用于需要考虑子孙后代的长期成本收益分析。

社会福利函数（Social welfare functions）：个体效用函数的加总，能够对不同的经济结果排序。

陈述性偏好（Stated preference）：（在调查中）消费者自己陈述的偏好。

公地悲剧（Tragedy of the commons）：在使用公共资源时，个人为寻求利益最大化而导致资源过度开发的一种情况。

生命统计价值（VSL，Value of a statistical life）：衡量个体愿意支付多少钱来降低死亡风险的度量单位，不同于对生命的估价。该指标可用于度量不同环境、职业或地点下的死亡风险。

加权平均资本成本（Weighted average cost of capital）：企业资本成本的一种衡量方法，同时考虑不同的融资途径和从每种融资途径筹集的资金数量。

福利经济学（Welfare economics）：经济学的一个分支，关注对经济效率和社会福利的分析。

受偿意愿（WTA，Willingness to accept）：由于放弃某一商品或忍受污染等不良商品，消费者愿意接受的最低金额。

支付意愿（WTP，Willingness to pay）：消费者愿意为一单位商品或服务花费的最高金额。

赢家诅咒（Winner's curse）：竞标成功者在竞拍时出价过高，即出价超过了资产的价值，这可能是因不完全信息或参与拍卖时的激烈情绪所致。

X–无效率（X–inefficiency）：在某一市场或行业内由于缺乏竞争压力，随着时间的推移，与竞争环境相比，效率的改进或成本的降低会更少。

译后记

《市场、国家和民众：公共政策经济学》是剑桥大学人文学院政治与国际研究系的黛安娜·科伊尔教授于2020年出版的最新力作。作者长期专注于科技市场、政府规制和竞争政策等领域的研究，发表了大量论文和专著，创办了剑桥大学班尼特公共政策研究所，并以其对公共政策经济学的研究于2018年获得大英帝国勋章。更难能可贵的是，科伊尔教授长期从事政策实践，曾以经济学家的身份任职于英国财政部和私人部门，曾任英国国家广播公司信托（BBC的主管机构）副主席以及英国竞争委员会、移民顾问委员会、产业战略委员会和自然资源委员会等政府政策咨询机构的委员，亲身参与了一些重大经济政策的制定。在本书中，作者运用其深厚的学术功底和丰富的实践经验，构建了公共政策制定与评估的理论框架，并以专栏等形式介绍了大量政策实例。无论相关学术领域的研究者、公共部门的政策制定者，还是对公共政策抱有兴趣的一般读者，阅读本书都会有所受益。

国家与市场的关系是经济学研究的永恒主题之一，如何清晰明确地界定两者的边界，无论对于市场更好地实现经济效率，还是对于公共部门更好地实现预定的社会目标，都是至关重要的。但是国家与市场的关系也会随着社会思潮的变化而调整，不同时代和不同国家都有其鲜明的特性，这既取决于历史传统，也与所处的经济社会状况有关，比如在面对自然灾害、疫情、恐怖袭击或社会动荡等重大的外部冲击，或者20世纪30年代大萧条这类重大的经济危机时，国家的作用就会突显，国家对市场的干预范围和力度也会相应地增加。相反，在经济社会稳定发展的时期，政府减少规制以便使市场更充分地发挥资源配置的作用，这时自由主义的呼声就会更高一些。随着在全球化过程中各国经济金融和思想观念的交流、冲突与融合，国家之间的竞争使国家与市场的关系以及影响这种关系的思潮和政策取向有趋同的趋势，因此，基于完整的理论框架，借鉴各国公共政策的经验、工具和方法，对于提高我国公共部门的治理水平是非常重要的，这也是本书的意义所在。

  本书在经典的微观经济学和福利经济学的框架下，吸收了公共选择理论和行为经济学等领域的前沿成果，考察了市场失灵的各种原因和政府为了促进市场效率、改善分配状况、提高社会福利所能采取的政策，包括各种政策工具的优势和缺陷，从而为政府政策的制定与评估提供了一份详细的指南。作者在书中反复强调的一些观点是非常深刻的。首先，国家与市场之间的关系并非简单的自由放任和主动干预的两分法，甚至两者的边界也并非完全清晰和一成不变。显然，完全的自由放任或者过度的经济集权都会产生灾难性的结果，在现实中也从来没有真正实现过。实际上，各国的实践要不断根据其具体情形，寻找一种适宜的组合方式，最终的结果是历史路径、文化信念、重大事件和政治结构共同作用的结果。

  其次，国家与市场并非两种可以完全相互替代的方法，而是相互依赖、互为补充的关系。在市场失灵时需要国家进行必要的干预，但是同时也要警惕国家或政府同样存在失灵的现象。正如公共选择理论强调的那样，将政府和官员视为始终心怀公益的行为人，在理论上是错误的，在实践中是有害的。他们与个人或企业等市场主体一样，也有自己的目标和约束，并对各种激励做出反应。社会公益可能是也可能不是其目标的一部分。另一方面，市场失灵和国家失灵往往是由于同样的原因，比如信息的不完全或者不对称、由于规模经济而产生的自然垄断以及生产和消费中存在的广泛的外部性。因此，不能将政府视为解决各种市场失灵现象的灵丹妙药。重要的不是以哪种机制为主导，而是两种基本机制之间如何相互补充和配合，以更好地促进民众的福利水平。

第三，除了国家和市场以外，还有一些既非国家也非市场的重要的组织、机构和制度，对经济社会运行发挥重要的作用，比如非政府组织（NGO）和社区。在中国传统社会，类似的社会组织曾经是国家治理的重要组成部分，比如遍及各地的宗族和商会，都曾经起到过组织和协调集体行动的作用，为本地区或本族群提供教育、济贫、道路等公共服务和公共产品。与自上而下的治理方式相比，社会组织比国家和政府更具有信息优势，因为关系到每位成员的切身利益，因此其行动面临的激励也更具兼容性。呈一盘散沙状的民众也许更好统治，但是未必能产生很好的治理效果。如何更好地发挥这些组织和制度的作用，是公共政策制定者需要关注的问题。

第四，民众是国家和市场两种机制的出发点和落脚点。正如本书标题所示，经济政策的核心并非国家和市场，而是国家、市场和民众这三者之间的关系。归根结底，国家和市场都是为了协调个人之间的关系，促进民众的利益。对于经济政策而言，民众并不只是被动的接受者，在政策制定与实施的过程中，民众的参与对政策效果有直接而显著的影响。在政府治理越来越专业化的背景下，如何使民众更有效地参与政策过程，是一个特别值得关注的问题。

第五，经济决策不仅是一个技术问题，也是一个政治问题。在经济政策制定的过程中，需要明了政策要解决哪些问题，有哪些备选的政策方案，不同的政策选择会产生何种经济结果，这都需要包括经济学家在内的技术专家提供专业的意见。另一方面，几乎所有的经济政策都会产生分配效应，即有人受益，有人受损，因此经济政策的制定也是一个政治过程，会受到政治权力结构的影响。同时，对于经济效率和社会福利的观念与个人秉承的文化信念和价值判断有关。因此，制定具有良好经济效益和社会影响的经济社会政策，既需要技术专家中立、客观的专业意见，也需要政治家和官员拥有良好的价值判断力。

本书并非只供专业研究人员阅读的学术专著，因此基本的概念、逻辑和方法都是用平实生动的语言来描述的，并辅之以大量的案例，没有太多的技术性内容，适合对相关问题感兴趣的普通读者阅读。在每章后面，作者为有需要的读者列出了进一步阅读所需的技术文献和相关资料，以为补充。另外，作者由于自身经历的原因，在本书中采用的案例多是以发达经济体为背景，特别是对英国的公共政策做了较为详尽的介绍，少数也涉及发展中国家。在借鉴其他国家经验时，由于收入和发展水平而造成的差异也是值得关注的议题。

本书由我和我的学生共同翻译，具体分工如下，包彤、赵凤霞、谢绮、王文怡、郑皓天、张爱辰、梁炜悦、黄锦宏等同学分别完成了第一章至第八章的译文初稿，杨潇翻译了前言、致谢、附录、术语表和索引等其余部分。我对全书做了统校，部分内容做了重译。中信出版集团吴素萍女士、马媛媛女士和孟凡玲女士为书稿的翻译提供了诸多帮助，付出了很多心血，特此致谢。文中涉及的个别专业术语尚未形成一致的译法，如有欠妥之处，敬请诸位读者批评指正。

郭金兴
2022 年 2 月于南开园